W0261844

Der praktische Einsatz von Datenverarbeitungssystemen

Kybernetische und betriebswirtschaftliche Aspekte

Ernst P. Billeter

Dritte, neubearbeitete und erweiterte Auflage

1968

Springer-Verlag

Wien · New York

Dr. Ernst P. Billeter
Ordentlicher Professor für Statistik, Operations Research
und Automation an der Universität Freiburg (Schweiz)
Direktor des Instituts für Automation und Operations Research
an der Universität Freiburg (Schweiz)

Die erste und die zweite Auflage erschienen unter dem Titel:

Der praktische Einsatz elektronischer Rechenautomaten
Einführung in die Programmierung
und den betriebswirtschaftlichen Einsatz elektronischer Rechenautomaten

Mit 2 Abbildungen und 40 Diagrammen

ISBN-13: 978-3-7091-8186-7   e-ISBN-13: 978-3-7091-8185-0
DOI: 10.1007/978-3-7091-8185-0

Titel-Nr. 8080

Vorwort zur dritten Auflage

Die vorliegende dritte Auflage dieses Buches erscheint unter einem etwas abgeänderten Titel. Diese Änderung hat sich aufgedrängt, wollte man dem auf den neuesten Stand gebrachten und stark erweiterten Inhalt Rechnung tragen. Die dritte Auflage wurde aus zwei Gründen notwendig; einerseits mußte man die seit dem Erscheinen der ersten Auflage im Jahre 1960 eingesetzte stürmische Entwicklung berücksichtigen, und andererseits war die zweite Auflage schon bald vergriffen. Der schon in der ersten Auflage hervorgehobene Hauptakzent der Kybernetik wurde wiederum beibehalten. War diese Auffassung der Datenverarbeitung im Jahre 1960 noch gewagt, so hat sie sich in der Zwischenzeit als richtig und richtungweisend erwiesen.

Von den Erweiterungen im Buche sollen hier die Abschnitte über Entscheidungstafeln, moderne Verarbeitungsmethoden, wie z. B. die Realtime-Verarbeitung, das Time-sharing, das Multi-programming, das Multiprocessing, die Fernverarbeitung, genannt werden. Beibehalten wurden die Abschnitte über die Programmierung in Maschinensprache. Der Grund liegt darin, daß bei jenen Lesern, die sich etwas eingehender mit den Grundlagen der Programmierung elektronischer Datenverarbeitungsanlagen befassen möchten, die Kenntnisse allein der problemorientierten Sprachen (wie FORTRAN, ALGOL, COBOL u. a. m.) noch nicht genügen, sondern daß nach wie vor für ein tiefgehendes Verständnis der Programmierungsprobleme Kenntnisse der Programmierung in Maschinensprache unumgänglich sind. Dies gilt vor allem für jene Leser, die sich mit der allgemeinen Logik der Programmierung und der höheren Programmierung (Erstellen von Compilern) befassen möchten. Auf die eingehende Besprechung einer oder mehrerer problemorientierter Sprachen wurde bewußt verzichtet, weil darüber schon genügend Literatur verfügbar ist. Endlich sei noch darauf hingewiesen, daß das Literaturverzeichnis wesentlich erweitert und ein Sachwortregister beigefügt worden ist, was den praktischen Gebrauch des Buches auch als Nachschlagewerk erleichtern dürfte.

Ich hoffe, daß auch dieser Auflage ein guter Erfolg beschieden sein wird, zu dem — wie bei früheren Auflagen — in nicht geringem Maße der Verlag beitragen wird. Für das Verständnis und die Mühen des

Verlages sei ihm an dieser Stelle ganz besonders gedankt. Danken möchte ich auch all jenen Lesern der zweiten Auflage, die mir durch ihre Zuschriften bei der Neufassung einzelner Stellen (unwissentlich) in wesentlichem Maße behilflich waren.

Freiburg (Schweiz), Juli 1968.

Ernst P. Billeter

Vorwort zur ersten Auflage

Das vorliegende Lehrbuch ist auf Grund einer Vorlesung entstanden, die ich erstmals im Jahre 1958 an der Universität Freiburg (Schweiz) und an der Handelshochschule St. Gallen gehalten hatte. Ihr Inhalt ist dann jeweils dem neuesten Stand der Forschung angepaßt worden, indem es mir möglich war, die Erfahrungen, die ich als wissenschaftlicher Leiter der ersten und zweiten Studienreise nach den USA über Automation (Swiss Automation Tour to the USA) in den Jahren 1959 und 1960 sammeln konnte, zu verwerten.

Der Inhalt des Buches richtet sich vor allem an angehende Volks- und Betriebswirtschafter sowie an Personen, die sich in der Praxis Problemen der Programmierung elektronischer Rechenautomaten gegenübergestellt sehen. Angesichts der Entwicklung auf dem Gebiete der administrativen Automation ist es besonders erwünscht, daß sich Volks- und Betriebswirtschafter mit diesen Verfahren vertraut machen, da sie vor allem berufen sind, dem Unternehmer beim Einsatz solcher Geräte in der Unternehmung behilflich zu sein.

Ich hoffe, daß diesem Buche eine gute Aufnahme beschieden sein wird, und daß es einem großen Personenkreis ermöglichen wird, das gesteckte Ziel zu erreichen.

Freiburg (Schweiz), Ende Dezember 1960.

Ernst P. Billeter

Vorwort zur zweiten Auflage

Als die erste Auflage dieses Buches anfangs 1961 erschien, begann sich die Büro-Automation in Europa langsam durchzusetzen. Seither hat diese Entwicklung eine Beschleunigung erfahren, die sich vor allem darin äußert, daß immer mehr privatwirtschaftliche Firmen und Verwaltungen elektronische Rechenautomaten für administrative Zwecke einsetzen und daß auch die Literatur auf diesem Gebiete der administrativen Automation umfangreicher geworden ist.

Doch erst in jüngster Zeit scheint sich die schon in der ersten Auflage dieses Buches verfochtene grundlegende These der engen Verbindung zwischen Automation und Kybernetik ernsthaft durchzusetzen. Der Inhalt dieses Buches kann deshalb immer noch als modern und zeitgemäß angesehen werden, so daß sich eine Neuauflage wohl rechtfertigt. Diese weicht folglich in ihren wesentlichen Linien grundsätzlich nicht von der ersten Auflage ab. Lediglich in einigen Einzelheiten wurden Änderungen angebracht, die sich als notwendig erwiesen.

Möge auch dieser zweiten Auflage der gleiche Erfolg beschieden sein wie der ersten, der zweifellos auch auf die einwandfreie Darstellung und Arbeit durch den Verlag zurückzuführen ist. Es sei ihm deshalb an dieser Stelle besonders gedankt.

Freiburg (Schweiz), Ende November 1963.

Ernst P. Billeter

Inhaltsverzeichnis

Einleitung

Automation ist zum Schlagwort unserer Zeit geworden. Kaum eine Bezeichnung ist für so verschiedene Sachverhalte gebraucht worden wie diese. In der Regel bezieht sich Automation auf einen bestimmten Produktionsablauf, bei welchem das Produkt automatisch, d. h. ohne direkte menschliche Einwirkung, von Verarbeitungsstufe zu Verarbeitungsstufe wandert. Das Idealbild einer solchen Automation wäre eine automatische Fabrik, wie sie durch DIEBOLD beschrieben worden ist[1]. Im Produktionssektor ist die Automation (oft auch als Automatisation bezeichnet) schon sehr weit fortgeschritten; im Administrationssektor hingegen hinkt sie immer noch hinten nach. Die Arbeitsmethoden im administrativen Sektor, d. h. im Büro, befinden sich — verglichen mit jenen in der Fabrik — noch ziemlich im Rückstand. Der Wirkungsgrad der *Unternehmung* ist aber erst dann besonders günstig, wenn die Entwicklung im administrativen Sektor, d. h. in der Verwaltung, Schritt hält mit jener in der Produktion. Die Ein-, Durch- und Weiterführung der Automation in der Verwaltung ist deshalb keineswegs ein Luxus, sondern unbedingtes Erfordernis. Das Wohlergehen einer Unternehmung wirkt sich auf die *Volkswirtschaft* aus, weshalb der Automation in der Volkswirtschaft eine entscheidende Bedeutung zukommt. Was ist aber unter dem Begriff der Automation eigentlich zu verstehen?

Die administrative Automation stellt eine bestimmte Art der Organisation eines betriebswirtschaftlichen Ablaufs dar. Diese Organisation ist dadurch gekennzeichnet, daß der bestehende Ablauf in seine Elemente zerlegt wird, und daß diese Elemente derart wieder zusammengesetzt werden, daß eine Operation innerhalb des betriebswirtschaftlichen Ablaufs zwangsläufig und automatisch aus der vorhergehenden hervorgeht.

Die Automation hat aber nicht nur nationale, sondern auch *internationale* Bedeutung. So hat sich schon im Jahre 1957 das Internationale Arbeitsamt mit Bericht des Generaldirektors zur Vierzigsten Sitzung sehr

---

[1] DIEBOLD, J.: Automation, the Advent of the Automatic Factory (Macmillan & Co., London 1953). Die Bezeichnung „Automation" soll erstmals im Titel dieses Buches verwendet worden sein. Anderseits wird aber auch behauptet, daß diese Bezeichnung von DEL S. HARDER, Vize-Präsident der Ford Motor Company of America, geprägt worden sei.

ausführlich mit der Automation befaßt[1]. In diesem Bericht wird die Frage der Automation von verschiedenen Seiten beleuchtet. Zweifellos — so führt dieser Bericht aus — sind wir schon über die Schwelle eines neuen technologischen Zeitalters getreten[2]. Dieses *neue Zeitalter* steht im Zeichen der Automation. Ein unbestrittenes Merkmal der Automation besteht darin, daß sie die wirtschaftliche Entwicklung wesentlich fördert, indem sie eine starke Steigerung der Produktivität und der Produktion ermöglicht. Diese Entwicklung ist von größter Bedeutung. Ebenfalls unbestritten ist die Ansicht, daß Automation nichts Neuartiges darstellt, sondern lediglich eine natürliche Weiterentwicklung des bestehenden Zustandes bringt. Auch der schon vorher (im Jahre 1956) erschienene englische Bericht über Automation[3] umschreibt diese als Ergebnis verschiedener Entwicklungen auf dem Gebiete der Technik; er hebt dabei die folgenden Entwicklungen besonders hervor:

1. kontinuierliche automatische Produktion und Produktverschiebung (Integration), oft auch als „Detroit-Automation" bezeichnet;

2. Rückkoppelungstechnik (feed-back technology), die darin besteht, daß sie durch eingebaute automatische Kontrollen den effektiven Produktionsablauf mit dem geplanten Soll-Ablauf laufend zu vergleichen gestattet und bei Abweichungen automatisch in den Produktionsprozeß regelnd eingreift;

3. Einsatzmöglichkeit elektronischer Daten-Automationsgeräte (Rechenautomaten), die eine rasche und automatische Verarbeitung von Informationen technischer und betriebswirtschaftlicher Art ermöglichen.

Dabei scheint die Detroit-Automation vor allem für den technischen Produktionsprozeß und der Einsatz elektronischer Daten-Automationsgeräte für die Abwicklung betriebswirtschaftlicher Arbeiten bedeutsam zu sein. Die Rückkoppelungstechnik nimmt hier eine Zwischenstellung ein. Sie hat bereits ihre Bewährungsprobe im technischen Sektor bestanden (Servomechanismen); nun beginnt sie auch in den betriebswirtschaftlichen Sektor einzudringen, indem bei vielen betriebswirtschaftlichen Problemen das Rückkoppelungsprinzip erfolgreich verwendet werden kann. Mit der Erhöhung der Leistungsfähigkeit elektronischer Daten-Automationsgeräte — vor allem mit einer schnelleren Arbeitsweise — nimmt

---

[1] Report of the Director-General; Part I: Automation and other Technological Developments, Labour and Social Implications; International Labour Conference, Fortieth Session, Geneva 1957 (International Labour Office, Geneva 1957).

[2] „There is no doubt that we have entered a new technological era. Automation and atomic energy, unfolding simultaneously, are already causing drastic changes in the world of industry and labour" (S. 1).

[3] Department of Scientific and Industrial Research: Automation (London, H. M. S. O. 1956).

zwar auch die Bedeutung der Detroit-Automation im betriebswirtschaftlichen Sektor zu. Je schneller ein solches Gerät arbeitet, desto prompter
wünscht es, mit Informationen, die es zu verarbeiten hat, gespeist zu
werden. Diese promptere Informationseingabe bedingt aber eine weitgehende Rationalisierung und oft auch Automatisierung beim Zusammen-
stellen und Zusammentragen der Informationen, d. h. also eine Detroit-
Automation.

Diese drei Faktoren — Detroit-Automation, Rückkoppelungstechnik,
Einsatz elektronischer Daten-Automationsgeräte — stellen, für sich betrachtet, noch keine Automation dar; erst ihre gemeinsame Nutzung —
wobei der eine oder andere Faktor vorherrschend sein kann — darf als
Kennzeichen der Automation betrachtet werden. Diese gemeinsame Nutzung, d. h. dieser gemeinsame Einsatz bedingt die mit der Automation
in Zusammenhang gebrachte neuartige Betrachtungsweise der technischen
sowie der volks- und betriebswirtschaftlichen Gesamtzusammenhänge,
d. h. er bedingt eine *neuartige Denkweise*. Diese kann sogar so weit
getrieben werden, sich einen vollständig automatisch abrollenden Arbeitsablauf auszudenken, der nur durch ein solches elektronisches Daten-Automationsgerät gelenkt wird. Ein solches Gerät hätte dann die Funktion
eines „Gehirns"[1]. Dem englischen Bericht über Automation zufolge stellt
diese Umstellung im technischen und betriebswirtschaftlichen Denken
das hauptsächlichste Wesensmerkmal der Automation dar.

Worauf bezieht sich diese Umstellung im Denken? Sie ist vor allem
darauf ausgerichtet, sich mit der Wirkungsweise und mit dem Einsatz
elektronischer Daten-Automationsgeräte vertraut zu machen und den betriebswirtschaftlichen Arbeitsablauf in einem Unternehmen unter Berücksichtigung der Einsatzmöglichkeiten solcher elektronischer Daten-Automationsgeräte neu durchzudenken.

Brachte die erste industrielle Revolution des 19. Jahrhunderts eine
Mechanisierung manueller Arbeiten, so kennzeichnet sich die Automation,
die oft auch als zweite industrielle Revolution bezeichnet wird, wobei
allerdings die Bezeichnung Evolution treffender wäre, durch die Über-
nahme von Kontrollfunktionen, die bisher vom Menschen ausgeübt worden sind. Doch schon zeichnet sich eine neue, weitergehende Entwicklung
ab, die als die *intellektronische Evolution* bezeichnet werden könnte. Hier
werden nicht nur die Kontrollfunktionen dem Menschen entwunden, sondern darüber hinaus noch das weitgehend automatische Setzen der Stell-
größen, nach welchen sich die Kontrollfunktion zu richten hat. Die systematische Erforschung der damit zusammenhängenden Kontroll- und Über-
mittlungs- oder Kommunikationsfunktionen bildet den Gegenstand einer

---

[1] In diesem Zusammenhang ist auf WIENER hinzuweisen, der die Grundlagen einer neuen Wissenschaft, der Kybernetik, gelegt hat (WIENER, N.:
Cybernetics. New York: John Wiley & Sons, 1948).

noch jungen Wissenschaft, der Kybernetik. Hier wird das Zusammenspiel zwischen Automation und Kybernetik offensichtlich. Das Mittel, das es ermöglicht, diese Funktionen dem Menschen abzunehmen, ist das elektronische Daten-Automationsgerät. Dieses ist demnach das Hauptwerkzeug, das die Automation und die Intellektronik erst ermöglicht hat.

In den folgenden Kapiteln sind nun die erwähnten drei Gebiete — allgemeine Wesensmerkmale eines elektronischen Daten-Automationsgerätes, Programmierung solcher Geräte sowie Voraussetzungen der Problemverarbeitung — näher betrachtet, wobei im ersten Teil vom elektronischen Daten-Automationsgerät, im zweiten Teil von der Programmierung und im dritten Teil von der Problemverarbeitung die Rede sein wird.

Erster Teil

Das Rechengerät

Erstes Kapitel

Allgemeine Theorie des Informationsflusses. Der Rechenautomat im Lichte der Kybernetik

Bei jeder Art von Berechnung wird eine Zahl nach bestimmten Regeln in eine andere Zahl übergeführt. Diese Umwandlung kann durch Kopfrechnung, mit Hilfe von Tafelwerken oder von maschinellen Mitteln erfolgen. Solche maschinellen Mittel werden üblicherweise als Rechengeräte bezeichnet. Der Zweck solcher Geräte besteht also ausschließlich darin, Zahlen in bestimmter Weise und nach bestimmten Regeln umzuwandeln. Der Begriff des Rechengerätes ist hier zwar sehr weit gefaßt; er reicht von der einfachen, von Hand oder manuell betätigten Additionsmaschine bis zu den modernsten elektronischen Rechenautomaten für wissenschaftliche und administrative Zwecke.

Der Rechenautomat ist dabei von der Rechenmaschine zu unterscheiden. Während bei dieser jede einzelne Rechenoperation oder bestenfalls nur eine kurze Folge von Rechenoperationen nach und nach eingegeben oder befohlen werden kann, ist es bei jenem möglich, längere Operationsfolgen einzugeben, die dann ohne irgendwelche äußere Einwirkung durchlaufen werden, d. h. der Rechenablauf geschieht hier automatisch. Weiter können Rechenmaschinen nur Zahlen verarbeiten, während Rechenautomaten in den meisten Fällen überdies auch mit Buchstaben und anderen Zeichen gespeist werden können. Angesichts dieser Vielfalt beim Rechenautomaten ist es zweckmäßig, hier eine allgemeinere Bezeichnung einzuführen. Es empfiehlt sich, hier von Information schlechthin als allgemeinerem Begriff zu sprechen.

Die Umwandlung von Zahlen, Buchstaben und anderen Zeichen kann auch unter dem Gesichtspunkt des Durchflusses von Informationen durch den Rechenautomaten betrachtet werden, wobei die Informationen während des Durchflusses einer Umwandlung oder Transformation unterzogen werden. Eine solche Umwandlung ist aber das Hauptobjekt der Kybernetik, weshalb es interessant ist, die Wirkungsweise eines Rechenautomaten auch unter dem Blickwinkel der Kybernetik zu betrachten. Diese ist ein Wissenszweig, der 1947 von NORBERT WIENER und anderen Wissenschaftern entwickelt worden ist. Die Bezeichnung leitet sich vom griechischen Wort κυβερνήτης oder Steuermann ab. Sie rührt daher, daß dieser Wissenszweig vor allem die Theorie maschineller Abläufe betrachtet, wobei nicht eine bestimmte, sondern alle möglichen Maschinen und alle ihre möglichen Wirkungsweisen untersucht werden. Auch die Reaktionen von Mensch und Tier auf bestimmte äußere Einwirkungen können als maschineller Vorgang betrachtet werden, bei welchem nicht Drähte und Hebel, sondern Nervenstränge wirken. Die Auslösung einer bestimmten Reaktion durch eine Aktion bedingt aber, daß die Wesensmerkmale dieser Aktion einer bestimmten zentralen Stelle gemeldet werden, die dann die Reaktion auslöst und steuert. Diese Meldungen bestehen aus einem Fluß von Informationen, weshalb die Untersuchung des Wesens des Informationsflusses ebenfalls zum Untersuchungskreis der Kybernetik gehört.

Der hier eingeführte Begriff der *Information* bedarf aber einer eingehenderen Umschreibung. Er stammt aus der Kommunikationstheorie, d. h. aus der Theorie, die sich mit der Übertragung von Informationen befaßt. Dabei kann diese Übertragung mit Hilfe akustischer Wellen (gesprochenes Wort), mit Hilfe elektrischer Wellen (Telegraphie), mit Hilfe von Stromstößen entlang eines Drahtes (Telephonie) erfolgen. Stets wird durch die Information ein Sachverhalt mitgeteilt, wobei diese Mitteilung in Buchstaben- oder Zahlenform oder als besondere Zeichen bei verschlüsselten Mitteilungen erscheinen kann.

Eine Information kennzeichnet also bestimmte Tatbestände. Zu diesem Zweck muß sie eindeutig und bestimmt sein. So bildet die Aussage: „Das Wetter ist schön" eine Information, die einen bestimmten meteorologischen Tatbestand eindeutig kennzeichnet. Sie besteht, wie ersichtlich ist, aus vier Wörtern, deren Reihenfolge für die Information von Bedeutung ist. So würde der Charakter der Information zerstört, wenn diese Wörter in folgender Weise umgestellt würden: „Ist das Wetter schön." Die Wörter sind die gleichen geblieben, nur ihre Reihenfolge ist anders. Dieser Satz stellt nun keine Information im hier maßgeblichen Sinne dar, weil er nicht eindeutig ist. Die Frage: „Ist das Wetter schön?" läßt es offen, ob es schön oder schlecht ist. Erst die Stellungnahme zu dieser Frage, d. h. erst die Antwort, bildet eine Information im dargelegten Sinne. Diese Antwort kann beispielsweise lauten: „Das Wetter ist schön", womit sich aber die oben angeführte Information ergeben hat.

Eine Information besteht — qualitativ gesehen — folglich nur unter der Voraussetzung, daß die Aussage eindeutig und bestimmt ist. Sie ist ihrer Natur nach also eine Stellungnahme, indem unter mehreren Aussagemöglichkeiten eine bestimmte in eindeutiger Weise herausgegriffen wird. So kann beispielsweise das Wetter in vielfältiger Weise beschaffen sein, es kann sonnig oder regnerisch, ruhig oder stürmisch, klar oder neblig usw. sein, wobei eine bestimmte Kombination solcher Attribute das Wesensmerkmal für schönes Wetter darstellt. Die einfachste Form einer Information stellt eine Entscheidung zwischen zwei Möglichkeiten oder Variationen mit gegebener Wahrscheinlichkeitsverteilung dar. Weiter setzt sich in qualitativer Hinsicht eine Information in der Regel aus mehreren Elementen zusammen, wobei die Reihenfolge dieser Elemente von entscheidender Bedeutung für den Aussagewert der Information ist.

Eine Information hat aber auch ein quantitatives Aussagevermögen, das meßbar ist. Ein Beispiel soll diese Seite der Information aufzeigen. Ein Bewohner der Ortschaft A, dessen Name X sei, möchte seinen Freund Y in der Ortschaft B besuchen. Um von A nach B zu gelangen, kann X P_0 verschiedene Wege einschlagen. Der Freund in B, der von diesem bevorstehenden Besuch erfahren hat, möchte seinem Freund X entgegengehen. Solange er aber nicht weiß, auf welchem der P_0 möglichen Wege sich sein Freund X befindet, kann er ihm nicht entgegengehen, da jeder der P_0 Wege gleichwahrscheinlich ist. Der Freund in B verfügt also über keine Information über den eingeschlagenen Weg. Wird ihm aber von einem Bekannten berichtet, daß sein Freund X die Ortschaft A verlassen hat, und wird ihm gleichzeitig gemeldet, in welcher Straße sein Freund gesehen worden ist, so wird Y bestimmte Vermutungen über die eingeschlagene Richtung anstellen können. Je mehr Informationen ihm über den Standort von X mitgeteilt werden, desto offensichtlicher wird es, welchen von den P_0 möglichen Wegen X gewählt hat. Je mehr mögliche Wege offenstehen, um von A nach B zu gelangen, desto mehr Informationen über den Standort des Wanderers sind notwendig, um eine eindeutige und bestimmte Stellungnahme hinsichtlich des eingeschlagenen Weges einnehmen zu können. Es ist also auf Grund dieses Beispiels anzunehmen, daß das Ausmaß der notwendigen Informationen mit der Vielfalt der Möglichkeiten P_0 zunimmt.

Es hat sich hier ein wesentliches Merkmal der Information herausgeschält. Die Information ist aber als solche quantitativ noch nicht genügend erfaßt. Ein weiteres Beispiel wird ein weiteres Merkmal aufzeigen. Zur Lösung eines Problems sind bestimmte Informationen notwendig. Je mehr Lösungen das Problem zuläßt, desto mehr Informationen sind bekanntlich erforderlich. Es wird nun angenommen, daß zwei voneinander unabhängige Probleme zu lösen sind, wobei jede der P_1 Lösungen des ersten Problems mit jeder der P_2 Lösungen des zweiten Problems verknüpft werden kann. Die Gesamtzahl der möglichen Lösungspaare stellt sich also auf

$$P_0 = P_1 P_2.$$

Zur Lösung des ersten Problems sind, so sei angenommen, J_1 Informationen notwendig, und die Lösung des zweiten Problems erfordert J_2 Informationen. Zur Lösung der beiden Probleme benötigt man also

$$J_0 = J_1 + J_2$$

Informationen. Nun müssen diese additive Beziehung bei den Informationen und die multiplikative Beziehung bei den möglichen Lösungspaaren miteinander übereinstimmen. Dies ist aber offensichtlich nur möglich, wenn

$$J_0 = \ln P_0$$

ist, wobei ln den natürlichen Logarithmus oder den Logarithmus zur Basis e ($= 2{,}718282$) darstellt. Es ergibt sich dann

$$J_1 + J_2 = \ln (P_1 P_2) = \ln P_1 + \ln P_2.$$

Ganz allgemein wird die Information J quantitativ durch die Beziehung

$$J = K \ln P$$

definiert, worin K eine Konstante bedeutet. Die Information J wird in der Informationstheorie als dimensionslose Maßzahl, d. h. als reine Zahl, angenommen. Deshalb muß auch die Konstante K dimensionslos sein. Mathematisch gesehen ist die Information also proportional dem natürlichen Logarithmus der auszuwählenden Möglichkeiten.

Es ist dargelegt worden, daß der Satz: „Das Wetter ist schön" eine Information in qualitativer Hinsicht darstellt, die aus den vier Wörtern „das", „Wetter", „ist" und „schön" besteht. Ist nun eindeutig festgelegt, daß sich die Information auf eine Wetterlage bezieht, so hätte schon das Wort „schön" genügt, um die Information eindeutig und bestimmt werden zu lassen. Ohne eine solche Übereinkunft wäre die durch das Wort „schön" gekennzeichnete Information wohl bestimmt, aber noch nicht eindeutig gewesen, indem die Information „schön" sich beispielsweise auch auf ein Gemälde hätte beziehen können.

Die Wetterlagen können vielgestaltig sein. Wird aber vereinfachend angenommen, daß nur drei Wetterlagen möglich sind, nämlich „schön", „veränderlich" und „schlecht", so stellt sich das quantitative Ausmaß dieser Information auf

$$J_3 = K \ln 3 = 1{,}09861 \, K.$$

Würden statt nur drei Wetterlagen deren sechs berücksichtigt, d. h. doppelt soviele Wetterlagen, so müßte sich das Ausmaß der erforderlichen Information auf

$$J_6 = K \ln 6 = 1{,}78176 \, K$$

stellen, d. h. das Ausmaß der erforderlichen Information müßte sich nicht ganz verdoppelt haben (Multiplikationsfaktor: 1,6689).

Ganz allgemein kann man von einem Ereignis E ausgehen, das mit einer bestimmten Wahrscheinlichkeit $P(E)$ eintrifft. Trifft nun das Ereignis E ein, ist dadurch eine Anzahl Informations-Einheiten gewonnen worden, die sich aus der folgenden Beziehung bestimmen lassen:

$$J(E) = \log_a \frac{1}{P(E)},$$

wo $\log_a$ den Logarithmus zur Basis a bezeichnet.

Je nachdem die Basis a gewählt wird, ergeben sich verschiedene Informations-Einheiten, nämlich:

für $a = 2$ Bit (binary unit),

für $a = e$ Nat (natural unit),

für $a = 10$ Hartley (so benannt nach R. V. HARTLEY, der als erster ein logarithmisches Maß für die Information vorgeschlagen hatte).

Der Informationsgehalt einer Nachricht, wie er soeben definiert worden ist, führt zu einem weiteren zentralen Begriff der Informationstheorie und Datenverarbeitung, nämlich zum Begriff der *Entropie*. Eine Anzahl t von Nachrichten $n_1, n_2, \ldots n_t$ gehen von einer Quelle S aus. Es sei vorerst angenommen, daß die einzelnen Nachrichten voneinander statistisch unabhängig sind. Die Wahrscheinlichkeit für das Auftreten einer Nachricht n_i sei $P(n_i)$. Nach der Definition des Informationsgehalts einer Nachricht ergibt sich in diesem Falle:

$$J(n_i) = \log_2 \frac{1}{P(n_i)} \text{ Bits.}$$

Da jeder Nachricht eine bestimmte Wahrscheinlichkeit zugeordnet ist, ergibt sich der durchschnittliche Informationsgehalt je ausgegebener Nachricht als die Summe der Produkte aus den Informationsgehalten der einzelnen Nachrichten und den entsprechenden Wahrscheinlichkeiten, das heißt also

$$\sum_{i=1}^{t} P(n_i) J(n_i) = \sum_{i=1}^{t} P(n_i) \log_2 \frac{1}{P(n_i)} \text{ Bits.}$$

Diese Größe wird als Entropie $H(S)$ der Quelle S bezeichnet.

Die Entropie kann vorerst auf Grund dieser Beziehung als der durchschnittliche Informationsgehalt je Nachricht aufgefaßt werden. Da nun aber $J(n_i)$ auch als die Information betrachtet werden kann, die für das sichere Auftreten der Nachricht n_i notwendig ist, kann die Entropie auch als der durchschnittliche Unsicherheitsgrad ausgelegt werden, den ein Beobachter empfindet, bevor er die Nachrichtenausgabe der Quelle S kennt.

Bisher wurde über die Art der von der Quelle S ausgegebenen Nachrichten nichts ausgesagt. Diese können verschieden geartet sein; sie können aus den Buchstaben des Alphabets, aus den Zahlen des dekadischen Zahlensystems usw. bestehen. Eine bestimmte Nachrichtenart ist aber für elektronische Rechenautomaten oder Datenverarbeitungsgeräten besonders wichtig, nämlich Nachrichten, die sich lediglich aus den beiden Ziffern des binären Zahlensystems zusammensetzen. Eine Quelle, die solche Nachrichten ausgibt, heißt binäre Quelle, und die Ausgabe dieser Quelle wird als *Binit* (binary digit) bezeichnet. Sind die Auftretenswahrscheinlichkeiten der beiden Ziffern einer binären Quelle gleich, d. h. jede gleich 0,5, so ergibt sich eine Entropie von einem Bit je Binit. Sind diese Auftretenswahrscheinlichkeiten aber ungleich, werden sich Entropiewerte ergeben, die kleiner sind als Eins. Ein Binit liefert also stets einen durchschnittlichen Informationsgehalt, der gleich oder kleiner als ein Bit je Binit ist.

Offensichtlich ist die Entropie einer Quelle gleich Null, wenn die Wahrscheinlichkeit einer Nachricht Null oder Eins ist, d. h. in diesem Falle ist der durchschnittliche Informationsgehalt der Nachricht bzw. der durchschnittliche Unsicherheitsgrad gleich Null.

Werden nun die Nachrichten einer Quelle zu Gruppen zusammengefaßt, wie beispielsweise $n_1 n_1,\ n_1 n_2,\ n_1, n_3,\ \ldots n_2 n_1,\ n_2 n_2,\ \ldots$ bei Zweiergruppen $(r = 2)$ und $n_1 n_1 n_1,\ n_1 n_1 n_2,\ \ldots n_2 n_1 n_1,\ n_2 n_1 n_2 \ldots$ bei Dreiergruppen $(r = 3)$, ergeben sich t^r solche Gruppen. Wird die Quelle, aus der solche zu r Gruppen zusammengefaßte Nachrichten ausgehen, mit S^r bezeichnet, kann die Entropie einer solchen Quelle aus der Beziehung

$$H(S^r) = r\, H(S)$$

ermittelt werden.

Bisher wurde angenommen, daß die einzelnen Nachrichten voneinander statistisch unabhängig sind. Sehr oft aber muß man feststellen, daß eine Nachricht n_i von einer Anzahl von m vorangegangenen Nachrichten abhängt. Eine solche Quelle bezeichnet man als eine Markov-Quelle, so benannt nach dem russischen Statistiker MARKOV, der solche Prozesse als erster genauer untersucht hat. Unter dieser Annahme ergibt sich für die Entropie der Markov-Quelle:

$$H(S)_M = \sum_{S^{m+1}} P(n_{j_1}, n_{j_2}, \ldots n_{j_m}, n_i) \log_2 \frac{1}{P(n_i \mid n_{j_1}, n_{j_2}, \ldots n_{j_m})} \text{ Bits.}$$

Die Summation erstreckt sich hier über die Quelle S^{m+1}. Faßt man Nachrichten in einer auf einen bestimmten Zweck ausgerichteten Weise zusammen, gelangt man zum Begriff der Information, wobei auch eine Einzelnachricht als Information gelten kann. Die Information ist also, wie schon erwähnt wurde, ein allgemeinerer Begriff als die Nachricht.

Die administrativen Arbeiten in einer Unternehmung kennzeichnen sich dadurch, daß Informationen in bestimmter Weise verarbeitet werden, wobei dadurch ein festgelegtes Ziel erreicht werden soll. Grundsätzlich läßt sich das dabei notwendige Vorgehen in drei Phasen zerlegen: Die *Eingabe,* die *Verarbeitung* und die *Ausgabe.*

Durch die Eingabe werden bestimmte Informationen der Verarbeitung zugeführt, wo sie nach bestimmten Vorschriften umgewandelt oder transformiert werden und als Ergebnis in der Ausgabe wieder erscheinen. Die drei Phasen der Eingabe, Verarbeitung und Ausgabe stellen eine zeitliche Aufeinanderfolge dar. Dabei wird die Kenntnis von bestimmten Tatbeständen der Vergangenheit und Gegenwart, die in der Information zusammengefaßt sind, vorausgesetzt. In der Regel handelt es sich nicht um die Eingabe einer vereinzelten Information, sondern um deren mehrere. Die Vielzahl der eingegebenen Informationen stellt also eine Massenerscheinung dar und ist deshalb stochastischen Regeln, die Gegenstand der Statistik bilden, unterworfen. Die Information als Eingabe-Einheit ist folglich statistisch zu untersuchen. Die Anzahl der eingegebenen Informationen ist abhängig vom festgelegten Ziel, d. h. vom erwarteten Ergebnis. Diese Informationen bilden also wiederum ein geschlossenes Ganzes, wobei diese Informationen-Einheit letztlich abhängig ist vom zu lösenden Problem.

Es ist also zu unterscheiden zwischen dieser *Informationen-Einheit* als übergeordnetem Begriff, der *Information* an sich und den die Information bildenden *Elementen.* Die Information besteht also aus einer Vielzahl von Elementen, für welche ebenfalls die stochastischen Regeln gelten, wie denn anderseits die Informationen-Einheit eine Vielzahl von Informationen umfaßt. Diese Beziehung kann folgendermaßen symbolisch dargestellt werden:

$$E = (J_1, \; J_2, \; \ldots \ldots J_k),$$
$$J_1 = (a_1, \; a_2, \; a_3, \; \ldots \ldots a_m).$$
$$J_2 = (b_1, \; b_2, \; b_3, \; \ldots \ldots b_n),$$
$$\ldots \ldots \ldots \ldots \ldots \ldots \ldots \ldots$$
$$J_k = (k_1, \; k_2, \; k_3, \; \ldots \ldots k_q),$$

wobei E die Informationen-Einheit, $J_1, J_2, \ldots J_k$ die einzelnen, in E zusammengefaßten Informationen und $a_1, a_2, \ldots a_m$; $b_1, b_2, \ldots b_n$, $\ldots$ $k_1, k_2, \ldots k_q$ die zu den Informationen $J_1, J_2, \ldots J_k$ gehörigen Elemente bezeichnen. Dieser Zusammenhang kann durch das folgende Schema veranschaulicht werden:

$$\underbrace{a_1,\ a_2,\ \ldots\ a_m)}_{J_1} \quad \underbrace{(b_1,\ b_2,\ \ldots\ b_n)}_{J_2} \quad \ldots\ldots \quad \underbrace{(k_1,\ k_2,\ \ldots\ldots\ k_q)}_{J_k}$$
$$\underbrace{}_{E}$$

Wie in der Statistik, so ist auch hier bezüglich der Elemente und der Informationen die Frage nach den Häufigkeiten identischer Elemente und Informationen zu stellen. Die Bezeichnung identisch bezieht sich hier auf das Wesen der Elemente und der Informationen. Setzen sich also beispielsweise zwei Informationen je aus den Elementen „Preis" und „Menge" zusammen, wobei Preis und Menge bei der ersten Information Fr. 1,20 und 25 kg und bei der zweiten Information Fr. 1,50 und 10 kg betragen, so sind sie einander wesensmäßig identisch, obwohl verschiedene Preise und Mengen vorkommen. Entscheidend für das Bestehen einer Identität sind nicht bestimmte Zahlenwerte, sondern das Wesen der Elemente und Informationen, wie im vorliegenden Falle der Elemente Preis und Menge, die bei beiden Informationen auftreten. Bestände hingegen die erste Information aus den Elementen „Preis" und „Menge" und die zweite Information aus dem Element „Wert", das das Produkt aus Preis und Menge darstellt, so wären diese beiden Informationen nicht identisch.

Innerhalb einzelner Informationen können die Elemente und innerhalb einzelner Informationen-Einheiten die Informationen untereinander verschieden oder aber auch ganz oder teilweise identisch sein. Im Falle der Identität einzelner oder aller Elemente oder Informationen könnte man von einer *statischen Wiederholung* oder *Repetitivität* sprechen. Diese Art der Repetitivität soll deshalb statisch genannt werden, weil sie innerhalb einer Information (für die Elemente) und/oder Informationen-Einheit (für die Informationen) auftritt. Daneben ist es aber auch möglich, daß sich eine Anzahl Informationen durch identische Elemente oder aber eine Anzahl Informations-Einheiten durch identische Informationen auszeichnen. Dies besagt, daß sich von einer Information zur anderen bestimmte Elemente oder aber von einer Informationen-Einheit zur anderen bestimmte Informationen identisch wiederholen. So können beispielsweise die Elemente „Kunden-Nummer", „Preis", „Menge" von Information zu Information wiederholt werden. Eine solche *Repetitivität* soll, zum Unterschied zur statischen, *dynamisch* genannt werden. Es ergibt sich somit das Schema auf S. 13, in welchem das allgemeine Element mit x bezeichnet ist. Die Indizes i und j sind allgemeine Ordnungsnummern der Information und der Informationen-Einheit. In diesem Schema bezeichnen die Häufigkeiten $\alpha,\ \beta,\ \ldots\ \omega,\ A,\ B,\ \ldots\ \Omega$ die Wiederholungen der Elemente bzw. der Informationen, wobei mindestens eine dieser Häufigkeiten größer als Eins sein muß. Ist diese Bedingung erfüllt, so können einzelne der übrigen Häufigkeiten gleich Null sein; dies besagt, daß das entsprechende Element bzw. die entsprechende Information ausgefallen ist.

Repetitivitäts-Schema

Information	Informationen-Einheit	Statisch		Dynamisch	
		repetitiv	nicht-repetitiv	repetitiv	nicht-repeitiv
$(x_1, x_2, .. x_n)_i \rightarrow$ $\quad (x_1, x_2, .. x_n)_{i+1}$	$(J_1, J_2, .. J_N)_j \rightarrow$ $\quad (J_1, J_2, .. J_N)_{j+1}$	X	X		
$(\alpha x_1, \beta x_2, .. \omega x_n)_i \rightarrow$ $\quad (\alpha' x_1, \beta' x_2, .. \omega' x_n)_{i+1}$	$(A J_1, B J_2, .. \Omega J_N)_j \rightarrow$ $\quad (A' J_1, B' J_2, .. \Omega' J_N)_{j+1}$	X			X
$(x_1, x_2, .. x_n)_i \rightarrow$ $\quad (x_{n+1}, x_{n+2}, .. x_{n+m})_{i+1}$	$(J_1, J_2, .. J_N)_j \rightarrow$ $\quad (J_{N+1}, J_{N+2}, .. J_{N+M})_{j+1}$		X	X	
$(\alpha x_1, \beta x_2, .. \omega x_n)_i \rightarrow$ $(\alpha' x_{n+1}, \beta' x_{n+2}, .. \omega' x_{n+m})_{i+1}$	$(A J_1, B J_2, .. \Omega J_N)_j \rightarrow$ $(A' J_{N+1}, B' J_{N+2}, .. \Omega' J_{N+M})_{j+1}$	X			X

Weiter können die Häufigkeiten α, β, $\ldots$ ω; α', β', $\ldots$ ω' sowie A, B, $\ldots$ Ω und A', B', $\ldots$ Ω' unter Wahrung der oben genannten Bedingung beliebige Werte annehmen, wobei es gleichgültig ist, ob α und α', β und β', $\ldots$ ω und ω', A und A', B und B', $\ldots$ Ω und Ω' gleich oder ungleich sind.

Auch in der Gestalt, in der die Elemente, Informationen und Informationen-Einheiten auftreten, unterscheiden sie sich in der Regel voneinander. Sind die Elemente als Löcher in bestimmten Stellen einer Lochkarte dargestellt, so ist in der Regel eine Lochkarte gleichbedeutend einer Information[1]. Die Informationen-Einheit besteht dann aus einem

---

[1] Es sind allerdings auch Fälle denkbar, bei welchen sich eine Information auf zwei oder mehr Lochkarten verteilt. Dies wird dann notwendig, wenn die Zahl der Elemente in einer Information zu groß ist, um auf einer einzigen Lochkarte untergebracht werden zu können. Bevor man sich aber entschließt, eine Information auf mehrere Lochkarten zu verteilen, wird man nach Möglichkeit versuchen, die Zahl der Elemente genügend zu reduzieren. Bei Magnetbändern, die bei größeren Rechenautomaten oft als Eingabemittel und Informationsträger dienen, stellt sich dieses Problem nicht.

Bündel Lochkarten. Bei einer lochkartenmäßigen Verarbeitung treten die Elemente, Informationen und Informationen-Einheiten also in der Gestalt von Löchern, Lochkarten und Lochkartenbündeln auf. So könnten beispielsweise die Elemente aus den folgenden Angaben bestehen: Kontroll-Nummer, Abteilungs-Nummer, Kategorie, Name und Vorname, Taglohnansatz, Teuerungszulage, Kinderzulage, Stundensatz, bestimmte Prozentansätze, Nachtzulagen, Pensionskassenbeitrag, Pensionskassen-Einkaufsumme, Pensionskassen-Nachzahlung, Eintrittsjahr, Geburtsjahr. Die Lochkarte, die diese Elemente aufnimmt, bildet die Information, die als Arbeiter-Stammkarte bezeichnet werden könnte. Bei einem Betrieb mit 1000 Arbeitern bestände die Informationen-Einheit aus einem Bündel von 1000 solcher Lochkarten.

Es ist dabei nicht notwendig, daß alle Elemente vor der Eingabe in die Lochkarte gestanzt werden; in vielen Fällen werden mit einzelnen eingestanzten Elementen Berechnungen durchgeführt, deren Resultat dann in die gleiche Lochkarte gestanzt wird. Die einzelnen Elemente werden also in bestimmter Weise verarbeitet und die Ergebnisse auf die gleiche oder auf andere Lochkarten abgesetzt[1]. Dabei sind die für die Eingabe notwendigen Vorarbeiten von jenen für die Verarbeitung und für die Ausgabe zu unterscheiden. Die Art und Weise der Eingabe von Elementen hängt unmittelbar von der Organisation des Arbeitsablaufs im betreffenden administrativen Sektor des Unternehmens ab. Dabei ist zu beachten, daß je eingegebene Informationen-Einheit und je Information möglichst viele Verarbeitungen durchgeführt werden und daß die Ausgabe der Ergebnisse den Informationsfluß durch den Rechenautomaten möglichst wenig behindert, denn die kritischen Stellen beim Einsatz von Rechenautomaten für administrative Arbeiten sind bei heute üblichen Geräten in der Regel bei der Eingabe und Ausgabe zu suchen. Dieser *Grundsatz, je eingegebene Informationen-Einheit bzw. Information möglichst viele Verarbeitungen durchzuführen,* deckt sich mit dem Wesensmerkmal der Automation, wonach die Lösung eines betriebswirtschaftlichen Problems nach Möglichkeit weitgehend automatisch erzielt werden sollte. Ist die Organisation eines Arbeitsablaufs nach den Grundsätzen der Automation geplant, so wird sie eine optimale Ausnützung des eingesetzten Rechenautomaten in der Regel gewährleisten.

Während also die Eingabe von Elementen unmittelbar von der Organisation des Arbeitsablaufs abhängig ist, wird die Verarbeitung und Ausgabe nur indirekt davon beeinflußt. Für diese ist der logische Operationenablauf innerhalb der Verarbeitung maßgeblich, wobei dieser Ablauf unter Umständen auch die Organisation des Arbeitsablaufs im Betrieb

---

[1] An Stelle der Lochkarten können selbstverständlich auch Lochstreifen und Magnetbänder als Informationsträger verwendet werden.

beeinflussen kann, indem Kompromisse zwischen den Grundsätzen der Automation und den sich durch den eingesetzten Rechenautomaten ergebenden Beschränkungen in den Verarbeitungsmöglichkeiten und in der Ausgabe geschlossen werden müssen. Der richtige und zweckmäßige Einsatz der Programmierungstechnik ermöglicht es, diese Kompromisse auf ein Minimum zu beschränken. Dabei ist es oft notwendig, neue, noch nie begangene Wege der Programmierungstechnik einzuschlagen. Die Programmierungstechnik ist also, unter diesem Gesichtspunkt betrachtet, ein wesentliches Hilfsmittel für die Durchführung einer weitgehenden Automation bei administrativen Arbeiten. Der richtige Einsatz und das Finden neuer, zweckmäßiger Wege in der Programmierung setzt aber voraus, daß man mit den betrieblichen Problemen und Zielsetzungen vollständig vertraut ist.

Sind diese Voraussetzungen erfüllt, so wird die eingegebene Information in günstiger Weise in das Ergebnis umgewandelt oder transformiert. Innerhalb der Verarbeitungseinheit des Rechenautomaten vollzieht sich also eine Transformation von Informationen. Diese werden in der Kybernetik — sofern sie mehrere Elemente umfassen — üblicherweise als *Vektoren* bezeichnet, die aus einer Anzahl Elemente oder, in Anlehnung an die in der Vektoranalyse und in der Kybernetik üblichen Bezeichnungsweise, *Komponenten* bestehen. So kann beispielsweise ein Vektor oder eine Information aus den Komponenten oder Elementen „Artikel-Nummer“, „Preis“, „Menge“ usw. zusammengesetzt sein. Bezeichnet man allgemein den eingegebenen Vektor mit J_i und den transformierten Vektor mit J_j, so kann die in der Verarbeitungseinheit des Rechenautomaten stattfindende Transformation symbolisch folgendermaßen dargestellt werden:

$$T: \downarrow \begin{matrix} J_i \\ J_j \end{matrix} \quad \text{oder} \quad T: \downarrow \begin{matrix} (i_1, & i_2, & \dots & i_r) \\ (j_1, & j_2, & \dots & j_r) \end{matrix}$$

wobei T die *Transformation* bezeichnet. Dabei ist es durchaus möglich, daß einzelne Komponenten durch die Transformation nicht verändert werden, wie beispielsweise eingegebene Preise. Geht man hier noch weiter und nimmt man an, daß alle Komponenten aus der durchgeführten Transformation unverändert hervorgehen, so spricht man von einer *Identitäts-Transformation*. In vielen Fällen werden mehrere Komponenten durch die Transformation in eine einzige Komponente vereinigt, wie beispielsweise die beiden Komponenten „Preis“ und „Menge“ im „Wert“. Es geschieht hier also eine Raffung, wobei der dabei entstehende Wert als Resultante bezeichnet werden könnte.

Durch die Transformation T geht also ein bestimmter Vektor J_i in einen anderen Vektor J_j über. Dabei wirkt sich die Transformation T

auf die Komponenten aus, indem aus den Komponenten i_1, i_2, $\ldots\, i_r$ die neuen Komponenten j_1, j_2, $\ldots\, j_r$ entstehen. Werden nun zwei oder mehrere Komponenten durch Transformation verschmolzen, so entsteht durch diesen Vorgang bekanntlich eine *Resultante*. Diese kann allerdings als Vektor in einen anderen Verarbeitungsprozeß eingehen. Durch eine Transformation kann, aber muß nicht, eine Resultante entstehen.

Nun ist es, wie soeben angedeutet worden ist, möglich, daß die Komponenten eines aus der Transformation T_1 entstandenen Vektors einem weiteren Verarbeitungsprozeß, der durch die Transformation T_2 gekennzeichnet ist, unterzogen werden. Symbolisch kann dieser Vorgang folgendermaßen dargestellt werden:

$$T_1 \downarrow \begin{matrix} (i_1, & i_2, & \ldots & i_r) \\ (j_1, & j_2, & \ldots & j_r) \end{matrix}$$

$$T_2 \downarrow \begin{matrix} (j_1, & j_2, & \ldots & j_r) \\ (h_1, & h_2, & \ldots & h_r) \end{matrix}$$

Diese symbolische Darstellung kann folgendermaßen vereinfacht werden:

	i_1 i_2 $\ldots$ i_r
	x_1 x_2 $\ldots$ x_r
T_1	j_1 j_2 $\ldots$ j_r
T_2	h_1 h_2 $\ldots$ h_r

In dieser Matrix-Darstellung, der *Transformations-Matrix,* bezeichnet die erste Zeile $(i_1, i_2, \ldots i_r)$ den Ausgangs-Vektor, d. h. den als erste Eingabe dienenden Vektor. Dieser tritt an die Stelle des *variablen Vektors* $(x_1, x_2, \ldots x_r)$. Durch die Transformation T_1 entsteht aus dem ehemaligen Vektor $(x_1, x_2, \ldots x_r)$, der nun als Vektor $(i_1, i_2, \ldots i_r)$ bestimmt ist, der neue Vektor $(j_1, j_2, \ldots j_r)$. Dieser tritt nun an die Stelle des variablen Vektors $(x_1, x_2, \ldots x_r)$ und wird durch die Transfomation T_2 in den Vektor $(h_1, h_2, \ldots h_r)$ verwandelt. Dieser Vorgang kann durch weitere Transformationen T_3, T_4, $\ldots$ fortgesetzt werden, wobei der variable Vektor jeweils die Gestalt des durch die unmittelbar vorhergehende Transformation entstandenen Vektors annimmt, also in der Regel von Transformation zu Transformation unterschiedlich beschaffen, d. h. variabel ist.

Bisher wurde der Fall betrachtet, daß jedes Ergebnis einer Transformation einer weiteren Transformation unterzogen wird. Es kann aber auch möglich sein, daß nur der Ausgangsvektor $(i_1, i_2, \ldots i_r)$ eine Reihe von Transformationen durchläuft, daß also beispielsweise aus dem Ausgangsvektor $(i_1, i_2, \ldots i_r)$ durch die Transformation T_1 der neue Vektor

$(j_1, j_2, \ldots j_r)$ entsteht, und daß nun aber nicht dieser neue Vektor, sondern wiederum der Ausgangsvektor durch die Transformation T_2 verwandelt wird usw. In diesem Falle ist der variable Vektor $(x_1, x_2, \ldots x_r)$ stets gleich dem Ausgangsvektor $(i_1, i_2, \ldots i_r)$, also nicht mehr variabel. Diese Transformationsfolge kann symbolisch folgendermaßen dargestellt werden:

$$
\begin{array}{c|cccc}
 & i_1 & i_2 & \ldots & i_r \\
\hline
T_1 & j_1 & j_2 & \ldots & j_r \\
T_2 & h_1 & h_2 & \ldots & h_r
\end{array}
$$

Wie ersichtlich, sind die beiden den Ausgangsvektor und den variablen Vektor darstellenden Zeilen ineinander verschmolzen und allein durch den Ausgangsvektor gekennzeichnet.

Nun ist noch ein weiterer Fall denkbar. Es ist nämlich möglich, daß jeweils die durch Transformationen entstandenen neuen Vektoren einer folgenden Transformation unterzogen werden, wie im zuerst genannten Fall, daß aber die jeweils neu entstehenden Vektoren stets der gleichen Transformation unterzogen werden. So soll beispielsweise der Ausgangsvektor $(i_1, i_2, \ldots i_r)$ die Transformation T_1 durchlaufen, woraus sich der neue Vektor $(j_1, j_2, \ldots j_r)$ ergibt. Dieser neue Vektor soll nun wiederum der Transformation T_1 unterzogen werden usw. In diesem Falle entsteht durch die konstante Transformation $T_1 = T$ jeweils ein variabler neuer Vektor, der mit $(y_1, y_2, \ldots y_r)$ bezeichnet sei. Es ergibt sich somit die *folgende Transformations-Matrix:*

$$
\begin{array}{c|cccc}
 & i_1 & i_2 & \ldots & i_r \\
\hline
 & x_1 & x_2 & \ldots & x_r \\
\hline
T & y_1 & y_2 & \ldots & y_r \\
\hline
 & j_1 & j_2 & \ldots & j_r \\
 & h_1 & h_2 & \ldots & h_r \\
 & \multicolumn{4}{c}{\cdots \cdots \cdots}
\end{array}
$$

Der durch diese Matrix gekennzeichnete Vorgang läßt sich folgendermaßen beschreiben. Der Ausgangsvektor $(i_1, i_2, \ldots i_r)$ tritt an die Stelle des variablen Vektors $(x_1, x_2, \ldots x_r)$. Dieser ehemals variable, nunmehr aber bestimmte Vektor wird durch die Transformation T umgewandelt; das Ergebnis ist der neue Vektor $(j_1, j_2, \ldots j_r)$, der die Stelle des variablen neuen Vektors $(y_1, y_2, \ldots y_r)$ einnimmt. Dieser variable neue Vektor tritt an die Stelle des variablen Ausgangsvektors, bei welchem die unveränderte Transformation T durchgeführt wird. Das Ergebnis ist der neue Vektor $(h_1, h_2, \ldots h_r)$, der nun seinerseits an die Stelle des variablen Vektors $(y_1, y_2, \ldots y_r)$ tritt usw. Diese drei Fälle sind nachfolgend übersichtlich zusammengestellt:

a) Konstanter Ausgangsvektor, variable Transformationen:

$$
\begin{array}{c|c}
 & i_1 \; j_2 \;\ldots\; i_r \\
\hline
T_1 & j_1 \; j_2 \;\ldots\; j_r \\
T_2 & h_1 \; h_2 \;\ldots\; h_r \\
\cdots & \cdots\cdots\cdots
\end{array}
$$

b) Variabler Ausgangsvektor, variable Transformationen:

$$
\begin{array}{c|c}
 & i_1 \; i_2 \;\ldots\; i_r \\
\hline
 & x_1 \; x_2 \;\ldots\; x_r \\
\hline
T_1 & j_1 \; j_2 \;\ldots\; j_r \\
T_2 & h_1 \; h_2 \;\ldots\; h_r \\
\cdots & \cdots\cdots\cdots
\end{array}
$$

c) Variabler Ausgangsvektor, konstante Transformationen:

$$
\begin{array}{c|c}
 & i_1 \; i_2 \;\ldots\; i_r \\
\hline
 & x_1 \; x_2 \;\ldots\; x_r \\
\hline
T & y_1 \; y_2 \;\ldots\; y_r \\
\hline
 & j_1 \; j_2 \;\ldots\; j_r \\
 & h_1 \; h_2 \;\ldots\; h_r \\
 & \cdots\cdots\cdots
\end{array}
$$

Der vierte mögliche Fall, in welchem *sowohl der Ausgangsvektor wie auch die Transformation konstant* sind, wird, wie schon erwähnt, durch folgendes Symbol, die *Transformations-Grundform,* dargestellt:

$$
T \downarrow \begin{array}{l} (i_1 \; i_2 \;\ldots\; i_r) \\ (j_1 \; j_2 \;\ldots\; j_r) \end{array}
$$

Welche Bedeutung kommt diesen Überlegungen für Rechenautomaten zu? Zur Beantwortung dieser Frage muß vorerst geklärt werden, welche Funktion den Transformationen programmierungstechnisch zugewiesen werden kann. Wie schon erwähnt worden ist, geschieht die Transformation innerhalb der Verarbeitungseinheit des Rechenautomaten, wo sie einen bestimmten Zweck verfolgt, nämlich die Lösung eines gegebenen Problems. Die Transformation ist also gleich dem Lösungsweg für ein bestimmtes Problem. Dieser wird aber üblicherweise als *Programm* bezeichnet. Die Programmierung besteht also, in der Sprache der Kybernetik, in der Erstellung von Transformationen, d. h. die Transformationen T_1, T_2 usw. stellen also verschiedene Programme dar.

Vom informationstheoretischen Standpunkt aus betrachtet, kann angenommen werden, daß die den Rechenautomaten eingegebenen Informationen die Lösung schon enthalten, allerdings in einer noch verschlüsselten Form. Diese Verschlüsselung kann einfach sein, so daß die Lösung aus den eingegebenen Informationen mühelos herausgelesen werden kann; sie kann aber auch kompliziert sein, so daß eine mehr oder weniger weitreichende Verarbeitung zu ihrer Entschlüsselung notwendig wird. Der Einsatz eines Rechenautomaten lohnt sich nur dann, wenn entweder die Lösung in sehr komplizierter Weise in den eingegebenen Informationen verschlüsselt ist oder wenn bei weniger komplizierter Verschlüsselung der Zeitaufwand für die Verarbeitung infolge der Vielzahl eingegebener Informationen sehr groß wird.

Von diesem Blickwinkel aus betrachtet kann ein *Rechenautomat als Entschlüsselungsgerät* für verschlüsselte Informationen bezeichnet werden. Daraus folgt aber, daß der Informationsgehalt der ausgegebenen Lösung kleiner oder bestenfalls gleich, jedenfalls aber nicht größer sein kann als der Gehalt der eingegebenen Informationen. Daß der Informationsgehalt der ausgegebenen Lösung auch kleiner sein kann als der der eingegebenen Informationen, ist dadurch erklärlich, daß bei dieser informationstheoretischen Betrachtung des Rechenautomaten dieser als ein Übermittlungskanal, wie beispielsweise ein Telephonkabel, aufzufassen ist. In ähnlicher Weise wie das Telephonkabel zur Übertragung von Informationen dient, stellt auch der Rechenautomat die Brücke zwischen den unverarbeiteten Informationen und den daraus sich ergebenden Resultaten dar. Es kommt hier allerdings ein Zusätzliches hinzu, nämlich die Verarbeitung oder Entschlüsselung. Bei jedem Übermittlungskanal ist mit Verlusten und Verzerrungen zu rechnen, so auch bei dem als Übermittlungskanal betrachteten Rechenautomaten. Diese Fehler und Verzerrungen können aber beim Rechenautomaten durch bestimmte Vorkehrungen (selbstkorrigierende Codes, doppeltes Rechnen, Nullkontrolle usw.) auf ein praktisch vernachlässigbares Minimum reduziert werden. Im Idealfalle kann ein Rechenautomat informationstheoretisch als verlustloser Übermittlungskanal betrachtet werden, bei welchem keine Verluste bezüglich des Informationsgehaltes zu erwarten sind.

Das auffälligste Merkmal eines Rechenautomaten aber ist dessen Entschlüsselungsvermögen. Wie wird nun die in den eingegebenen Informationen in verschlüsselter Form enthaltene Lösung herausgeschält oder entschlüsselt? Dieser Vorgang wird durch das sogenannte Programm gewährleistet, das Schritt für Schritt die eingegebenen Informationen derart zerlegt und kombiniert, daß schließlich die Lösung herausspringt. Zweifellos bildet das Erstellen des Programms die wichtigste Operation beim Einsatz eines Rechenautomaten. An dieser Stelle sei zwar noch nicht auf diese Operation eingegangen, da sie in den folgenden Kapiteln eingehend beschrieben sein wird. Hier sei ein anderer, auf dieser informationstheoretischen Betrachtung des Programms beruhender Gedankengang aufgegriffen.

Das *Programm* bewirkt bekanntlich informationstheoretisch eine Entschlüsselung der eingegebenen Informationen. Wenn dies zutrifft, so müßte dieser Vorgang reversibel, d. h. umkehrbar, sein. Es müßte möglich sein, durch eine auf einem „*Anti-Programm*" beruhende Rückverschlüsselung aus der Lösung die Ursprungsinformationen zu erhalten. Das Anti-Programm würde also das Gegenstück zum Programm oder dessen „Spiegelbild" darstellen. Das Programm müßte also nach bestimmten Regeln der Spiegelung, die durch ein Über-Programm gegeben wären, in dessen Anti-Programm übergeführt werden können.

Allerdings ist eine solche Umkehrung der Entschlüsselung oder Rückverschlüsselung für praktisch bedeutsame Fälle meines Wissens noch nie durchgeführt worden. Der Grund liegt nicht darin, daß dies undenkbar wäre, sondern darin, daß eine solche Umkehrung, außer zu Kontrollzwecken, praktisch sinnlos ist. Diese Überlegung hat aber auf einem anderen Gebiete eine sehr fruchtbare und zukunftsreiche Entwicklung erfahren. Es ist denkbar, daß das zur Entschlüsselung der eingegebenen Informationen notwendige Programm selber in einer für den Rechenautomaten verschlüsselten Form gegeben ist. In einem solchen Falle muß ein Über-Programm bestehen, das zur Entschlüsselung des Programms dient. Paradoxerweise ist ein Programm dann für den Rechenautomaten als verschlüsselt zu betrachten, wenn es in einer Symbolik geschrieben ist, die dem Menschen verständlicher ist als das dem Rechenautomaten verständliche Programm. Solche für den Rechenautomaten verschlüsselte Programme bezeichnet man als *automatische Programme.* Die Entwicklung solcher automatischer Programme und ihrer Über-Programme ist ein in jüngster Zeit sehr geförderter Wissenszweig auf dem Gebiete der Programmierung.

Heutigentags ist es üblich und zur Regel geworden, daß nicht mehr in der Maschinensprache, sondern in sogenannten *problemorientierten*

Sprachen verkodet wird. Nur bei Spezialaufgaben, wo die technischen Möglichkeiten des Gerätes weitestgehend ausgenützt werden müssen, wird noch in der Maschinensprache verkodet; diese stellt allerdings bei modernen Hochleistungs-Datenverarbeitungsgeräten gründliche Kenntnisse des technischen Aufbaus des Gerätes und der logischen Grundlagen der Programmierung voraus.

Unter den problemorientierten Sprachen haben sich bis jetzt die Sprachen FORTRAN (Formula Translater) und ALGOL (Algorithmic Language) vor allem für mathematisch-technische Probleme und COBOL (Common Business Oriented Language) durchgesetzt. Darüber hinaus bestehen auch besondere Sprachen für bestimmte Einsatzmöglichkeiten des Datenverarbeitungsgerätes. So sind beispielsweise besondere *Simulationssprachen* entwickelt worden. Von diesen seien hier die Sprachen SIMSCRIPT (von der RAND Corporation entwickelt), GPSS (General Purpose System Simulator, von der IBM entwickelt), SIMULA (vom Norwegian Computer Center entwickelt), SIMON (von der Southampton University entwickelt), CSL (von IBM und Esso Petrol Ltd. entwickelt), FORSIM (von der Mitre Corporation entwickelt), MILITRAN (vom System and Research Group Inc. entwickelt), MONTECODE (von der British Iron and Steel Research Association entwickelt) sowie SIMPAC (von der System Development Corporation entwickelt) erwähnt. Von diesen Simulationssprachen haben sich vor allem SIMSCRIPT, GPSS und SIMULA als Sprachen allgemeiner Gültigkeit durchzusetzen vermocht[1].

In der Sprache der Kybernetik stellt sich der Vorgang, aus einem Programm P dessen Anti-Programm P' zu entwickeln, als Transformation dar. Die Transformation selber ist ebenfalls ein Programm, nämlich das Über-Programm, das als P_U bezeichnet sei. Dieser Vorgang läßt sich symbolisch folgendermaßen darstellen:

$$P_U \downarrow {P \atop P'} \qquad \text{und} \qquad P_U' \downarrow {P' \atop P}$$

oder aber auch in Matrizenform:

	P	P'
P_U	P'	—
P_U'	—	P

Dies besagt, daß aus dem Programm P durch die Transformation P_U, d. h. durch das Überprogramm, das Anti-Programm P' gewonnen wird und daß aus dem Anti-Programm P' durch die Transformation P_U', d. h.

---

[1] Auf einzelne dieser Sprachen wird später näher eingegangen.

durch das Anti-Über-Programm, wieder das Programm P erhalten wird. Es wäre hier interessant, festzustellen, in welcher Beziehung das Über-Programm P_U zum Anti-Über-Programm $P_U{}'$ steht.

Der zweite Fall, ein automatisches Programm und dessen Über-Programm zu entwickeln, sieht kybernetisch folgendermaßen aus, wobei P_A das automatische Programm, P das Programm und P_U das Über-Programm bezeichnen soll:

$$P_U \downarrow \begin{matrix} P_A \\ P \end{matrix}$$

Auch hier ist theoretisch eine Umkehrung möglich, indem aus dem Programm P durch ein Anti-Über-Programm $P_U{}'$ das automatische Programm P_A erstellt wird. Unter Berücksichtigung dieser Möglichkeit ergibt sich die folgende Transformationsmatrix:

$$
\begin{array}{c|cc}
 & P_A & P \\
\hline
P_U & P & - \\
P_U{}' & - & P_A
\end{array}
$$

Die kybernetische Struktur des Problems ist in beiden Fällen gleich. Sie unterscheiden sich nur in den gegebenen und den gesuchten Programmen. So sind im ersten Falle das Programm P und das Über-Programm P_U gegeben, während das Anti-Programm P' gesucht wird. Im zweiten Falle sind das Programm P und das automatische Programm P_A gegeben, während das Über-Programm P_U gesucht wird. Ist dieses Über-Programm gefunden, so wird in der Regel das automatische Programm gegeben sein, das dann mittels des gefundenen Über-Programms in das für den Rechenautomaten maßgebliche Programm P überzuführen ist. Im Verlaufe der folgenden Kapitel wird sich Gelegenheit geben, die automatische Programmierung genauer zu betrachten. Aus dem bisher Gesagten dürfte sich ergeben haben, daß vor allem die kybernetische Betrachtungsweise des Rechenautomaten und des Informationsflusses ein dankbares, zum größten Teil immer noch wenig erforschtes Gebiet der Programmierung darstellt.

Der praktische Einsatz von Rechenautomaten kann bekanntlich eindeutig durch die Transformationsgrundform und durch die drei Transformationsmatrizen, die oben zusammengestellt worden sind, kybernetisch gekennzeichnet werden, wobei die Transformationen den Programmen identisch sind, die dem Rechenautomaten eingegeben werden. Dabei können, je nach dem zu lösenden Problem, verschiedene Programme dem Rechenautomaten eingegeben werden. Überdies aber können diese Programme oder Transformationen weiteren Transformationen unterworfen werden, etwa nach dem folgenden Schema:

$$P_U \downarrow \begin{matrix} P_1 & P_2 & P_3 & P_4 & \cdots & P_n \\ P_2 & P_3 & P_4 & \cdots & P_n & P_1 \end{matrix}$$

In der Sprache der Programmierung ausgedrückt bedeutet dieses kybernetische Schema, daß die einzelnen Programme $(P_1, P_2, \ldots)$ durch ein Über-Programm P_U modifiziert werden. Dabei soll diese Transformation geschlossen sein, d. h. nach einer beliebig großen Anzahl von Modifikationen soll das Ursprungsprogramm P_1 wieder erstellt werden können. Dieses einfache kybernetische Schema umfaßt Vorgänge, die programmierungstechnisch z. T. recht kompliziert sind und die im zweiten Teil ausführlich besprochen werden sollen. Es zeigt sich hier sehr deutlich, welchen Vorteil die Kybernetik bietet, indem sie es ermöglicht, auch sehr komplizierte Vorgänge einfach und übersichtlich darzustellen.

Geräte, die die Möglichkeit aufweisen, Transformationen zu transformieren, werden in der Kybernetik als *Geräte mit Eingabe* bezeichnet. Ein Rechenautomat, bei dem es möglich ist, Programm-Modifikationen durchzuführen, stellt kybernetisch ein Gerät mit Eingabe dar. Diese kybernetische Eingabe ist von der programmierungstechnischen Eingabe streng zu unterscheiden. Während in der Sprache der Programmierung unter Eingabe sowohl die Programm-Eingabe wie auch die Eingabe der Informationen verstanden wird, bezeichnet die Kybernetik nur die Programm-Eingabe als eigentliche Eingabe. Bei Rechenautomaten mit kybernetischer Eingabe, d. h. mit der Möglichkeit, Programm-Modifikationen durchzuführen, ist es möglich, praktisch unbegrenzt viele Programme einzugeben, während die Eingabe der Informationen in der Regel durch die Verarbeitungsgeschwindigkeit begrenzt ist; solche Geräte sind also *programm-flexibel*. Andrerseits gibt es Geräte, die an eine engbegrenzte Programmauswahl (oft nur ein einziges Programm) gebunden sind, während bei ihnen eine große Flexibilität der Informationseingabe besteht; diese Geräte sind also *programm-starr*. Diese Begriffe werden im nächsten Kapitel wieder aufgegriffen.

Zweites Kapitel

Analogie- und Digitalgeräte

Eine Rechenoperation kann auf zweierlei Arten durchgeführt werden: durch *Zählen* und durch *Messen*. Da sich — wie später auszuführen sein wird — alle Rechenoperationen auf Additionen zurückführen lassen, sollen diese beiden Arten der Durchführung einer Rechenoperation an Hand einer Addition erklärt werden.

Zu addieren sind beispielsweise die Zahlen 5 und 3. Das Resultat 8 kann in der Weise ermittelt werden, daß am Zählrahmen 5 Kugeln abgesondert und zu dieser Gruppe von 5 Kugeln weitere 3 Kugeln zugefügt werden. Das Resultat ergibt sich durch Zählung der Kugeln, die sich in der Resultatgruppe, d. h. in der Vereinigung der beiden Gruppen mit 5 und 3 Kugeln, befinden. In gleicher Weise, wenn auch unbewußt, geht ein Kind vor, das zu 5 Äpfeln 3 weitere hinzufügen soll. Das Rechnen durch Zählen kann deshalb als das ursprüngliche Rechnen bezeichnet werden.

Die gleiche Aufgabe, zur Zahl 5 die Zahl 3 zu addieren, kann aber auch durch Messung gelöst werden. Zu diesem Zwecke muß zuerst eine Maßeinheit gewählt werden, die beispielsweise durch eine Strecke von bestimmter Länge gekennzeichnet ist (z. B. eine Strecke von einem Zentimeter). Nun wird auf einem Papierstreifen diese Maßeinheit so oft abgetragen, wie die erste der zu addierenden Zahlen angibt, also im vorliegenden Fall 5mal. Dadurch erhält man auf dem Papierstreifen eine Strecke, die bei festgegebener Maßeinheit die Zahl 5 darstellt. Weiter wird auf einem anderen Papierstreifen in gleicher Weise die Zahl 3 abgetragen, was wiederum eine Strecke ergibt, deren Länge für die Zahl 3 kennzeichnend ist. Nun wird am Ende des ersten, 5 Maßeinheiten langen Papierstreifens der zweite, 3 Einheiten messende Streifen lückenlos angesetzt. Endlich wird festgestellt, wie oft die Maßeinheit in diesem zusammengesetzten Papierstreifen Platz hat; diese Anzahl ergibt das Resultat der gestellten Aufgabe. Dabei können die Maßeinheiten auf einer beliebig langen Strecke ein für allemal abgezählt worden sein, wie beispielsweise beim Meterstab. Das Resultat der Addition ergibt sich dann durch bloßen Vergleich der Länge der zusammengesetzten Papierstreifen mit der Maßstrecke (Meterstab); eine Zählung ist in diesem Falle nicht mehr notwendig. Die Genauigkeit des Ergebnisses hängt hier von der Genauigkeit, mit der man die Maßeinheiten auf dem Papierstreifen abgesteckt hat, wie auch von der Genauigkeit der zum Vergleich benutzten Maßstrecke ab. Durch geeignete Wahl der Maßeinheit läßt sich die Genauigkeit der Ergebnisse erhöhen; je größer die Maßeinheit, desto genauer die Ergebnisse. Dabei kann die Maßeinheit direkt oder indirekt vergrößert werden, je nachdem man die absolute Länge der die Maßeinheit kennzeichnende Strecke vergrößert, z. B. durch die Festlegung einer Strecke von 10 Metern als Maßeinheit, oder ob man die Strecke der Maßeinheit beispielsweise mit einer Lupe betrachtet und sie dadurch optisch (nicht tatsächlich) vergrößert.

Wie ersichtlich, ist die Beschaffenheit der Maßeinheit beim Rechnen durch Messung von entscheidender Bedeutung für die Genauigkeit des Resultates. Demgegenüber kommt der Beschaffenheit der Zähleinheit beim Rechnen durch Zählung überhaupt keine Bedeutung für die Genauigkeit des Ergebnisses zu. So ist es gleichgültig, ob die 5 und die 3 Äpfel ungleich groß, reif oder unreif, verschiedene Apfelsorten usw. sind. Wesentlich ist nur der Begriff des Apfels als abgeschlossene und unveränderliche Einheit. In vielen Fällen ist wohl die Einheit abgeschlossen, d. h. als greifbarer und fest umrissener Gegenstand gegeben, jedoch nicht unveränderlich. Würde man beispielsweise die gestellte Aufgabe der Addition der beiden Zahlen 5 und 3 statt mit Hilfe von Äpfeln mit Kühen durchführen, und würde man das Ergebnis der Addition erst viel später benötigen, so könnte es vorkommen, daß man wohl zwei Gruppen von Kühen, bestehend aus 5 und 3 Tieren, gebildet hat, daß aber später ihre Zahl nicht 8, sondern — wenn einige Kühe trächtig waren und in der Zwischenzeit Kälber geworfen haben — größer als 8 oder — wenn einige Kühe seither verendet sind — kleiner als 8 wäre. Ein durch Zählung gewonnenes Resultat ist im strengen Sinne genau, vorausgesetzt, daß man über genügend viele Zähleinheiten verfügt. So kann beispielsweise die Aufgabe, zur Zahl 5,3271 die Zahl 2,9786 zu addieren, durch Zählung genau gelöst werden, indem 53 271 Kugeln mit 29 786 Kugeln vereinigt werden und beim Resultat 83 057 Kugeln die Kommalage berücksichtigt wird.

Würde diese Rechnung durch Messen gelöst, so müßte man die Maßeinheit schon ziemlich groß wählen, um zum genauen Ergebnis zu gelangen. Wäre die Maßeinheit 1 Millimeter, so könnte das Resultat auf direktem Wege, d. h. ohne Hilfsmittel (z. B. Lupe), nur auf ganze Stellen genau gemessen werden. Bei einer Maßeinheit von 10 Millimetern oder einem Zentimeter könnte das Ergebnis schon bis zur ersten Dezimalstelle genau gemessen werden. Um ein genaues Ergebnis zu erhalten, müßte man die Maßeinheit mit 10 Metern festlegen, was aber aus praktischen Gründen nur in seltenen Fällen möglich ist. Vorausgesetzt ist hier allerdings, daß Strecken, die kleiner als ein Millimeter sind, von bloßem Auge nicht mehr genau unterscheidbar sind.

Diese beiden Arten des Rechnens lassen sich maschinenmäßig darstellen. Je nachdem das Prinzip des Messens oder des Zählens zugrunde liegt, unterscheidet man bei Rechengeräten zwischen *Analogie-* und *Digitalgeräten*. Die Analogiegeräte lösen das gestellte Problem durch Messen, Digitalgeräte oder Ziffernrechner durch Zählen.

Ein einfaches *Analogiegerät* stellt der Rechenschieber dar. Hier werden die Zahlenwerte durch Strecken dargestellt, und zwar ist die Strecke, die eine bestimmte Zahl kennzeichnet, durch den entsprechenden Logarithmus bestimmt. So werden die Zahlen 2, 5 oder 90 durch Strecken dargestellt, deren Länge beispielsweise gleich 0,30103 Zentimeter, 0,69897 Zentimeter und 1,95424 Zentimeter sind. Daß es bei der hier gewählten Maßeinheit von einem Zentimeter nicht möglich ist, diese Strekken genau abzutragen, ist einleuchtend. Eine größere Genauigkeit könnte man auf direktem Wege dadurch erzielen, daß man die Maßeinheit vergrößert und sie beispielsweise gleich einem Meter setzt. Der entsprechende Rechenschieber wäre dann allerdings sehr unhandlich. Die Genauigkeit des Rechenschiebers könnte aber auch auf indirektem Wege erhöht werden, indem die Zahlenwerte mit Hilfe einer Lupe abgelesen werden. Wie bei der direkten Erhöhung des Genauigkeitsgrades so sind auch hier der Genauigkeitssteigerung Grenzen gesetzt, indem es unpraktisch wäre, die Lupe durch ein Mikroskop zu ersetzen.

Während der übliche Rechenschieber ein ziemlich vielseitiges Instrument ist, mit welchem dank der logarithmischen Maßeinheit Multiplikationen und Divisionen durchgeführt und sogar quadratische Gleichungen gelöst werden können[1], sind auch einfachere Analogiegeräte denkbar wie etwa eine reine Additions- und Subtraktionsmaschine. Hier müßte die Maßeinheit beispielsweise derart beschaffen sein, daß den Zahlenwerten 2, 5 und 90 die Strecken von 2 Zentimetern, 5 Zentimetern und 90 Zentimetern oder von 2 Millimetern, 5 Millimetern und 90 Millimetern usw. entsprechen würden. Ein solches einfaches Analogiegerät ist zwar nicht gebräuchlich, da Additionen und Subtraktionen wesentlich einfacher und genauer durch Zählen ausgeführt werden.

Die Vorteile der Analogiegeräte zeigen sich erst bei komplizierteren mathematischen Operationen und Problemen, wie beispielsweise bei Differenzierungen und Integrierungen, beim Lösen von Differentialgleichungen usw. Die Maßeinheit bei Analogiegeräten, die solche Aufgaben zu bewältigen haben, ist in der Regel nicht eine Strecke (Meter usw.), sondern eine elektrische Spannung, die Drehung einer mechanischen Welle usw. Da das Analogiegerät mit solchen stetigen physikalischen Größen arbeitet, ist es möglich, die eingegebenen Zahlenwerte stetig oder stufenlos zu verändern, indem man beispielsweise durch Drehung eines Knopfes die Drehung einer mechanischen Welle bewirkt und damit einen Winkel verändert.

Ein Analogiegerät besteht strukturmäßig aus einzelnen Recheneinheiten, von welchen jede nur eine bestimmte Rechenart auszuführen vermag. Die Lösung eines bestimmten Problems geschieht durch problemgerechte Verkoppelung dieser Recheneinheiten, d. h. dadurch, daß durch diese Verkoppelung eine Nachbildung des dem Problem zugrunde liegenden Systems oder ein Modell entsteht. Andere Recheneinheiten, wie die Funktionstische, ermöglichen es, empirisch vorgegebene Werte in Kurvenform dem Analogiegerät einzugeben und auch Lösungen in Kurvenform zu gewinnen. Wird nun von außen her auf eine bestimmte Recheneinheit

---

[1] Mit Sonderskalen ausgerüstet lassen sich auch trigonometrische und andere Probleme mit Hilfe des Rechenschiebers lösen.

eingewirkt, so kann der Einfluß dieser Einwirkung auf andere Recheneinheiten und auf das Modell als Ganzes bestimmt werden. Diese Arbeitsweise der Analogiegeräte bringt es allerdings mit sich, daß ihre Konstruktion weitgehend zweckgerichtet sein muß.

Diese Tatsache schränkt die Anwendungsmöglichkeiten solcher Geräte
zur Hauptsache auf technische und physikalische Probleme ein. In der
Volks- und Betriebswirtschaft haben sie sich nicht durchzusetzen vermocht, obwohl hier Anwendungsmöglichkeiten vorhanden wären. So
könnte man leicht die Wechselwirkungen von Angebot und Nachfrage,
den Einfluß der Veränderung bestimmter endogener Faktoren in einem
volkswirtschaftlichen Modell auf andere Faktoren dieses Modells, wie beispielsweise den Einfluß einer Steuererhöhung auf das allgemeine Preis-
niveau mit Hilfe von Analogiegeräten, untersuchen. Doch die Entwicklung
von Spezialgeräten allein für solche Probleme lohnt sich eigentlich nicht,
weil solche Probleme, wenn auch etwas langsamer, auch durch Digitalgeräte gelöst werden können.

Das *Digitalgerät* oder der *Ziffernrechner* unterscheidet sich grundsätzlich vom Analogiegerät. Im Gegensatz zum Analogiegerät rechnet das
Digitalgerät mit Ziffern, d. h. mit diskreten Zahlenwerten. Der Genauigkeitsgrad hängt dabei von der Größe des Zählwerks ab, d. h. von den
vom Gerät bei der Verarbeitung von Informationen berücksichtigten Stellen. Je größer das Zählwerk, desto größer der Genauigkeitsgrad. Während beim Analogiegerät eine Mehrzahl von Recheneinheiten festzustellen
ist, verfügt das Digitalgerät grundsätzlich über ein einziges Rechenwerk,
in welchem die vier Grundoperationen (Addition, Subtraktion, Multiplikation und Division) sowie logistische Operationen (Vergleiche, Übertragungen) durchgeführt werden können. Das Rechenwerk ist somit
geeignet, praktisch alle vorkommenden Probleme, auch wissenschaftliche
Probleme, zu lösen, da in der Regel Probleme, die zahlenmäßig nicht
direkt lösbar sind, durch Reihenentwicklung mit einer praktisch genügen-
den Genauigkeit zu bewältigen sind.

Der Vorteil eines Rechenwerkes, das allen Anforderungen des praktischen Rechnens genügt, muß allerdings damit erkauft werden, daß das
Digitalgerät nur arbeiten kann, wenn es durch ein Programm gesteuert
ist, d. h. wenn zum vornherein der Rechengang festgelegt ist. Die Erstellung des Programms erfordert einerseits grundsätzliche Kenntnisse
über die Wirkungsweise der Digitalgeräte im allgemeinen, andrerseits
aber auch grundlegende Kenntnisse der Programmierungstechnik. Die folgenden Ausführungen sollen diesem Erfordernis dienen. Dabei beschränken wir uns auf Digitalgeräte, da diesen auf wirtschaftlichem Gebiete
eine wesentlich größere Bedeutung zukommt als den Analogiegeräten.

Es ist aufschlußreich, Analogie- und Digitalgeräte in der Symbolik
der Kybernetik zu kennzeichnen. Da das *Analogiegerät* als ein *programm-*

starres Gerät betrachtet werden kann, ergibt sich hier das folgende
kybernetische Schema:

$$
\begin{array}{c|c}
 & i_1 \ i_2 \ \ldots \ i_r \\
\hline
 & x_1 \ x_2 \ \ldots \ x_r \\
\hline
P & y_1 \ y_2 \ \ldots \ y_r \\
\hline
 & \begin{array}{l} j_1 \ j_2 \ \cdots \ j_r \\ h_1 \ h_2 \ \ldots \ h_r \\ \cdots \cdots \cdots \cdots \end{array}
\end{array}
$$

Da hier r praktisch unbeschränkt ist, bedeutet dies, daß eine Vielzahl
von Informationen eingegeben werden kann (kontinuierliche Veränderung
der Informationen); anderseits sind die Transformationsmöglichkeiten
P sehr eingeschränkt.

Für *Digitalgeräte* ist andrerseits das folgende kybernetische Schema
kennzeichnend, das davon ausgeht, daß solche Geräte *programm-flexibel*
sind:

$$
\begin{array}{c|c}
 & i_1 \ i_2 \ \ldots \ i_r \\
\hline
 & x_1 \ x_2 \ \ldots \ x_r \\
\hline
P_1 & j_1 \ j_2 \ \ldots \ j_r \\
P_2 & h_1 \ h_2 \ \ldots \ h_r \\
\cdots & \cdots \cdots \cdots \cdots \\
P_n & q_1 \ q_2 \ \ldots \ q_r
\end{array}
$$

In diesem Falle ist r beschränkt, während n praktisch unbeschränkt ist,
d. h. es ist eine Vielzahl von Programmen möglich.

Wie ersichtlich ist, können sehr komplizierte Geräte, wie sie die
Analogie- und Digitalgeräte darstellen, in einfacher und übersichtlicher
Weise kybernetisch dargestellt werden, wobei die unterschiedlichen We-
sensmerkmale deutlich hervortreten.

Drittes Kapitel

Das Digitalgerät

1. Allgemeines Prinzipschema

Der digitale Rechenautomat zeichnet sich bekanntlich durch den automatischen Arbeitsablauf aus. Die einzige manuelle Tätigkeit besteht
darin, dem Gerät die zu verarbeitenden Informationen einzugeben. Das
übrige, d. h. die eigentliche Verarbeitung und die Ausgabe der Ergebnisse, besorgt der Rechenautomat — äußerlich betrachtet — selbständig.

Es ist nicht verwunderlich, daß diese Selbständigkeit einen komplizierten Aufbau solcher Geräte bedingt. Trotz der verwirrenden Vielfalt von Elementen oder Bauteilen läßt sich eine auf dem Informationsfluß im Gerät beruhende, allen Geräten eigentümliche *Grundstruktur* erkennen[1]. Es ist üblich, diesbezüglich einerseits zwischen den Eingabe- und den Ausgabegeräten zu unterscheiden, und andrerseits die Geräte, die hinsichtlich des Informationsflusses zwischen diesen beiden Gruppen liegen, als Einheit aufzufassen. Da die Hauptfunktion dieser mittleren Gruppe darin besteht, die eigentliche Verarbeitung der Informationen durchzuführen, wird sie als Verarbeitungseinheit bezeichnet — ein uns aus dem bisher Gesagten geläufiger Ausdruck. Jede dieser drei Gruppen — die *Eingabe,* die *Verarbeitungseinheit,* die *Ausgabe* — besteht in der Regel aus mehreren Einzelgeräten, die jedoch alle dem gegebenen Gruppenzweck, d. h. der Eingabe der Informationen, ihrer Verarbeitung und der Ausgabe der Ergebnisse, dienen. Die Verbindung dieser drei Gruppen bildet den Rechenautomaten als Ganzes. Das auf den Informationsfluß ausgerichtete Prinzipschema eines Rechenautomaten ergibt sich somit durch die zweckentsprechende Verbindung der drei Gerätegruppen. Dabei werden die Geräte der einzelnen Gruppen schematisch in Rechtecken zusammengefaßt, in welche die Gruppenbezeichnung eingetragen ist. Diese Rechtecke stellen also das Symbol aller der betreffenden Gruppe zugehörigen Geräte dar, deren Beschaffenheit und Anzahl für dieses Prinzipschema von nebensächlicher Bedeutung ist. Die zweckentsprechende Verbindung dieser Rechtecke geschieht durch Geraden. Die derart verbundenen Rechtecke lassen uns aber noch im unklaren über die Richtung des Informationsflusses, das kennzeichnende Merkmal unseres Schemas. Diese wird dadurch gekennzeichnet, daß die Verbindungsgeraden zwischen zwei Rechtecken mit Pfeilen versehen werden. In dieser Weise ergibt sich das in Abb. 1 dargestellte Prinzipschema.

Nur die in Abb. 1 dargestellte Anordnung der Pfeile ist sinnvoll; eine direkte Verbindung der Eingabe mit der Ausgabe beispielsweise

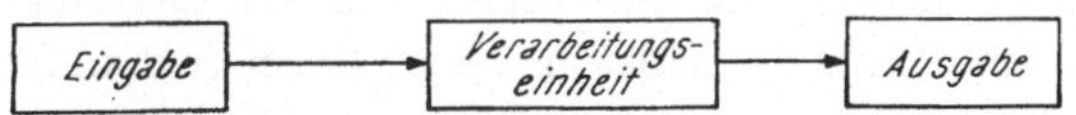

Abb. 1. Prinzipschema eines Rechenautomaten bezüglich des Informationsflusses

würde nämlich bedeuten, daß überhaupt keine Verarbeitung stattgefunden hat, daß also die eingegebenen Informationen identisch den ausge-

---

[1] Daneben könnten auch andere Grundstrukturen abgeleitet werden, die auf anderen Richtmerkmalen beruhen, wie beispielsweise auf solchen baulicher Art (Geräteeinheiten oder Gerätekasten) oder nach der Beschaffenheit einzelner Elemente (Relais-, Elektronen-, Transistorengeräte usw.).

worfenen Ergebnissen sind, da ja keine Verarbeitung oder Transformation der eingegebenen Informationen festzustellen war. Die Verarbeitungseinheit stellt somit das Kernstück des Rechenautomaten dar. Sie dient vor allem der Umwandlung oder der Veränderung von Informationen. Folglich stellt dieser Vorgang ein Grundmerkmal eines Rechenautomaten dar.

a) Die Eingabe

Vorerst müssen wir uns fragen, welcher Art die Informationen sind, die in einem Rechenautomaten verarbeitet werden und in welcher Form sie anfallen. Offensichtlich kommen nur zwei Arten von Informationen in Betracht, nämlich Zahlen und Buchstaben[1]. Durch diese beiden Informationsarten kann jede komplexe Information vollständig und eindeutig gekennzeichnet werden.

Weiter können uns solche durch Zahlen und Buchstaben dargestellte Informationen in mündlicher oder schriftlicher Form erreichen. So können uns beispielsweise bei einer Multiplikation zweier Zahlenwerte diese zugerufen oder auf einem Blatt Papier schriftlich mitgeteilt werden. Wird diese Multiplikation durch einen Menschen ausgeführt, so ist es grundsätzlich gleichgültig, ob uns die Informationen (Multiplikand und Multiplikator) in mündlicher oder schriftlicher Form erreichen[2]. Den Rechenautomaten hingegen müssen die Informationen in schriftlicher oder, allgemeiner ausgedrückt, in nicht-mündlicher Form übermittelt werden; bis jetzt ist nämlich noch kein Rechenautomat konstruiert worden, dem man die Informationen durch bloßes Vorsprechen eingeben könnte[3]. Als *schriftlich* bezeichnen wir hier jede Art der Darstellung von Informationen, die in irgendeiner Form auf einem Gegenstand oder Informationsträger aufgezeichnet oder als Drehungen von mechanischen Wellen und Verschiebungen von Hebeln gekennzeichnet sind. Der Informationsträger kann materiell aus Papier, Stahlband usw. bestehen. Die schriftliche Eingabe bedarf also stets eines gegenständlichen Mittlers oder Informationsträgers und kann deshalb als *indirekte Eingabe* bezeichnet werden, während die mündliche Eingabe keines in fester Form vorhandenen Zwischen-

---

[1] Neben den Zahlen und Buchstaben sind noch Spezialzeichen zu unterscheiden, wie z. B. Vorzeichen, Satzzeichen usw. Diese wollen wir hier aber nicht als Informationen im engeren Sinne bezeichnen; sie werden nur als Hilfsinformationen oder Informationen im weiteren Sinne aufgefaßt.

[2] Der Durchschnittsmensch wird größere Zahlen mit Vorliebe schriftlich rechnerisch verarbeiten. Durch Übung läßt sich aber die Fähigkeit, auch größere Zahlen im Kopf zu multiplizieren, wesentlich steigern, wie die Beispiele von Rechenkünstlern zeigen.

[3] In neuester Zeit zwar werden auch auf diesem Gebiete Versuche unternommen.

trägers bedarf, weshalb sie auch *direkte Eingabe* genannt werden kann[1]. Schon bei der Eingabe offenbart sich also eine Beschränkung beim Rechenautomaten verglichen mit dem Menschen, indem beim Rechenautomat nur die indirekte Eingabe möglich ist. Es zeigt sich also, daß es beim Rechenautomaten wohl gleichgültig ist, ob die Informationen in Zahlen- oder Buchstabenform vorliegen, daß sie aber notwendigerweise auf indirektem Wege, d. h. unter Benützung eines Informationsträgers, einzugeben sind. Wie sind nun diese Informationsträger beschaffen und in welcher Form erscheinen die Informationen auf ihnen?

Der Informationsträger muß handlich, dauerhaft und billig sein sowie wenig Raum beanspruchen. Diesen Erfordernissen genügt das Papier und in ausgeprägterem Maße das Stahlband (nunmehr vom Kunststoffband verdrängt). Das Papier wird üblicherweise in steifer Form als *Lochkarte* und in biegsamer Form als *Papierstreifen* verwendet. Stahl und Kunststoff werden vor allem in Bandform als *Magnet-* und *Mylarbänder* benützt. Damit haben wir die Eingabeart schon aufgezählt; es sind dies die Lochkarte, der Papierstreifen und das Magnetband. Überdies ist bei den meisten Rechenautomaten noch eine mechanische Eingabe mittels einer *Schreibmaschine* möglich (als Informationsträger wirkt hier ein Gestänge, das in bestimmter Weise bewegt wird).

Die Art des Informationsträgers beeinflußt die Form, in welcher die Informationen auf ihnen erscheinen. Bei der Lochkarte wie auch beim Papierstreifen werden die Informationen üblicherweise durch Löcher gekennzeichnet, die in bestimmter Weise über die Lochkarten- bzw. Papierstreifenfläche verteilt sind[2]. Auf dem Magnet- wie auch auf dem Kunststoffband erscheint die Information durch winzige magnetisierte Stellen, die wie bei der Lochkarte je nach der Zahl oder dem Buchstaben, den sie darstellen, an bestimmten Orten erscheinen.

Bei den Lochstreifen unterscheidet man solche, bei welchen senkrecht zur Streifenrichtung 5, 6, 7 oder 8 Lochpositionen vorhanden sind. In

---

[1] Streng genommen ist auch die direkte Eingabe an einen Zwischenträger, die Luft, gebunden, in welcher sich eine Information als Schallwelle fortbewegt. Wir wollen jedoch davon absehen. Deshalb haben wir von einem gegenständlichen Mittler, d. h. von einem Zwischenträger, der in fester, gegenständlicher Form gegeben ist, gesprochen. Man könnte auch — und vielleicht treffender — als Unterscheidungsmerkmal zwischen direkter und indirekter Eingabe die Beständigkeit der Information anführen, indem bei der direkten Eingabe die Information nur kurze Zeit auf dem Informationsträger (Luft) verharren kann, d. h. vergänglich ist, während sie demgegenüber bei der indirekten Eingabe theoretisch unbeschränkt lange auf dem Informationsträger greifbar, d. h. theoretisch unvergänglich ist.

[2] Die Magnetisierung bestimmter Stellen auf einer mit einem dünnen magnetisierbaren Belag überzogenen Papierfläche ist auch denkbar. Dies würde die Eingabe von Urbelegen ermöglichen, ohne die auf ihnen erscheinenden Informationen auf Karten oder Magnetband übertragen zu müssen.

Streifenrichtung ergeben sich dadurch 5, 6, 7 oder 8 parallele Lochfolgen oder Kanäle, weshalb man von 5-, 6-, 7- oder 8-Kanal-Lochstreifen spricht. Die auf solchen Lochstreifen befindlichen Informationen werden am zweckmäßigsten mittels des photoelektrischen Verfahrens gelesen.

Die Lochkarte ist ein in der Größe einer amerikanischen Dollarnote zugeschnittenes Stück Karton, bei welchem eine beliebige Ecke abgeschnitten worden ist. Dadurch ist es jederzeit möglich, festzustellen, ob in einem Lochkartenpaket eine Lochkarte falsch liegt. Auch auf der Lochkarte werden die Informationen durch Löcher gekennzeichnet; doch hier werden keine Kanäle unterschieden. Die Informationen werden in Spalten, die senkrecht zur Längsseite stehen, als Löcher eingetragen, die durch ihre Lage in Spaltenrichtung einen bestimmten Wert darstellen. Je nach dem verwendeten System unterscheidet man vor allem Lochkarten mit 80 (IBM) und 90 Spalten (Remington-Rand). Es gibt auch Lochkarten mit z. B. 21, 40, 45, 160 usw. Spalten (ICT).

Der Lochstreifen wie auch die Lochkarte sind mit dem Nachteil behaftet, daß sie nur einmal verwendbar sind. Wird in einen Lochstreifen oder in eine Lochkarte für einen bestimmten Zweck ein Loch eingestanzt, so ist dieser Informationsträger für andere Zwecke, bei welchen dieses Loch nicht benötigt wird, nicht mehr verwendbar. Bei der Lochkarte ist überdies die für Informationen verfügbare Fläche beschränkt. Bedenkt man, daß sehr viele Informationen mehrstellig sind (Konto-Nummern, Preise, Beträge usw.), so reduziert sich dadurch die Aufnahmefähigkeit der Lochkarte wesentlich.

Von diesen Nachteilen ist das Magnetband frei. Hier wird die Aufnahmefähigkeit für Informationen lediglich durch die Länge des Bandes (in der Regel rund 500 Meter) beschränkt. Daß diese Beschränkung praktisch ohne Belang ist, wird augenfällig, wenn man sich vergegenwärtigt, daß ein Band den Inhalt von rund 15 000 vollausgelochten Lochkarten aufnehmen kann. Zudem ist auch die Länge der Information belanglos. Magnetbänder haben weiter den Vorteil, daß die darauf befindlichen Informationen durch Feuer nicht zerstört werden können. Endlich sind sie wiederholt verwendbar, d. h. werden die Informationen, die auf einem Band stehen, nicht mehr benötigt, so kann dieses Band für andere Zwecke wieder verwendet werden, indem von der Neu-Beschriftung des Bandes die alten, unbrauchbaren Informationen während des gleichen Durchlaufs automatisch gelöscht werden. Auf Grund dieser Eigenschaften stellt das Magnetband den zur Zeit idealsten Informationsträger dar, der allerdings zur Zeit noch teurer ist als die übrigen Informationsträger. Gleichwohl ist anzunehmen, daß er sich je länger je mehr in der Praxis durchsetzen wird.

Die mittels Lochkarten, Lochstreifen oder Magnetband eingegebenen oder mit Hilfe der Schreibmaschine eingetasteten Informationen werden durch die Eingabegeräte der Verarbeitungseinheit zugeleitet. Was während dieser Verarbeitungsphase geschieht und aus welchen Elementen diese Einheit besteht, soll im folgenden Abschnitt kurz beschrieben werden.

b) Die Verarbeitungseinheit

Die Verarbeitungseinheit besteht grundsätzlich aus drei Teilen, dem eigentlichen *Rechenwerk* oder dem *arithmetischen und logistischen Teil*, dem *Leitwerk* und dem *Speicherwerk*. Diese drei Teile hängen entsprechend ihrer Funktion in bestimmter Weise miteinander zusammen, wie denn auch die Eingabe mit der Verarbeitungseinheit und innerhalb dieser mit den einzelnen Teilen verbunden ist. Eine schematische Darstellung der Verarbeitungseinheit mit ihren Teilen vermittelt Abb. 2.

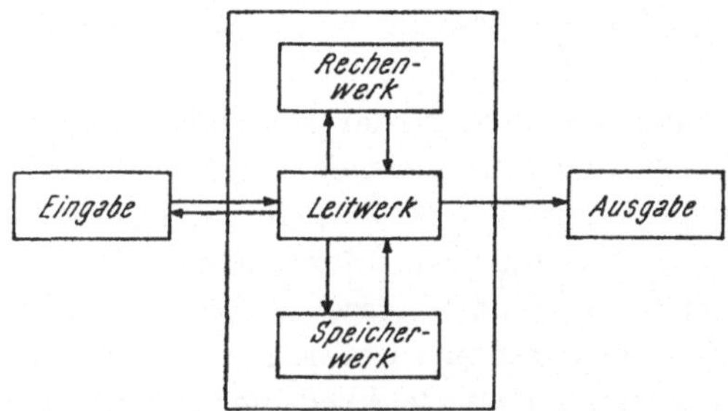

Abb. 2. Schema eines Rechenautomaten

Die eingegebenen Informationen (Befehle, Konstanten, zu verarbeitende Zahlen) werden dem Leitwerk zugeführt, das seinerseits die Eingabegeräte steuert. Dieses verteilt sie, je nach dem Zweck, den diese Informationen zu erfüllen haben, auf das Rechen- und auf das Speicherwerk. Dabei können Informationen über das Leitwerk vom Speicherwerk in das Rechenwerk und umgekehrt wechseln. Die auszugebenden Informationen gelangen dann, durch das Leitwerk geleitet, zur Ausgabe. Die Informationen, die dem Leitwerk vorschreiben, wie es seine Steuerfunktion auszuüben hat, nennt man die *Befehle* oder *Instruktionen* für eine bestimmte Aufgabe. Unter Umständen können aber auch Verarbeitungsergebnisse die Richtung des Informationsflusses bestimmen. Im Speicherwerk werden Befehle, Konstanten und Zwischenresultate aufgespeichert und für spätere Verwendungen aufgehoben. Dadurch sind der Informationsfluß in der Verarbeitungseinheit wie auch die Aufgabe des Rechen-, Leit- und Speicherwerkes im wesentlichen gekennzeichnet. Wie werden aber im einzelnen die diesen drei Gerätegruppen zufallenden Aufgaben gelöst? Beginnen wir mit dem Rechenwerk.

Die Hauptfunktion der Verarbeitungseinheit besteht darin, die eingegebenen Informationen in bestimmter Weise umzuwandeln; die Ergebnisse dieser Umwandlung oder Transformation werden als Resultate ausgegeben. Diese Transformation geht im Rechenwerk vor sich. In der Regel ist die ausgegebene Information wesentlich anders beschaffen als die eingegebene, d. h. die Transformation hat die Veränderung des Merkmals der Information bewirkt, nicht aber eine solche der Art der Information. Bestand die Eingabe beispielsweise aus zwei Zahlen, die durch bestimmte Größenmerkmale gekennzeichnet waren, so ergibt sich als Ausgabe wohl wieder eine Zahl, die sich aber in der Regel durch ein ganz anderes Größenmerkmal ausweist; die Art der Information (Zahl) ist erhalten geblieben, das Merkmal (Größe) aber ist verändert worden. Bezüglich der Art ist die Ausgabe gleich der Eingabe, d. h. es kommt artmäßig nicht mehr heraus als eingegeben worden ist; die Transformation hat also keine Veränderung der Art bewirkt, sondern eine solche des Merkmals.

Das Wesen dieser Merkmals-Transformationen, die im Rechenwerk durchgeführt werden, besteht entweder aus einer Verknüpfung oder aus einer Aufsplitterung. Bezeichnet man eine Aufsplitterung als eine negative Verknüpfung, so beruht jede Transformation auf einer (positiven oder negativen) Verknüpfung von Informationen. Diese äußert sich im Rechenwerk als Addition. Eine fortgesetzte Addition führt zur Multiplikation, die Addition eines negativen Wertes ergibt eine Subtraktion, und die fortgesetzte Subtraktion ist gleichbedeutend der Division. Durch die Eigenschaft der Verknüpfung ist es dem Rechenwerk möglich, die vier Grundoperationen auszuführen.

Darüber hinaus aber können dem Rechenwerk bestimmte Entscheidungsfunktionen überbunden werden. Eine Entscheidung besteht aus dem Abwägen oder Vergleichen verschiedener Möglichkeiten und einer Folgerung aus diesem Vergleich. Die Operation der Entscheidung ist also komplexer als die Verknüpfung. Sie setzt einen logischen Prozeß voraus, d. h. einen Prozeß, der unserem Denkprozeß ähnlich ist. Der Unterschied zwischen dem Denkprozeß (Entscheidungsprozeß) des Menschen und der Entscheidungsoperation beim Rechenautomaten ist kein Unterschied der Art, sondern ein solcher des Grades, indem der Denkprozeß des Menschen aus *Entscheidungen höheren Grades* beruht, während der Rechenautomat nur fähig ist, *Entscheidungen niederen Grades* auszuführen[1].

---

[1] Forschungen am Institut für Automation und Operations Research der Universität Freiburg/Schweiz haben gezeigt, daß es möglich ist, auch logische Denkvorgänge auf einem elektronischen Datenverarbeitungsgerät zu simulieren, sofern die logische Formel dafür angegeben werden kann. Das Rechengerät baut dann diese Formel nach bestimmten Regeln ab und kommt dadurch zu einem logischen Schluß.

Worin besteht nun der Unterschied zwischen Entscheidungen höheren und solchen niederen Grades? Grundsätzlich kann man sagen, daß *Entscheidungen höheren Grades* auf einem freien Willensakt beruhen, im Gegensatz zu den Entscheidungen niederen Grades. So kann der Unternehmer den Entscheid treffen, einen Stellenbewerber auf Grund des persönlichen Eindruckes anstellen. Der Rechenautomat kann einen solchen Entscheid nicht treffen, denn der Entscheid beruht hier auf einem freien Willensakt.

Der Entscheid setzt sich grundsätzlich aus den folgenden Komponenten zusammen:

1. Setzung eines Idealbildes (z. B. für einen Angestellten).

2. Vergleich der Wirklichkeit (z. B. des Stellenbewerbers) mit diesem Idealbild.

3. Fassen des Entschlusses:

a) das Wirklichkeitsbild als zufällige Variante des Idealbildes anzusehen (z. B. den Stellenbewerber anzustellen, wenn er einen guten Eindruck hinterlassen hat),

b) das Wirklichkeitsbild als wesentliche Abweichung vom Idealbild zu betrachten (z. B. den Stellenbewerber nicht anzustellen, wenn er einen schlechten Eindruck hinterlassen hat).

Die beiden ersten Komponenten können in einem Rechenautomaten verwirklicht werden, indem man beispielsweise an Stelle des Idealbildes Minimalanforderungen an Kenntnissen und Fähigkeiten durch eine bestimmte Zahl aus einer Zahlenfolge kennzeichnet (z. B. durch die Note 6 bei einer Notenfolge von 1 bis 10).

Das Wirklichkeitsbild kann nur dadurch auf die gleiche Vergleichsebene wie das Idealbild gebracht werden, daß man es einer Prüfung unterzieht, d. h. daß man es bewertet. Dem Prüfungsergebnis kann eine bestimmte Zahl zwischen 1 und 10 zugeordnet werden, die dann mit der Minimalforderung (Note 6) verglichen wird. Der Rechenautomat kann dann wohl das Vergleichsergebnis auswerfen; der letzte Entscheid über die Anstellung bleibt aber dem Unternehmer vorbehalten, der auch den persönlichen Eindruck berücksichtigen wird. Der grundlegende Unterschied zwischen dem Entscheid eines Menschen und dem eines Rechenautomaten liegt also darin, daß sich der Mensch auf Grund seines freien Willens das Vorgehen selber vorschreiben kann, wenn der Vergleich in bestimmter Weise ausgefallen ist. So kann der Unternehmer auch einen Bewerber allein auf Grund des persönlichen Eindruckes anstellen, auch wenn das Prüfungsergebnis dagegen spräche.

Ein *Entscheid niederen Grades,* d. h. ein Entscheid, bei welchem die Wahl des Vorgehens nach einem Vergleich genau vorgezeichnet ist, kann auch als *Routine-Entscheid* bezeichnet werden. Solche Routine-Entscheide kann man ein für allemal festlegen, während dies bei Entscheiden höheren Grades nicht möglich ist. Ein Entscheid niederen Grades liegt also beispielsweise dann vor, bei einer Multiplikation zweier Zahlen den Fehler zu suchen, wenn die Neunerprobe auf einen Multiplikationsfehler hinweist. Die Elemente des Entscheides sind hier die folgenden:

1. Setzung der Neunerprobe als Kriterium für die Richtigkeit einer Multiplikation (Vergleichsgrundlage).

2. Vergleich der beiden, in der Neunerprobe maßgeblichen Zahlen (Prüfungserbgebnis).

3. Fassen des Entschlusses:

a) den Fehler zu suchen, wenn die beiden Zahlen in der Neunerprobe auf einen Fehler hinweisen,

b) die Multiplikation als richtig zu betrachten, wenn diese beiden Zahlen auf ein richtiges Ergebnis hindeuten.

Hier wird in jedem Falle der Entschluß gefaßt, den Fehler zu suchen, sofern die Neunerprobe auf einen Multiplikationsfehler hinweist. Es handelt sich also hier um einen Routine-Entscheid, der einem Rechenautomaten überbunden werden kann[1].

Es zeigt sich, daß die betriebs- und volkswirtschaftliche Praxis von solchen Entscheidungen niederen und höheren Grades durchsetzt ist. Für den zweckmäßigen Einsatz eines Rechenautomaten ist es daher erforderlich, genau zu untersuchen, welches Entscheidungen niederen und welches solche höheren Grades sind. Werden einem Rechenautomaten auch Entscheidungen höheren Grades zugemutet, weil diese vielleicht nicht als solche erkannt worden sind, so muß und wird der Rechenautomat im praktischen Einsatz versagen. Anderseits ist es unwirtschaftlich, wenn aus Unkenntnis der Art der einzelnen Entscheide der Rechenautomat nur für einen Teil der Entscheide niederen Grades herangezogen wird, während die restlichen Entscheide dieser Art durch die Geschäftsleitung zu fällen sind und diese daher in unwirtschaftlicher Weise mit Arbeiten belastet wird, die ihr nicht angemessen sind, so daß sie für Entscheide höheren Grades keine oder zuwenig Zeit mehr erübrigen kann. In einem solchen Fall wird zwar der Rechenautomat zufriedenstellend arbeiten, die Geschäftsleitung aber wird die erstrebte Entlastung missen und daher geneigt sein, die Zweckmäßigkeit des Einsatzes eines Rechenautomaten in ihrem Betrieb in Frage zu stellen. Im ersten Fall wird der Unternehmer

---

[1] Der Einsatz eines Rechenautomaten als „Heiratsvermittler" oder als „Textergänzer" bei unvollständig erhaltenen alten Texten ist aus diesem Grunde unzweckmäßig, da sowohl die Wahl eines Ehepartners wie auch die Wahl von überbrückenden Textstellen in ausgeprägtem Maße Entscheide höheren Grades sind. Die Rechenautomaten haben lediglich den Vorteil, daß sie alle Möglichkeiten sehr rasch durchspielen können.

fälschlicherweise vermuten, der Rechenautomat sei zu wenig leistungsfähig und seiner Aufgabe nicht gewachsen; im zweiten Falle aber wird er zum Schluß kommen, daß sich der Einsatz eines Rechenautomaten in seinem Unternehmen doch nicht gelohnt hat, da er die erhoffte Entlastung vermißt. Der richtige und zweckmäßige Einsatz eines Rechenautomaten hängt allein davon ab, ob sämtliche Entscheidungen, die in einer Unternehmung zu treffen sind, erfaßt und richtig gewertet worden sind. Dies erfordert aber eine genaue Analyse des administrativen Arbeitsprozesses; auf die Probleme dieser Art wird im dritten Teil näher eingegangen.

Es ist schon erwähnt worden, daß ein Rechenautomat die beobachteten Prüfungsergebnisse eines Stellenbewerbers mit der Minimalanforderung vergleichen kann, sofern diese qualitativen Merkmale durch Zahlen (Noten) gekennzeichnet sind. Dies ist eine wichtige Erkenntnis. Die logische Folgerung, daß ich Hans telephoniere, wenn er zu Hause ist, kann von einem Rechenautomaten in dieser Form nicht verarbeitet werden. Für ihn bedeuten die Begriffe „telephonieren“, „Hans“, „zu Hause sein“ in dieser Form nichts. Damit ein Rechenautomat sie verstehen und verarbeiten kann, müssen sie in Zeichen verwandelt werden, die er aufnehmen kann (z. B. Zahlen). Um diese logische Folgerung dem Rechenautomaten verständlich zu machen, setzen wir beispielsweise folgendes fest:

$$
\begin{aligned}
\text{Hans} &= 1 \\
\text{Zu Hause sein} &= 2 \\
\text{Telephonieren} &= 3
\end{aligned}
$$

Die umgeformte Aussage nimmt nun folgende Gestalt an: Wenn sowohl 1 als auch 2 zutreffen, soll 3 geschehen; treffen aber entweder 1 oder 2 oder beide nicht zu, soll 3 nicht geschehen. In dieser zahlenmäßigen Form ist die erwähnte logische Folgerung dem Rechenautomaten verständlich. Die Umformung satzmäßiger (logischer) Aussagen in zahlenmäßige Aussagen ist in jedem Falle notwendig. Erst nach dieser Umformung ist es dem Rechenautomaten möglich, Entscheidungen (niederen Grades) zu treffen. Diese Operation, d. h. das Treffen solcher Entscheide, bezeichnet man deshalb als logistische Operation[1].

Im Rechenwerk können also arithmetische Operationen und logistische Entscheidungen niederen Grades durchgeführt werden. Die Transformation der eingegebenen Informationen durch das Rechenwerk besteht also darin, daß sie durch arithmetische Operationen und/oder logistische Entscheidungen verknüpft werden. Die Transformation kenn-

---

[1] Oft wird dafür auch die Bezeichnung „logische Operation“ verwendet; da es sich aber notwendigerweise um logische Sachverhalte, die durch Zahlen gekennzeichnet sind, d. h. um eine Darstellung, die in der Logistik üblich ist, handelt, dürfte die Bezeichnung „logistische Operation“ zutreffender sein.

zeichnet die Gesamtheit der arithmetischen Operationen und logistischen Entscheidungen, die notwendig sind, um die eingegebenen Informationen in die gewünschten Ergebnisse zu verwandeln. Jede Transformation setzt sich aber aus einer Mehrzahl einzelner Operationen und Entscheidungen zusammen, denen die einzelnen Informationen unterworfen werden.

Das Rechenwerk könnte nun diese Operationen und Entscheidungen nicht durchführen, wenn es in seiner Tätigkeit nicht durch das Leit- und Speicherwerk unterstützt würde. Das Leitwerk hat darüber zu wachen, daß die Reihenfolge der Operationen und Entscheidungen mit der erstrebten Transformation übereinstimmt, daß sich also Operationen und Entscheidungen in genau der Weise abwickeln, die zur Gewinnung der Ergebnisse aus den eingegebenen Informationen notwendig ist. Weiter hat das Leitwerk die Aufgabe, bestimmte Zwischenergebnisse und Konstanten rechtzeitig in den Operationsprozeß einzuführen. Damit das Leitwerk seinen Zweck erfüllen kann, muß es die dem Rechenautomaten eingegebenen Befehle entziffern. Die Funktion des Leitwerks könnte mit jener Kraft verglichen werden, die bewirkt, daß bei einer Tischrechenmaschine bestimmte Tasten gedrückt werden. Dabei darf nicht übersehen werden, daß — wie bei der Tischrechenmaschine, bei welcher die zu verarbeitenden Zahlen durch Tastendruck eingegeben werden — das Leitwerk auch die Funktionsweise der Eingabe- und Ausgabegeräte bestimmt und leitet.

Es wurde wiederholt auf das Speicherwerk als Hilfsmittel für das Rechen- und Leitwerk hingewiesen. Das Vorhandensein eines Speichers ist auch das kennzeichnende Merkmal eines Rechenautomaten, das ihn von einer Rechenmaschine, wie beispielsweise die Tischrechenmaschine, unterscheidet. Den Rechenmaschinen können auch keine Entscheide niederen Grades überbunden werden. Die automatische Abwicklung längerer Operationsfolgen wie auch die Fähigkeit, Entscheide niederen Grades zu treffen, setzen das Vorhandensein eines Speicherwerks voraus. Erst durch das Vorhandensein eines noch so beschränkten Speichers wird das Rechengerät zum Rechenautomaten.

Das Speicherwerk selbst kann unterschiedlich beschaffen sein. Grundsätzlich ist funktionsmäßig zwischen *innerem* und *äußerem Speicher* zu unterscheiden. Äußere Speicher sind beispielsweise Lochkarten, Lochstreifen, Magnetbänder. Diese äußeren Speicher stehen in keiner nicht unterbrechbaren direkten Verbindung zum Rechenautomaten. Demgegenüber sind die inneren Speicher mit dem Rechenautomaten eng verbunden. Die Unterscheidung zwischen inneren und äußeren Speichern ist weniger konstruktionsabhängig, sondern es sind vor allem die einem Speicher zugeordneten Aufgaben (Funktionen), die ihn zu einem inneren oder äußeren Speicher stempeln.

Ein anderes Unterscheidungsmerkmal ist die Möglichkeit, direkt oder nur indirekt zum Speicher zugreifen zu können. Ist Direktzugriff möglich, spricht man von einem *Primärspeicher.* Bei *Sekundärspeichern* ist der Zugriff nur über den Primärspeicher möglich. Daraus folgt, daß Sekundärspeicher durch eine längere Zugriffszeit gekennzeichnet sind, anderseits aber bringen sie sehr oft programmierungstechnische Vorteile.

Innere Speicher können nach dem Merkmal des Speichervorgangs in statische und dynamische Speicher getrennt werden. Bei den *statischen inneren Speichern* verharrt die gespeicherte Information als Ganzes im Ruhezustand, während sie bei den dynamischen inneren Speichern in ständiger Bewegung ist. Beim statischen Speicher liegt nämlich die Information als Folge von magnetisierten und nichtmagnetisierten Positionen vor. Diese Positionen können ihre Lage nicht verändern, so daß auch die Information als Ganzes, d. h. die Positionenfolge unbeweglich ist. Die einzelnen Positionen können hier aber nicht nur als Folge von magnetisierten und nichtmagnetisierten Stellen gekennzeichnet sein, sondern auch durch Elektronenröhren, die entweder stromführend sind oder nicht, wobei eine stromführende Elektronenröhre gleichbedeutend einer magnetisierten Stelle ist. In diese Gruppe der statischen Speicher fallen also die *Elektronenröhren-Speicher,* die *Trommel-* und die *Scheibenspeicher,* die *Magnetkern-Speicher* sowie die *Dünnschicht-Speicher.* Der Durchmesser solcher Magnetkerne beträgt durchschnittlich zwei Millimeter. Das Eingeben und Wegholen von Informationen geschieht hier dadurch, daß bestimmte Magnetkerne in dem aus diesen Kernen gebildeten Würfel angesprochen werden. Dieser Würfel ist aus übereinander angeordneten Magnetkern-Ebenen gebildet. Diese Ebenen können als Tabellen oder Matrizen betrachtet werden, weshalb hier auch von Matrizen-Speicher gesprochen wird. Diese Anordnung hat für die Programmierung den wesentlichen Vorteil, daß jede Information als Kombination bestimmter dreidimensional angeordneter Magnetkerne in kürzester Zeit greifbar ist, während man beispielsweise bei einem Trommel-Speicher warten muß, bis die gewünschte Information unter dem Lesekopf durchfährt[1].

Die Magnetkern- und Dünnschicht-Speicher sind sich in ihrer Wirkungsweise ähnlich. Die Dünnschicht-Speicher haben aber gegenüber den Magnetkern-Speichern den Vorteil, daß bei ihnen keine hauchdünnen Drähte um Ferritkerne gewickelt werden müssen, sondern daß hier dünne magnetisierbare Schichten im Vakuum auf eine Glasunterlage aufgedampft werden. Außerdem haben die Dünnschicht-Speicher den Vorteil sehr kurzer Schaltzeiten, die in der Größenordnung der Nanosekunde (10^{-9} sec) liegen, gegenüber den Schaltzeiten bei Magnetkern-Speichern, die hundert-

---

[1] Durch bestimmte Programmierungstechniken kann diese Wartezeit, d. h. die Zeit, die verstreicht, bis die Information wieder unter dem Lesekopf erscheint, möglichst günstig gehalten werden. Von diesen Techniken wird im zweiten Teil die Rede sein.

mal langsamer $(10^{-7}$ sec) sind. Aus technischen Gründen eignen sich Dünnschicht-Speicher nur für kleinere Speichervolumen.

Einen weiteren statischen Speicher, der mit dem Dünnschicht-Speicher verwandt ist, stellt der *Magnetdraht-Speicher* dar. Dieser ist aus dem Bestreben entstanden, die Einschränkung des verhältnismäßig kleineren Speichervolumens beim Dünnschicht-Speicher zu durchbrechen. Hier wird eine Dünnschicht nicht auf eine Glasplatte, sondern auf einen Beryllium-Kupfer-Draht elektrolytisch aufgetragen. Der Durchmesser des Drahtes stellt sich auf rund 0,13 mm, während die Dünnschicht eine Dicke von 10 000 Angström $(10^{-4}$ cm) hat. Die Speicherung einer Information geschieht durch Magnetisierung der Drahtoberfläche im Urzeiger- oder Gegenuhrzeigersinn. Die gespeicherte Information wird durch den Lesevorgang nicht zerstört. Die Verwirklichung dieser Eigenschaft beim Dünnschicht-Speicher stößt auf bestimmte technische Schwierigkeiten, die aber nicht unüberwindlich sind (diese Schwierigkeiten liegen darin, daß die Abdrehung der leichten Achse im Magnetfeld sich in einem genau kontrollierbaren Bereich bewegen muß; dies ist für die zerstörungsfreie Lesung Bedingung).

Anderseits ist der *dynamische innere Speicher* dadurch gekennzeichnet, daß bei ihm die gespeicherte Information bekanntlich in steter Bewegung ist. Die Information wird hier als eine Folge von Impulsen dargestellt, die in einem geschlossenen Kreis umlaufen. Je nach der Art dieses geschlossenen Kreises unterscheidet man hauptsächlich zwischen *Verzögerungsstrecken-Speicher* und *Kathodenstrahlröhren-Speicher.*

Beim Verzögerungsstrecken-Speicher wird die als Impulsfolge gegebene Information, die sich annähernd mit Lichtgeschwindigkeit im Draht bewegt, in eine Folge von langsameren Wellen umgewandelt, wobei sich dieser Umwandlungsprozeß zyklisch wiederholt. In der Praxis hat sich der Quecksilberkanal-Speicher bewährt. Bei diesem wird die als Folge elektrischer Impulse gegebene Information mittels eines Quarzkristalls in einen mit Quecksilber gefüllten Kanal geleitet, wo sie sich als Folge von Schallwellen fortbewegt. Am Ende des Quecksilberkanals werden diese Schallwellen wiederum in elektrische Impulse umgewandelt, wobei sie jedoch noch verstärkt werden müssen, da ein Teil der Energie der Schallwellen durch Reflexion im Quecksilberkanal verlorengeht. Soll eine Information gespeichert werden, so ist sie in diesen Kreislauf einzuführen; soll aber eine Information herausgeholt werden, so muß der Kreislauf dann unterbrochen werden, wenn sie den Quecksilberkanal verläßt.

Wie schon bemerkt worden ist, treten innerhalb des Quecksilberkanals Reflexionen der Schallwellen auf. Dies kann zu Interferenzen, d. h. zu Überlagerungen von Schallwellen führen, was eine Verzerrung der Information bewirkt. Um solche Überlagerungen auf ein zulässiges Maß herabzudrücken, sind besondere technische Vorkehrungen notwendig.

So ist die Länge des Quecksilberkanals möglichst günstig zu wählen, und innerhalb des Kanals sind noch besondere Siebvorrichtungen vorzusehen, die die reflektierten Wellen unschädlich machen.

Verzögerungsstrecken-Speicher zeichnen sich dadurch aus, daß eine Impulsfolge innerhalb eines Kreislaufs verlangsamt wird. Dies kann jedoch nicht nur durch einen Quecksilberkanal erreicht werden. Es sind auch andere, die Impulsfolge verlangsamende Vorrichtungen denkbar. So wurden im Jahre 1951 erfolgreiche Versuche mit einem Nickeldraht als verzögerndes Element durchgeführt.

Ein anderes System des dynamischen inneren Speichers, der ohne Verzögerungsstrecke arbeitet, ist von WILLIAMS und KILBURN im Jahre 1948 gebaut worden. Dieses verwendet eine Kathodenstrahl-Röhre, auf deren Bildschirm die Information als elektrische Ladungen, die in bestimmter Weise über den Bildschirm verteilt sind, dargestellt wird. Diese Bildpunkte werden ständig vom Bildschirm abgelesen, verstärkt, regeneriert und wieder auf dem Bildschirm aufgezeichnet. Bei der Ablesung wird ein Kathodenstrahl derart abgebogen, daß er die gewünschte Informationsposition trifft.

Dieser Speicher hat aber den Hauptnachteil, daß durch die Ablesung einer bestimmten Position die Nachbarpositionen in Mitleidenschaft gezogen werden. Das Ausmaß dieser Beeinflussung hängt vor allem von der Oberflächenbeschaffenheit des Bildschirms ab und kann von Position zu Position verschieden sein[1].

Neben diesen ausgeführten Speichersystemen wären noch andere zu erwähnen, wie beispielsweise ein dem Kathodenstrahl-Röhren-Speicher von WILLIAMS und KILBURN ähnliches System, das im Computer Laboratory des Massachusetts Institute of Technology (MIT) entwickelt worden ist, oder das Selectron, das von RAJCHMAN in den Forschungslaboratorien der Radio Corporation of America gebaut worden ist. Doch die Beschreibung dieser Systeme würde zuweit führen, wie denn auch von eingehenden Beschreibungen — so interessant sie auch sind — ganz abgesehen werden mußte.

Aus programmierungstechnischen Gründen wurden bestimmte Arten von Speichern entwickelt, die sich durch ihre Einsatzmöglichkeiten unterscheiden. So kann es aus Gründen der Programmierung vorteilhaft sein, bestimmte Information auf einen Speicher zu legen, bei welchem durch die

---

[1] Diese Beeinflussung der Nachbarpositionen wird durch eine Meßzahl, das Lesestreuungsverhältnis (read-around ratio), gekennzeichnet. Dieses Verhältnis gibt die durchschnittliche relative Häufigkeit an, mit welcher eine Informationsposition noch abgelesen werden kann, ohne die Nachbarpositionen zu beeinflussen. Liegt diese Meßzahl über 50, so ist die betreffende Kathodenstrahl-Röhre als Speicher noch verwendbar; bei Meßzahlen unter 10 ist die Arbeitssicherheit nicht mehr genügend hoch, um die Röhre als Speicher zu verwenden.

Zuordnung einer neuen Information auf eben diesen Speicher die vorher im Speicher befindliche Information in eine tiefer gelegene Speicherschicht verdrängt wird. Die Bezeichnung „Schicht" besagt hier, daß die Information irgendwo anders verlegt wird, um der neuankommenden Information Platz zu schaffen. Wird die auf der obersten Speicherschicht gelegene Information wieder herausgelesen, rückt die nächsttiefer gelegene Information nach. Man spricht hier auch von *Kellerspeichern*[1] (push down storage).

Eine weitere Speicherart stellen die *Assoziativspeicher* dar. Diese kennzeichnen sich dadurch aus, daß sie nicht durch die Angabe der Speicherlage (Speicheradresse), sondern durch die Angabe eines Teils ihres Inhalts aufgerufen werden können. Technisch können solche Speicher als Dünnschichtspeicher ausgebildet sein. Hier bilden die logischen Schaltkreise einen integrierenden Bestandteil des Speichers. Solche Speicher sind bei besonderen Suchprozessen vorteilhaft, wie z. B. Suche von Abhandlungen nach ihrem Inhalt oder Suche bestimmter Gerichtsurteile nach ihrem Gegenstand. Elektronenrechner mit Assoziativspeichern bezeichnet man auch als *Assoziativrechner* (associative computers). Es handelt sich hier zur Zeit noch um Spezialgeräte für besondere Einsätze (vor allem kybernetische Einsätze).

Endlich kann man auch nach dem Merkmal des Ausrufs zwischen Speichern mit *sequentiellem Aufruf* und solchen mit *wahlfreiem Zugriff* (random access) unterscheiden. Speicher mit wahlfreiem Zugriff zeichnen sich dadurch aus, daß die erwartete Zugriffszeit zu einer bestimmten Information unabhängig ist vom vorhergegangenen Zugriff zu einer Information. Die Zuteilung eines Speichers zu der einen oder anderen Art ist nicht nur konstruktiv, sondern auch einsatzmäßig bestimmt (auf Grund dieser Definition könnte man also auch ein Magnetband als Speicher mit wahlfreiem Zugriff bezeichnen, sofern nach jedem Zugriff das Band auf seine Ausgangsstellung zurückgespult wird. Ein solcher Einsatz wäre aber unrationell, da er sehr zeitaufwendig ist).

Die einzelnen Speicher können in folgender Art systematisch dargestellt werden.

Systematik der Speicherwerk-Systeme

1. *Nach der Konstruktion:*

      Primärspeicher,
      Sekundärspeicher.

2. *Nach der Funktion:*

      Innere Speicher,
      Äußere Speicher.

---

[1] Diese Bezeichnung ist von Professor BAUER (München) eingeführt worden.

3. *Nach dem Speicherprinzip:*

> Statische Speicher,
> Dynamische Speicher.

4. *Nach dem Aufruf:*

> Adressen-Speicher,
> Assoziativ-Speicher.

5. *Nach dem Zugriff:*

> Speicher mit sequentiellem Zugriff,
> Speicher mit wahlfreiem Zugriff.

Die einzelnen Speicher eines Elektronenrechners können nun einzelnen Arten innerhalb dieser fünf Gruppen zugeordnet werden. So kann beispielsweise bei einem Plattenspeicher von einem statischen inneren sekundären Adressen-Speicher mit wahlfreiem Zugriff und bei einem Magnetkernspeicher von einem statischen inneren primären Adressen-Speicher mit wahlfreiem Zugriff gesprochen werden.

c) Die Ausgabe

Die Ergebnisse, die bei einer Informationsverarbeitung durch einen Rechenautomaten anfallen, können auf Lochkarten, Lochstreifen, Magnetband, mittels Schreibmaschine und überdies in Formularform gedruckt ausgeworfen werden. Allerdings sind für jede dieser Ausgabearten Sondergeräte nötig, die jedoch nicht an alle Rechenautomaten angeschlossen werden können. So gibt es Rechenautomaten, die nur Lochkarten verarbeiten können, d. h. bei welchen die Informationen auf Lochkarten eingegeben werden müssen, und bei welchen die Resultate wiederum nur auf Lochkarten abgesetzt werden können. Bei anderen Rechenautomaten besteht nur die Möglichkeit, Magnetbänder zu verwenden. Anderseits aber sind Rechenautomaten entwickelt worden, deren Geräte für die Ein- und Ausgabe von Informationen auf Lochkarten, Lochstreifen und Magnetband angeschlossen werden können. Ein Drucker, der die Ergebnisse in Formular- und Tabellenform zu drucken gestattet, kann in den meisten Fällen, wenn auch nicht immer direkt, so doch sehr oft indirekt, angeschlossen werden. Unter dem direkten Anschluß ist die Direktübertragung der Resultate aus der Verarbeitungseinheit in das Druckwerk zu verstehen; beim indirekten Anschluß ist ein Zwischenträger (Magnetband) notwendig, indem die Resultate von der Verarbeitungseinheit zuerst auf den Zwischenträger gebracht werden und dieser dann in den Drucker eingeführt wird. Die Ausgabe beschränkt sich aber durchaus nicht auf Zahlen, Buchstaben und Spezialzeichen (Satzzeichen usw.), sondern die Verwendung des Druckers ermöglicht es auch, Zahlenergebnisse direkt graphisch, d. h. in Kurvenform, aufzutragen.

Wie ersichtlich ist, verfügt der Rechenautomat über eine vielfältige Ein- und Ausgabe, was vor allem bei betriebswirtschaftlichen Problemen von entscheidender Bedeutung ist. Während es bei rein wissenschaftlichen Problemen in der Regel gleichgültig ist, ob die Ergebnisse auf Lochkarten erscheinen und einer Entzifferung bedürfen, oder durch eine besondere Schreibmaschine geschrieben werden, ist bei betriebswirtschaftlichen Problemen die Promptheit der Ausgabe der Resultate von großer Wichtigkeit. Es kann die Faustregel aufgestellt werden, daß bei wissenschaftlichen Problemen wenig Informationen eingegeben, wenig Resultate ausgegeben werden, aber eine große Anzahl von Rechenoperationen durchzuführen ist, während demgegenüber bei betriebswirtschaftlichen Problemen die Anzahl der eingegebenen Informationen und der ausgeworfenen Resultate sehr groß, die der Rechenoperationen aber sehr bescheiden ist. Bei wissenschaftlichen Problemen liegt die kritische Stelle in der Verarbeitungseinheit, bei betriebswirtschaftlichen Problemen aber in der Ein- und Ausgabe. Um diesen betriebswirtschaftlichen Erfordernissen möglichst gerecht zu werden, wurden leistungsfähige, d. h. schnell arbeitende Eingabegeräte und Drucker entwickelt.

Die Tatsache, daß bei betriebswirtschaftlichen Problemen der Engpaß bei den Ein- und Ausgabegeräten liegt, bedingt es, daß mit den eingegebenen Informationen möglichst alle notwendigen Verarbeitungen während der gleichen Operationenfolge durchgeführt werden. Dieser Grundsatz deckt sich bekanntlich mit jenem der Automation, indem auch hier möglichst viele Teil-Arbeitsprozesse einem Gesamt-Arbeitsprozeß einzuverleiben sind. Es zeigt sich hier die Notwendigkeit, den Arbeitsablauf in einer Unternehmung nach diesem Grundsatze gegebenenfalls ganz neu aufzubauen; über diese Probleme soll im dritten Teil ausführlich gesprochen werden.

Oft ist aber eine solche Integration des Arbeitsprozesses nicht möglich. In solchen Fällen ist es vorteilhaft, daß die Informationsträger bei der Ausgabe artmäßig die gleichen sind wie bei der Eingabe, d. h. beispielsweise Lochkarten sowohl bei der Eingabe wie auch bei der Ausgabe. Es ist dann möglich, ausgegebene Resultate für einen weiteren Arbeitsprozeß als Eingabe wieder zu benutzen, ohne sie vorher noch auf andere Informationsträger übertragen zu müssen. Dadurch entsteht ein *Informationskreislauf*. Werden die auf einen Informationsträger abgesetzten Resultate direkt als Eingabe bei einem anderen Arbeitsprozeß benutzt, so kann man von einem *direkten äußeren Informationskreislauf* sprechen. Müssen die Resultate aber vorher noch auf einen anderen, zweckmäßigeren Informationsträger übertragen werden, so besteht ein *indirekter äußerer*

Informationskreislauf. Werden aber die Ergebnisse einer Verarbeitung nicht auf einen Informationsträger gebracht, sondern innerhalb der Verarbeitungseinheit gespeichert und ohne diese Einheit zu verlassen wieder für einen anderen Arbeitsprozeß herangezogen, so hat man es mit einem *inneren Informationskreislauf* zu tun. Offensichtlich wird die Automation in der Informationsverarbeitung immer vollkommener, je mehr innere und je weniger äußere Informationskreisläufe zur Lösung eines Problems oder eines Problemkomplexes notwendig sind. Das geringste Ausmaß an Automation der Informationsverarbeitung ergibt sich, wenn jedes Operationsergebnis als Resultat die Verarbeitungseinheit verläßt und als Eingabe dem Gerät zur Weiterverarbeitung wieder zugeführt werden muß. Dieser Zustand ist bei der Tischrechenmaschine gegeben, bei welcher das Ergebnis einer Operation abgelesen und zur Weiterverarbeitung in die Maschine wieder eingetastet werden muß.

Da ein innerer Informationskreislauf nur mit Hilfe des Speicherwerks durchgeführt werden kann, wird es offensichtlich, welche Bedeutung dem Speicherwerk eines Rechenautomaten zukommt, um eine möglichst weitgehende Automation zu erreichen. Das Speicherwerk bildet also gewissermaßen die technische Voraussetzung für die Automatisierung der Informationsverarbeitung. Wichtiger noch ist die organisatorische Voraussetzung der Automation. Die administrativen Arbeiten in einem Büro werden in der Regel nach dem Prinzip des äußeren Informationskreislaufs durchgeführt, da heutigentags die im Büro verwendeten Maschinen innere Informationskreisläufe nicht zulassen. Bei der Planung des Einsatzes von Rechenautomaten ist es daher wichtig, den gesamten administrativen Arbeitsablauf in seine Elemente zu zergliedern und diese nach dem Prinzip des inneren Informationskreislaufs wieder zu verketten. In der Regel wird es nicht zweckmäßig sein, den bestehenden Arbeitsablauf in einem Unternehmen, d. h. in der Organisation zu belassen und die bestehenden technischen Hilfsmittel der Informationsverarbeitung durch einen oder mehrere Rechenautomaten zu ersetzen. In solchen Fällen hätte man trotz des Einsatzes eines Rechenautomaten keine Automation der Büroarbeiten erreicht. Ob also der Arbeitsablauf in einer Unternehmung automatisiert ist oder nicht, hängt nicht davon ab, ob ein Rechenautomat in den Arbeitsprozeß eingeschaltet ist oder nicht, sondern davon, ob innerhalb eines Arbeitsprozesses alle Möglichkeiten innerer Informationskreisläufe erschöpft worden sind. Dies ist aber ein organisatorisches und kein technisches Problem.

Nachdem nun der prinzipielle Aufbau eines Rechenautomaten, soweit er nicht die Technik berührte, kurz dargelegt worden ist, stellt sich die Frage nach der Arbeitsweise eines solchen Gerätes. Es soll deshalb im folgenden Abschnitt diese Frage in ihren Wesenszügen zu beantworten versucht werden.

2. Arbeitsweise

a) Quantität und Qualität

Der Mensch ist gewöhnt, streng zwischen Ziffern und Buchstaben zu unterscheiden. Mit Ziffern rechnet er, mit Buchstaben bildet er Sätze. Ziffern und Zahlen symbolisieren für ihn Quantitäten, Buchstaben aber sind qualitative Begriffe. Dabei soll hier unter dem Begriff „Zahl" eine nach bestimmten Regeln erfolgte Kombination der Ziffern 0, 1, 2, 3, ... 9 verstanden werden. Während also für ihn das Rechnen mit Ziffern und Zahlen etwas alltägliches ist, wird er stutzig, wenn er mit Buchstaben rechnen soll. Das Rechnen mit Buchstaben ist für ihn gar kein Rechnen im ziffernmäßigen Sinne. Wenn beispielsweise von der Ziffer 5 die Ziffer 3 zu subtrahieren ist, so geschieht hier eine quantitative Aufspaltung, was man den Schülern im ersten Schuljahr mit Gegenständen vor Augen führt; so wird die Subtraktion für diese beiden abstrakten Begriffe — der Ziffer 5 und der Ziffer 3 — durch die Subtraktion oder das Wegnehmen zweier gegenständlicher Begriffe, beispielsweise von Äpfeln, ersetzt.

Wird nun weiter abstrahiert, indem die Ziffern durch Buchstaben ersetzt werden, und die Aufgabe gestellt, die beiden, durch Buchstaben gekennzeichneten Begriffe a und b zu subtrahieren, so stellt man sich unter dieser Subtraktion keine quantitative, sondern eine qualitative Operation vor. Beim Buchstabenrechnen oder in der Algebra sagt man nämlich, es soll die Subtraktion von a und b vorgenommen werden, wobei — und dies ist von grundlegender Bedeutung — die Begriffe a und b quantitativ beliebige Ziffern und Zahlen darstellen, die sich nur dadurch unterscheiden, daß sie einander nicht gleich sein dürfen. So kann für a der (quantitative) Wert 5 und für b der (quantitative) Wert 3, für a der Wert 1, für b der Wert 7 usw. eingesetzt werden; ist aber beispielsweise für a der Zahlenbegriff 5 festgelegt worden, so darf b keinesfalls auch 5 sein. In der Algebra wird also die Quantität nicht bestimmt und eindeutig festgelegt; allenfalls werden zulässige Bereiche abgesteckt, aber innerhalb dieser Zahlenbereiche ist der einen Zahlenbegriff kennzeichnende Buchstabe quantitativ nicht eindeutig bestimmt. Hier werden nur Aussagen über qualitative Beziehungen gemacht. So wird für a und b nichts bestimmtes über die Größe der durch diese beiden Buchstaben symbolisierten Ziffern ausgesagt, wohl aber über ihre Beziehung zueinander, indem die durch a und b gekennzeichneten Ziffern oder Zahlen nicht gleich groß sein dürfen.

Dieser Unterschied zwischen dem quantitativen Begriff der Ziffer und dem qualitativen Begriff des Buchstabens, der eine beliebige Ziffer oder Zahl darstellt, wird beim Rechenautomaten wieder aufgehoben. Für diesen sind Ziffern und Buchstaben gleichartige Zeichen, indem er beide als Quantitäten betrachtet. Er ist daher unfähig, algebraische Ableitungen durchzuführen, bei welchen die Buchstaben quantitativ unbestimmte Zahlensymbole darstellen. Wie ist es aber möglich, daß durch ein Programm eine von Zahlenwerten unabhängige, d. h. allgemeine Lösung festgelegt werden kann? Die Funktion der Buchstaben in der Algebra übernehmen hier die Speicherzellen, indem die Lage der Speicherzelle innerhalb des Speicherwerks allgemeingültig gegeben, ihr Inhalt aber variabel gestaltet werden kann. Dadurch, daß Buchstaben für den Rechenautomaten Zahlenbegriffe sind, kann er beispielsweise Namen alphabetisch ordnen; diese Zahlenbegriffe können so gestaltet sein, daß die sich mit der Rangordnung der Buchstaben im Alphabet decken. So kommt a stets vor b, b stets vor c usw., was auch dadurch ausgedrückt werden kann, daß a größer als b, b größer als c usw. ist.

Der Rechenautomat ist ausschließlich quantitativ orientiert, d. h. für ihn stellt jedes Zeichen, ob Ziffer oder Buchstabe, eine Quantität dar. Wie wird nun diese Quantität im Rechenautomaten realisiert, d. h. wie ist es dem Rechenautomaten möglich, quantitative Begriffe zu verarbeiten? Zur Beantwortung dieser Frage ist es notwendig, sich das Wesen von Ziffer und Zahl zu vergegenwärtigen.

b) Zahlensysteme

Wir sind gewöhnt, mit Hilfe von nur 10 Ziffern (0, 1, 2, 3, ... 9) jede beliebige Zahl zu bilden. Als Zahl wird, wie schon erwähnt, eine nach bestimmten Regeln erfolgte Kombination von Ziffern verstanden. Jede Zahl ist nämlich durch eine der 10 Ziffern und durch die Stelle gekennzeichnet, die diese Ziffer innerhalb der Zahl einnimmt. Eine Zahl ist also durch Ziffer und Stellenwert eindeutig bestimmt. Auf jedem Stellenwert kann also eine der 10 möglichen Ziffern erscheinen. Beim ersten Stellenwert sind also 10 Möglichkeiten gegeben, indem dieser durch eine der Ziffern 0, 1, 2, 3, .. 9 gekennzeichnet ist. Beim zweiten Stellenwert ist ebenfalls eine von 10 Ziffern möglich. Diese 10 Möglichkeiten wiederholen sich aber für jede der 10 Möglichkeiten des ersten Stellenwertes, so daß bei einer zweistelligen Zahl 10×10 oder 10^2 Möglichkeiten bestehen. Bei einer dreistelligen Zahl sind in entsprechender Weise 10^3 Möglichkeiten zu unterscheiden usw. Bezeichnet man die Anzahl der Stellen einer Zahl allgemein mit n, wobei n jede beliebige Zahl (einschließlich der Null) kennzeichnet, so ergeben sich bei einer n-stelligen Zahl 10^n Möglichkeiten. Bei einer 6stelligen Zahl kann man folglich 10^6 oder eine Million Möglichkeiten unterscheiden. Nun kann aber die Stellenzahl n unbeschränkt groß, d. h. gleich unendlich sein, so daß also bei unendlicher Anzahl der Stellen einer Zahl unendlich viele Möglichkeiten bestehen. Unter der Voraussetzung, daß $10^0 = 1$ gesetzt wird, ist der Exponent n gleich der um eins verminderten Anzahl der Stellen einer Zahl; eine einstellige Zahl (eine Ziffer) wird also durch den Exponenten 0, eine zweistellige Zahl durch den Exponenten 1, eine dreistellige Zahl durch den Exponenten 2 usw. gekennzeichnet. Folglich kann jede beliebige Zahl durch einer der 10 Ziffern und durch den Exponenten n dargestellt werden, wobei $(n + 1)$ gleich dem Stellenwert ist.

Jede beliebige Zahl kann durch Addition der Produkte

$$z_1 \, 10^0, \; z_2 \, 10^1, \; z_3 \, 10^2 \text{ usw.}$$

ausgedrückt werden, wobei z_1, z_2, z_3 usw. eine der 10 Ziffern 0, 1, 2, ... 9 darstellen. So kann beispielsweise die Zahl 4372 folgendermaßen als Summe von Potenzen geschrieben werden:

$$4 \cdot 10^3 + 3 \cdot 10^2 + 7 \cdot 10^1 + 2 \cdot 10^0.$$

Diese Schreibweise ist etwas umständlich, weshalb nur die Faktoren 4, 3, 7 und 2 geschrieben werden und die entsprechenden Potenzen von 10, die durch die Exponenten (3, 2, 1, 0) eindeutig gegeben sind, die Reihenfolge der Faktoren bestimmen. Die übliche Schreibweise 4372 ist also eine Kurzform der soeben angeführten ausführlichen Schreibweise. Die in dieser ausführlichen Darstellung entscheidende Zahl 10 gibt an, wie viele Ziffern zur Verfügung stehen (für jeden Stellenwert 10 Ziffern). Sie wird deshalb auch als Basis des zugrunde gelegten Zahlensystems bezeichnet. Sind, wie im vorliegenden Falle, 10 Ziffern verfügbar, so spricht man vom Zehnersystem, dekadischen System oder auch Dezimalsystem.

Zweifellos ist man nicht an diese 10 Ziffern gebunden. Die Fähigkeit eines Zahlensystems, jede beliebige Zahl darzustellen, hängt nämlich nicht von der Anzahl der verfügbaren Ziffern, sondern vom Exponenten, d. h. vom Stellenwert ab, vorausgesetzt allerdings, daß die Anzahl der verfügbaren Ziffern größer als Eins ist. Es ist nämlich in jedem Falle

$$2^\infty = 3^\infty = 4^\infty = \ldots\ldots = 10^\infty = \infty$$

(das Zeichen ∞ ist das Symbol für unendlich). Die Anzahl der verfügbaren Ziffern wirkt sich lediglich auf die Anzahl der Stellen einer Zahl aus. Es gilt der Satz, daß je größer die Anzahl der verfügbaren Ziffern ist, desto weniger Stellen werden für die Darstellung einer beliebigen Zahl benötigt, und umgekehrt wird jenes Zahlensystem zur Kennzeichnung einer Zahl am meisten Stellen benötigen, das über die kleinste Anzahl Ziffern verfügt. Auf Grund dieses Satzes ist anzunehmen, daß das Dualsystem, d. h. das Zahlensystem, das nur die beiden Ziffern 0 und I kennt, durchschnittlich am meisten Stellen je Zahl benötigt[1]. Die folgende Zusammenstellung zeigt diese Zahlen als Dualsystem im Vergleich zu jenen des Dezimalsystems. Dabei ist zu beachten, daß die Addition zweier dualer Einer (I) eine duale Null (0) mit einer dualen Eins als Übertrag ergibt, entsprechend der Addition $9 + 1 = 0$ mit Übertrag 1 im Dezimalsystem.

Dezimalsystem	Dualsystem
1	I
2 (= 1 + 1)	I0
3 (= 2 + 1)	II
4 (= 3 + 1)	I00
5	I0I
6	II0
7	III
8	I000
9	I00I
10	I0I0
11	I0II
12	II00
13	II0I
14	III0
15	IIII
16	I0000
17	I000I
18	I00I0
19	I00II
20	I0I00
21	I0I0I
22	I0II0
23	I0III
24	II000
25	II00I
26	II0I0
27	II0II
28	III00
29	III0I
30	III I0
31	IIIII
32	I00000
.	.
.	.

Die duale Zahl I0I, d. h. die dezimale Zahl 5, ist durch die Addition

$$I \cdot 2^2 + 0 \cdot 2^1 + I \cdot 2^0 = 4 + 0 + 1$$

---

[1] Um die Dezimale 1 von der Dualen zu unterscheiden, wird diese durch das Zeichen I dargestellt.

entstanden. Mit diesen Dualzahlen läßt sich ebenso leicht, ja sogar noch leichter rechnen als wie mit Dezimalzahlen. So ergibt die Addition der beiden Zahlen 11 und 15 das Resultat 26; im Dualsystem sieht diese Rechenoperation folgendermaßen aus:

$$\begin{array}{r} 11 \\ +15 \\ \hline 26 \end{array} \qquad\qquad \begin{array}{r} \mathrm{IOII} \\ +\mathrm{IIII} \\ \hline \mathrm{IIOIO} \end{array}$$

Aus der Zusammenstellung dezimaler und dualer Zahlen ersieht man, daß zur Kennzeichnung der zweiziffrigen Zahl 32 schon 6 Dualstellen notwendig sind. Wie viele Dualstellen braucht es durchschnittlich zur Darstellung einer Dezimalzahl? Um diese Frage zu beantworten, wird die formelmäßige Definition der Information

$$J = K \ln P$$

herangezogen und gleichzeitig wird eine zweckmäßige Maßeinheit festgelegt. Das für Probleme aus den Gebieten der Informationstheorie und der Rechenautomaten geeignetste System ist das Dualsystem oder binäre System, in welchem die Maßeinheit als binäre Ziffer (binary unit), oder abgekürzt *„Bit"*, auftritt. Mit den binären Ziffern 0 und I sind bei n-stelligen Zahlen insgesamt 2^n Kombinationen möglich; es ist also

$$J = K \ln P = K \ln 2^n = K\,n \ln 2.$$

Setzt man nun $J = n$, d. h. die Informationen gleich der Anzahl der binären Ziffern, so ergibt sich für die Konstante K der Wert:

$$K = \frac{1}{\ln 2} = \frac{\ln e}{\ln 2} = \log_2 e.$$

Die in Bits ausgedrückte Information ergibt sich demnach zu:

$$\underline{J = \frac{1}{\ln 2} \ln P = \log_2 P}.$$

Bekanntlich stellt sich die Anzahl der Kombinationen bei einer n-stelligen Zahl im binären System auf 2^n. Verallgemeinernd kann gesagt werden, daß die Anzahl der Kombinationen bei einer n-stelligen Zahl im Zahlensystem mit der Basis N gleich ist N^n. In diesem Falle stellt sich das Maß der Information auf

$$J = K \ln N^n = K\,n \ln N$$

oder in Bits ausgedrückt

$$J = \log_2 N^n = n \log_2 N.$$

Ist $N = 2$ (Dualsystem), so wird

$$J = n \log_2 2 = n.$$

Die oben aufgeworfene Frage kann nun etwas anders gefaßt werden. Wie hoch stellt sich bei einer beliebigen Basis des Zahlensystems die Anzahl der Ziffern, damit die gleiche Information erhalten wird wie im Dualsystem? Wählt man die Basis des Zahlensystems gleich 10 (Dezimalsystem), so wird

$$J = n_{10} \log_2 10.$$

Da hier n_{10} die Anzahl der Stellen einer Zahl im Dezimalsystem angibt, ist der Multiplikator als die auf eine Stelle dieser Zahl bezogene Information, d. h. also als

$$\frac{J}{n_{10}} = \log_2 10$$

zu definieren. Die Berechnung von $\log_2 10$ ergibt den Wert 3,3219, d. h. eine Dezimalziffer ergibt eine Information von 3,3219 Bits. Um nun auch im Dualsystem eine Information von 3,3219 Bits zu erhalten, sind 3,3219 binäre Stellen erforderlich, d. h. im Dualsystem sind rund 3,32 mehr Stellen je Dezimalstelle erforderlich, um den gleichen Informationsgehalt zu erreichen.

Die gleiche Rechnung läßt sich für verschiedene Zahlensysteme durchführen. Die Ergebnisse sind in der nachfolgenden Übersicht zusammengestellt[1].

---

[1] Eine andere Ableitung, auf die der Verfasser durch Herrn Direktor Dr. HANS BRÄNDLI (Zürich) aufmerksam gemacht worden ist, beruht auf folgendem Gedankengang. Es sei n eine ganze positive Zahl und $D_n = 2^n$ eine Zahl, die im binären und dezimalen Zahlensystem geschrieben werden kann. Im binären System mit den Ziffern 0 und 1 besitzt D_n $n + 1$ binäre Stellen, im Dezimalsystem dagegen $[\log_{10} D_n] + 1$ Stellen (wo die eckigen Klammern das größte Ganze bedeuten). Grundlegend für die Ableitung der Zahl 3,3219 ist der Grenzwert für n gegen Unendlich strebend von

$$V = \frac{n+1}{[\log_{10} D_n] + 1}.$$

Das Rechengerät

Stellenmultiplikator für verschiedene Zahlensysteme

Basis des Zahlensystems	Stellenmultiplikator
2	1,0000
3	1,5850
4	2,0000
5	2,3220
6	2,5849
7	2,8074
8	3,0000
9	3,1699
10	3,3219 = 1 Hartley = 2,3056 Nats

Diese Zusammenstellung zeigt, daß zur Kennzeichnung einer Dezimalziffer rund 3,32 mehr Binärstellen, zur Kennzeichnung einer Ziffer in einem System mit nur 5 Ziffernzeichen rund 2,32 mehr Binärstellen usw. erforderlich sind.

Die bisherigen Ausführungen lassen erkennen, daß hinsichtlich der Stellenzahl das Dezimalsystem am günstigsten ist, weil es am wenigsten Stellen braucht, um eine beliebige Zahl zu kennzeichnen. Anderseits setzt es aber definitionsgemäß voraus, daß 10 verschiedene Zahlensymbole oder Ziffern unterschieden werden müssen, was bei praktischen Berechnungen einen gewissen Nachteil darstellt. Ziffernmäßig am günstigsten ist das Dualsystem, bei welchem nur 2 Zahlensymbole oder Ziffern zu unterscheiden sind; anderseits aber hat es den Nachteil, daß eine Dualzahl am meisten Stellen benötigt, um die entsprechende Dezimalzahl auszudrücken.

Bei der Verwirklichung von Zahlen in einem Rechenautomaten stellt sich somit die Frage, welcher Nachteil — große Stellenzahl oder große Ziffernzahl — eher in Kauf genommen werden kann. Dieser Entscheid ist von der Einfachheit der technischen Realisierbarkeit der Zahlen und von der Verwendung des Rechenautomaten abhängig. Bei Tischrechenmaschinen, die im Dezimalsystem arbeiten, sind die 10 Ziffern dieses Systems auf dem Umfange eines Rädchens abgetragen. Die einzelne Ziffer wird durch einen bestimmten Drehwinkel realisiert. Für schnelles Rechnen ist diese Arbeitsweise schwerfällig, trotzdem hier die Anzahl der Stellen je Ziffer bekanntlich klein ist. Demgegenüber ist unter dem Gesichtspunkt der technischen Realisierbarkeit das Dualsystem mit nur zwei Ziffernsymbolen als ideal zu bezeichnen. Die dualen Ziffern Null und Eins lassen sich technisch leicht dadurch realisieren, daß entweder kein elektrischer Strom fließt (Null) oder daß elektrischer Strom fließt (Eins), indem Schalter geöffnet oder geschlossen werden. Dies läßt sich durch Relais, Elektronenröhren, Transistoren, Ferractoren usw. in einfacher Weise verwirklichen.

Hinsichtlich der technischen Realisierbarkeit ist dem Dualsystem zweifellos der Vorzug zu geben. Doch auch die Verwendung des Rechenautomaten ist bei der Wahl des Zahlensystems bedeutsam. Während sich die technische Realisierbarkeit auf die Verarbeitungseinheit bezieht, wirkt sich die Verwendung des Rechenautomaten vor allem auf die Ein- und Ausgabe aus. Während also für die Verarbeitungseinheit das duale Zahlensystem am geeignetsten erscheint, ist es hinsichtlich der Ein- und Ausgabe am ungeeignetsten. Dies liegt darin begründet, daß je Information 3,32mal mehr Symbole eingegeben werden müssen als im Dezimalsystem und daß gleichzeitig auch gleichviel mehr Symbole auszugeben sind, um ein bestimmtes Dezimalsymbol zu kennzeichnen. Überdies sind bei der Eingabe die Dezimalsymbole in Dualsymbole und bei der Ausgabe die Dualsymbole in Dezimalsymbole umzuwandeln. Ein dual arbeitendes Gerät bedarf also einer besonderen Vorrichtung, die es ermöglicht, Transformationen des Zahlensystems durchzuführen.

Diese Umwandlung benötigt offensichtlich eine gewisse Zeit, was sich allerdings erst dann als fühlbarer Nachteil bemerkbar macht, wenn eine große Menge von Zahlen zu transformieren ist. Es zeigt sich also, daß bei Rechenautomaten, bei welchen relativ wenige Zahlen eingegeben und wenig Resultate ausgegeben werden, die duale Arbeitsweise keine großen Nachteile bringt. Dieser Zustand ist in der Regel bei wissenschaftlichen Problemen gegeben, bei welchen mit wenig eingegebenen Zahlen sehr viele Verarbeitungen durchzuführen sind, die dann wiederum in wenigen Ergebnissen ihren Niederschlag finden. Bei solchen wissenschaftlichen Geräten empfiehlt sich also die Verwendung des Dualsystems.

Wenn aber viele Zahlen eingegeben und viele Resultate ausgegeben werden, kann unter Umständen der verarbeitungsmäßige Vorteil des Dualsystems wieder aufgehoben werden. Da weiter in einem solchen Falle in der Regel noch viele Zahlen zu speichern sind, stellt sich ein weiterer Nachteil ein, der darin besteht, daß zur Speicherung einer reinen Dualzahl rund dreimal mehr Speicherraum benötigt wird, als zur Speicherung der entsprechenden Dezimalzahl stellenmäßig notwendig wäre. Durch das Rechnen mit Dualzahlen erfährt der erforderliche Speicherraum eine wesentliche Ausweitung, oder die Anzahl der Zahlen, die bei vorgegebenem Speicherraum noch gespeichert werden können, erleidet dadurch eine wesentliche Einbuße. Überdies ist das Mehrfache der Stellenzahl bei Dualzahlen nicht für alle Zahlen gleich; so erfordert die einstellige dezimale Zahl 8 vier Dualstellen, d. h. das Vierfache der Dezimalstellenzahl und die dezimale 12 ebenfalls vier Dualstellen, d. h. nur noch das Doppelte der entsprechenden Dezimalstellenzahl.

Was die Überträge betrifft, ist zu beachten, daß diese im Dezimal- und Dualsystem nicht übereinstimmen. So geschieht der Übertrag im Dezimalsystem beispielsweise von 9 auf 10, im Dualsystem aber von 1 auf 2, von 3 auf 4, von 7 auf 8, von 15 auf 16, von 31 auf 32 usw. Bei der Übertragung von Dezimal- in Dualzahlen und umgekehrt, wie auch bei der Verarbeitung von Dualzahlen, wirken sich diese Nachteile störend aus. Es ist deshalb eine *Systemkombination* zu finden, die sich für einen Rechenautomaten besonders eignet. Dabei wären innerhalb des Automaten noch verschiedene Systemkombinationen zu unterscheiden, die für einzelne Verwendungen besonders zweckmäßig wären. So könnte man Systemkombinationen unterscheiden, die sich vor allem zum Speichern von Zahlen, zum Prüfen von Resultaten oder für arithmetische Operationen besonders eignen. Das Finden der zweckmäßigsten Systemkombination ist daher von grundlegender Bedeutung.

Da bekanntlich die Eigenschaft, Informationen speichern zu können, zum Wesensmerkmal eines Rechenautomaten gehört, und da nicht für jede Verarbeitungsart eine eigene Systemkombination gewählt werden kann, wird es vorteilhaft sein, eine Systemkombination zu wählen, die vor allem bezüglich der Speicherung am vorteilhaftesten ist. Da der Speicherraum begrenzt ist, stellt sich hier die Frage, wie viele Dualstellen zur Kennzeichnung einer Dezimalziffer noch tragbar sind. Jene Anzahl der zur Kennzeichnung einer Dezimalziffer verwendeten Dualstellen ist offensichtlich am günstigsten, die die größte Anzahl von Darstellungsmöglichkeiten der 10 Ziffern des Dezimalsystems ergibt.

Da bekanntlich im Durchschnitt schon etwas mehr als 3 Dualstellen notwendig sind, um eine Dezimalziffer zu kennzeichnen, wird die kleinste Anzahl der Dualstellen 4 sein. Bei 4 Dualstellen sind 2^4 oder 16 mögliche Anordnungen der Dualziffern 0 und I möglich[1]. Mit diesen 16 möglichen Anordnungen sind die 10 Ziffern des Dezimalsystems zu bilden. Nach den Regeln der Kombinatorik können bei diesen 16 $(= n)$ möglichen Anordnungen die 10 $(= r)$ Ziffern des Dezimalsystems auf

$$ r!\,\frac{n!}{r!\,(n-r)!} = 10!\,\frac{16!}{10!\,6!} $$

oder auf rund $2{,}9 \cdot 10^{10}$ verschiedene Weisen gebildet werden.

Bei 4 Dualstellen können die 16 Dezimalstellen von 0 bis 15 gebildet werden. Die Übertragung der Zahl 16 in das duale Zahlensystem mit 4 Dualstellen verursacht einen Übertrag auf die erste Stelle der nächsten aus den 4 Dualstellen oder einer *Tetrade* gebildeten Gruppe. Der Übertrag in diesem Zahlensystem erfolgt also bei der dezimalen Zahl 16. Nun wäre es vorteilhaft, wenn der Übertrag in diesem dualen Zahlensystem an der gleichen Stelle erfolgte wie beim dezimalen System, d. h. beim Übergang von 9 auf 10. Um eine Übereinstimmung der Übertragstellen zu erreichen, müßte also das duale System um 6 Einheiten verschoben werden. Doch ist zu bedenken, daß ein Übertrag bei der Addition von zwei

---

[1] Bei 3 Dualstellen sind 2^3 oder 8 Anordnungen möglich, was aber zur Darstellung der 10 Ziffern des Dezimalsystems nicht ausreicht.

Zahlen entsteht, weshalb diese 6 Einheiten zu gleichen Teilen auf die beiden Summanden zu verteilen sind, d. h. jeder duale Summand ist um 3 Einheiten zu berichtigen. Dies geschieht dadurch, daß man der dezimalen Null die duale Drei gleichsetzt, wodurch sich die folgenden Dualzahlen ergeben:

Dezimalsystem	Dualsystem
0	0011
1	0100
2	0101
3	0110
4	0111
5	1000
6	1001
7	1010
8	1011
9	1100

Werden die beiden Ziffern 9 und 1 addiert, deren Summe einen Übertrag erzeugt, so findet sich der Übertrag auch bei den entsprechenden dualen Ziffern:

$$
\begin{array}{r}
9 \\
+1 \\
\hline
10
\end{array}
\qquad
\begin{array}{r}
1100 \\
+0100 \\
\hline
10000
\end{array}
$$

Dieses duale Ziffernsystem ist unter der Bezeichnung *Dreier-Exzeß-System* bekannt; es wurde von G. R. STIBITZ vorgeschlagen und hat eine weite Verbreitung gefunden. Ein weiteres Merkmal dieses Dreier-Exzeß-Systems ist seine Komplementarität bezüglich der Ziffer 9. Vertauscht man nämlich die dualen Nullen und Einer miteinander, so ergeben sich die Komplemente zu 9. Ersetzt man beispielsweise in 0110 (dezimale 3) die Nullen durch Einer und die Einer durch Nullen, so ergibt sich 1001, d. h. die dezimale 6, die das Neuner-Komplement der Ziffer 3 darstellt.

Dieses Dreier-Exzeß-System ist selbstverständlich nicht das einzig mögliche System mit 4 Dualstellen, das sich für einen Rechenautomaten eignet. Daneben gibt es noch viele andere; ihre Anzahl läßt sich durch folgende Überlegungen ermitteln. Die Anzahl der Permutationen oder Umstellungen von 4 Veränderlichen stellt sich auf 4! oder 24. In jeder dieser 24 Permutationen kann jede der 4 Veränderlichen durch deren Komplement ersetzt werden, was 2^4 Möglichkeiten ergibt. Insgesamt sind somit $2^4 \cdot 4!$ oder 384 Transformationen von 4 Veränderlichen zu unterscheiden. Die Anzahl der möglichen Systeme beträgt dann:

$$
\frac{1}{384} \cdot \frac{16!}{6!}
$$

oder rund $7,6 \cdot 10^7$ mögliche Systeme mit 4 Dualstellen. In der folgenden Tabelle sind einige dieser Systeme dargestellt.

Tetraden-Systeme

Tetrade	Dargestellte Dezimalziffer			
	einfach dual	Dreier-Exzeß	Rubinoff-System	Minimal-Eins
0000	0	—	0	0
000I	1	—	—	1
00I0	2	—	—	2
00II	3	0	—	3
0I00	4	1	4	4
0I0I	5	2	3	5
0II0	6	3	2	6
0III	7	4	1	—
I000	8	5	8	7
I00I	9	6	7	8
I0I0	—	7	6	9
I0II	—	8	5	—
II00	—	9	—	—
II0I	—	—	—	—
III0	—	—	—	—
IIII	—	—	9	—

Von diesen *Tetraden-Systemen* ist das zuletzt erwähnte — das Minimal-Eins-System genannt werden könnte — hervorzuheben. Dieses verwendet nur Tetraden mit höchstens 2 dualen Einern, wodurch die durchschnittliche Anzahl der zur Darstellung einer dezimalen Ziffer verwendeten dualen Einer minimal wird. Dadurch wird auch die zur Betätigung einer mechanischen Vorrichtung notwendige Kraft am kleinsten. Die Anzahl der Systeme, denen die Komplementaritätseigenschaft des Dreier-Exzeß-Systems zufällt, stellt sich auf:

$$\binom{8}{5} \cdot 2^5 \cdot 5!$$

oder auf rund $2,2 \cdot 10^5$. Bei dieser Berechnung ist zu berücksichtigen, daß bei den 10 Ziffern 0 bis 9 insgesamt 5 Komplemente zu unterscheiden sind, nämlich 0 und 9, 1 und 8, 2 und 7, 3 und 6, 4 und 5, und daß bei der Kombination der Gesamtzahl der Elemente zur 5. Klasse durch die Komplementbildung 2 von 10 Freiheitsgraden verbraucht werden.

Während bei Rechenautomaten, die hauptsächlich zur Lösung wissenschaftlicher Probleme verwendet werden, das reine Dualsystem vertretbar ist, wird bei Geräten, die vorwiegend für betriebs- und volkswirtschaftliche Aufgaben eingesetzt werden, in vielen Fällen das Dreier-Exzeß-System oder auch das Bi-Quinär-System zugrunde gelegt.

c) Der Rechenvorgang

Nachdem nun kurz erklärt worden ist, in welchem Zahlensystem Rechenautomaten in den meisten Fällen arbeiten, soll nachfolgend noch kurz vom Rechenvorgang die Rede sein. Es ist schon früher ausgeführt worden, daß jede der vier Grundoperationen grundsätzlich Additionen sind, indem die Multiplikation eine fortgesetzte Addition und die Division eine fortgesetzte Subtraktion darstellen. Die Subtraktion selber aber ist als Addition des Komplements der zu subtrahierenden Zahl zu denken, wobei vom Resultat die Basis des Komplements abzuziehen ist. So ist es gleichbedeutend, ob man direkt $5 - 3 = 2$ rechnet oder eine Addition mit beispielsweise dem Komplement zur Basis 9 durchführt wie:

$$5 + (9 - 3) = (11 - 9) = 2.$$

Beim Rechnen mit dualen Zahlen ist zu beachten, daß der Übertrag auf die fünfte Stelle von rechts, d. h. der die Tetrade verlassende Übertrag, unbeachtet bleibt und daß die äußerste Stelle rechts um eine rein duale Eins (000I) noch zu erhöhen ist. Nach diesen Regeln kann man jede Subtraktion auf eine Addition des Komplements zu 9, das beim Dreier-Exzeß-System durch Vertauschung von Nullen und Einern entsteht, zurückführen, wie die folgenden Beispiele für das Dreier-Exzeß-System zeigen (S. 58).

Durch die Eigenschaft der Komplementarität kann also jede der vier Grundoperationen auf eine einfache Addition zurückgeführt werden. Ergibt sich bei der Subtraktion ein negatives Resultat, so sind die beiden durch die Subtraktion verbundenen Zahlen miteinander zu vertauschen und das Resultat mit dem Minuszeichen zu versehen.

d) Abstimmung

Ein Rechenautomat besteht aus einer Vielzahl von Schaltern (Relais, Eletronenröhren, Transistoren, Ferractors usw.). Um nun ein sicheres Arbeiten und Zusammenarbeiten dieser Schalter zu erreichen, müssen bestimmte Vorkehrungen getroffen werden. Je nach der Art dieser Vorkehrungen unterscheidet man zwischen *Synchron-* und *Asynchron-Geräten.* Diese Unterscheidung ist eine technische, weshalb sie hier nur kurz berührt werden soll.

Bei einem *Asynchron-Gerät* bewirkt das Schließen eines Schalters das Schließen des nächsten Schalters. Der Zustand dieses nächsten Schalters, ob offen oder geschlossen, ist also direkt abhängig vom Zustand des vorhergehenden Schalters. Bei einem *Synchron-Gerät* aber werden diese Zustände der Schalter durch einen zeitlich regelmäßigen Impuls (clock

$$5 - 3 = 2$$

5		1000
− 3	0110, Komplement	1001 +
		0001
9	1100, Komplement	0011 +
		0100
		0001 +
		0101 = 2

$$7 - 2 = 5$$

7		1010
− 2	0101, Komplement	1010 +
		0100
9	1100, Komplement	0011 +
		0111
		0001 +
		1000 = 5

$$4 - 2 = 2$$

4		0111
− 2	0101, Komplement	1010 +
		0001
9	1100, Komplement	0011 +
		0100
		0001 +
		0101 = 2

$$6 - 5 = 1$$

6		1001
− 5	1000, Komplement	0111 +
		0000
9	1100, Komplement	0011 +
		0011
		0001 +
		0100 = 1

pulse oscillator) gesteuert. Dabei muß eine gewisse Zeitspanne aus Gründen der Betriebssicherheit eingerechnet werden. Nun hat es den Anschein, als ob das Asynchron-Gerät, bei welchem diese Sicherheitsspanne nicht notwendig ist, schneller arbeitet als ein Synchron-Gerät. Dies trifft nun nicht zu, weil bei Asynchron-Geräten mehr Schalter-Operationen notwendig sind als bei entsprechenden Synchron-Geräten.

e) Operationsweise

Rechenautomaten können nach dem Merkmal der Informationsverarbeitung in zwei Gruppen aufgeteilt werden. Je nachdem, ob die Information Zeichen um Zeichen befördert oder ob diese Zeichen gleichzeitig abgetastet werden, spricht man von *Serie-* und von *Parallel-Geräten*. Bei *Parallel-Geräten* ist es offensichtlich notwendig, daß alle Zeichen der Information gleichzeitig verarbeitet werden, was die Anzahl der Bauelemente des Gerätes, wie z. B. besondere, der Verarbeitung dienende Speicher, die sogenannten Register, und auch die Additions-Stromkreise, wesentlich erhöht. Das Ziel, das sich der Erbauer eines solchen Parallelgerätes setzen muß, besteht darin, Mittel und Wege zu finden, die Anzahl der Bauelemente weitestgehend zu beschränken, was unter Umständen durch besondere Arbeitsweisen möglich ist (z. B. schrittweise Verschiebung des Multiplikators anstatt des Multiplikanden bei einer Multiplikation, wodurch das Fassungsvermögen des Registers, in welchem sich der Multiplikand befindet, nicht doppelt so groß sein muß). Das Rechenwerk bei Parallel-Geräten wird also größer sein als bei Serie-Geräten. Je mehr Zeichen einer Information gleichzeitig verarbeitet werden können, desto größer wird das Rechenwerk ausfallen.

Diesem Nachteil des Parallel-Gerätes steht allerdings der Vorteil gegenüber, daß die Kontrollfunktionen bei diesem Gerät einfacher durchzuführen sind als bei den Serie-Geräten. Überdies verfügt das Parallel-Gerät über eine größere Verarbeitungsgeschwindigkeit als die des entsprechenden Serie-Gerätes. Im allgemeinen ist es oft möglich, die Operationsgeschwindigkeit eines Rechenautomaten zu erhöhen, indem die Anzahl der Bauelemente im Gerät vermehrt wird, und umgekehrt kann ein Rechenautomat einfacher und kleiner gebaut werden, wenn gewisse Einbußen in der Operationsgeschwindigkeit in Kauf genommen werden.

Die allgemeine Entwicklung in der Konstruktion von Rechenautomaten schien bis vor kurzem dahin zu gehen, den Gewinn an Operationsgeschwindigkeit, der durch die Verwendung besonders rasch arbeitender Bauelemente erzielt worden ist, durch eine einfachere Bauweise nicht voll auszuschöpfen. Neuerdings aber hat es den Anschein, als ob die Erbauer von Rechenautomaten ihr Augenmerk wieder vermehrt der erhöhten Operationsgeschwindigkeit zuwenden und eine kompliziertere Bauweise dafür in Kauf nehmen. Diese Entwicklung wird auch durch technische Vervollkommnungen begünstigt, die die Zuverlässigkeit der Arbeitsweise trotz der komplizierten Bauweise zu erhöhen gestatten.

In diesem Zusammenhange stellt sich dem Erbauer von Rechenautomaten auch die Frage, ob er beispielsweise die Operationsfolge bei der Multiplikation oder Division im Gerät fest verdrahten und dadurch den inneren Aufbau des Gerätes komplizierter gestalten will oder ob er solche

Operationen im Gerät nicht vorsehen will und es dem Programmierer überläßt, bei einer jeden dieser Operationen die entsprechende Befehlsfolge zu erstellen. Dieses Vorgehen hat zwar den Vorteil, daß der Aufbau des Gerätes einfacher ist, aber anderseits den Nachteil, daß dadurch zusätzlicher Speicherraum für die Aufnahme dieser Befehlsfolge notwendig wird. Damit aber ist schon das Gebiet der eigentlichen Programmierung betreten worden.

Zweiter Teil

Die Programmierung

Erstes Kapitel

Die Hauptbegriffe

Die Arbeitsweise eines jeden Rechenautomaten beruht auf dem grundlegenden Prinzip des Informationsflusses. Dieser kann von drei verschiedenen Gesichtspunkten aus betrachtet werden, nämlich:

1. theoretisch, d. h. aus dem Blickwinkel der Informationstheorie und der Kybernetik, bei welchem das Wesen der Informationsumwandlung oder Transformation im Vordergrund steht;

2. technisch, d. h. aus dem Blickwinkel der Realisierung der Informationsumwandlung im Rechenautomaten;

3. logisch, d. h. aus dem Blickwinkel des logischen Ablaufs der für die Informationsumwandlung notwendigen Operationen.

Die theoretische und die technische Betrachtungsweise sind im ersten Teil behandelt worden. Die logische Betrachtungsweise deckt sich mit dem, was man unter dem Begriff der Programmierung versteht. Sie bildet deshalb den Hauptgegenstand dieses zweiten Teiles. Hier sind nun vorerst einige Grundbegriffe zu umschreiben.

Vorerst die zentrale Frage: Was heißt Programmierung, und was ist ein Programm? Ein *Programm* ist eine nach bestimmten Merkmalen geordnete Folge, die auf einen bestimmten Zweck hinzielt. Voraussetzung ist also das Vorhandensein eines Ziels. Weiter muß eine gewisse Ordnung vorhanden sein. Und endlich muß es sich um eine Folge handeln, nicht um eine Reihe; der logische Unterschied liegt hier darin, daß bei einer Folge der gleiche Gegenstand an mehreren Stellen auftreten kann, während bei einer Reihe dies nicht möglich ist. Die Gegenstände der Folge sind nun beispielsweise Operationen, Entscheide usw. Es ist offensichtlich, daß sich einzelne Operationen und Entscheide im Laufe eines Programms wiederholen werden.

Das Wesen eines Programms kann an einem einfachen Beispiel erklärt werden. Ein Radioprogramm beispielsweise ist die nach dem Merkmal Zeit geordnete Folge von Darbietungen zum Zwecke der Unterhaltung und Belehrung. Die Wesensmerkmale eines Programms, wie es soeben definiert worden ist, nämlich Ziel (Unterhaltung und Belehrung), Ordnung (zeitliche Reihenfolge), Folge (Darbietungen, die sich wiederholen können) sind hier vorhanden.

Beim Programm eines Rechenautomaten besteht das Ziel darin, ein bestimmtes Problem zu lösen, sei es eine mathematische Aufgabe oder eine Lohnabrechnung oder ein bestimmtes Planungsproblem durchzuführen usw. Die Ordnung ist hier aber eine logische, d. h. die zur Erreichung dieses Zieles notwendigen Operationen, Entscheide usw. müssen sich logisch oder sprunglos aus der vorhergehenden Operation oder dem vorhergehenden Entscheid entwickeln. Das Merkmal der Folge ist auch hier gegeben, da Operationen und Entscheide sich wiederholen dürfen. Das Wesensmerkmal eines Programms für einen Rechenautomaten liegt aber darin, daß das Ordnungsmerkmal logisch ist. Die Logik ist also für das Programm eines Rechenautomaten von wesentlicher Bedeutung.

Unter dem Begriff der Programmierung versteht man zwangsläufig die Tätigkeit des Erstellens eines Programms. Warum ist aber bei Rechenautomaten die Erstellung eines Programms notwendig? Zur Beantwortung dieser Frage muß man sich vergegenwärtigen, daß die Folge der arithmetischen und logistischen Operationen die eigentliche Lösung des Problems darstellt. Allerdings handelt es sich hier nicht um die rechnerische Lösung, die dem Rechenautomaten überbunden ist, sondern um die *logische Lösung*. Diese zeichnet den Weg vor, den der Rechenautomat zu beschreiten hat. Dabei sind alle nur denkbaren Möglichkeiten, die bei der Berechnung auftreten können, zu berücksichtigen. So muß beispielsweise bei einer Division berücksichtigt werden, ob Zähler oder Nenner oder beide gleichzeitig Null sind. Je nachdem sind dem Rechenautomaten durch das Programm bestimmte Wege vorzuschreiben. Ohne die einwandfreie logische Lösung des Problems kann kein Rechenautomat zweckmäßig eingesetzt werden.

Grundsätzlich muß jedes Rechengerät programmiert werden. Der Unterschied besteht nur darin, daß bei den einen Rechengeräten, wie beispielsweise den Tischrechenmaschinen, das Programm im Kopfe des Rechners ist und von diesem schrittweise Operation um Operation eingegeben wird, während es bei Rechenautomaten zuerst graphisch als Ablauf-Diagramm (logische Lösung), dann als Befehlsfolge oder Instruktionsfolge schriftlich vorliegt und dem Rechenautomaten gesamthaft eingegeben wird. In jedem Falle erfolgt bei der gewöhnlichen Tischrechenmaschine die Programmeingabe schrittweise (unter Umständen können zwei oder drei Operationen gekoppelt werden), während sie beim Rechenautomaten gesamthaft oder global durchgeführt wird.

Die vorher gestellte Frage, warum bei einem Rechenautomaten die Erstellung eines Programms notwendig ist, kann nun etwas schärfer gefaßt werden, indem gefragt wird, warum beim Rechenautomaten die Programmeingabe gesamthaft erfolgen muß. Dies hängt mit der Rechengeschwindigkeit des Rechenautomaten zusammen. Rechenautomaten arbeiten deshalb sehr rasch, weil sie einerseits dual oder gemischt dual rechnen, und anderseits, weil sie fast keine oder überhaupt keine mechanisch bewegten Teile mehr enthalten. Die Arbeitsgeschwindigkeit ist derart groß, daß der Mensch tatsächlich nicht mehr folgen kann. Würde er nun das Programm schrittweise eingeben, müßte der Rechenautomat stets auf die Reaktion des Menschen warten, wodurch seine Geschwindigkeit nicht ausgenützt werden könnte.

Wie wird das Programm dem Rechenautomaten eingegeben? Im einfachsten Falle wird es durch Drahtverbindungen auf einer Stecktafel gesteckt. Diese Art der Programmierung bezeichnet man als *äußere Programmierung*. Sie ist vor allem bei kleineren Geräten üblich. Bei größeren Geräten verwendet man in der Regel die *innere Programmierung*. Darunter versteht man die Eingabe des Programms in die Verarbeitungseinheit, wo es aufgespeichert wird. Diese Eingabe kann mittels Lochkarten, Lochstreifen oder Magnetband erfolgen. Bei der Lochkarteneingabe werden die einzelnen Befehle in Lochkarten gestanzt; dabei können mehrere Befehle auf einer Lochkarte Platz haben. Auch beim Lochstreifen werden die Befehle als Lochkombinationen auf Streifen gelocht. Beim Magnetband erscheinen die Befehle als bestimmte Kombinationen von magnetisierten und nichtmagnetisierten Stellen auf dem Band.

Der Befehl wie auch jede eingegebene Zahl wird in ein sogenanntes *Wort* gepackt. Das Wort besteht aus einer Anzahl Stellen oder Positionen; dieses richtet sich nach den einzelnen Rechenautomaten-Typen. Es kann schematisch etwa folgendermaßen dargestellt werden:

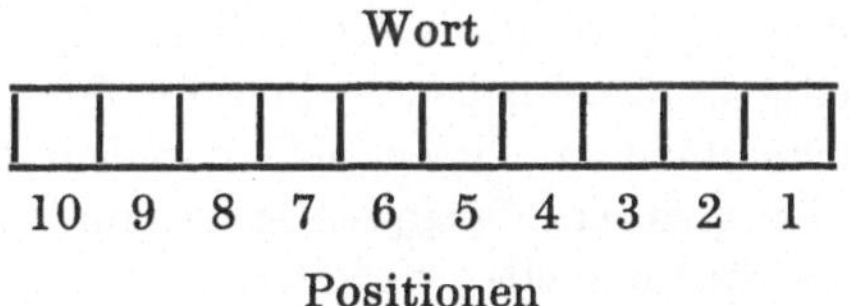

Im vorliegenden Falle ist angenommen worden, daß das Wort 10 Positionen umfaßt (es kann aber auch nur aus einer Position bestehen).

Sofern über den Inhalt des Wortes, d. h. über die Besetzung der einzelnen Positionen, noch nichts bekannt ist, bezeichnet man das Wort als *Maschinenwort*. In diesem ist eine Position für das Vorzeichen des betreffenden Zahlenwertes reserviert; diese Position kann entweder ganz hinten oder ganz vorn liegen. Die übrigen Positionen können mit Ziffern belegt werden. Das mit Ziffern belegte Maschinenwort kann dabei entweder eine Konstante oder eine Variable oder ein Zwischenresultat darstellen. Einzelne Positionen können selbstverständlich auch mit Nullen belegt werden. Der Programmierer muß sich dabei stets bewußt sein, wo die einzelnen Ziffern innerhalb des Wortes sich befinden; unter Umständen muß er die Ziffern so verschieben, daß sie die von ihm gewünschte Lage einnehmen.

Der Befehl oder die Instruktion stellt einen besonderen Wortinhalt dar. Beim *Befehlswort* unterscheidet man zwei Teile des Wortes, den *Code-Teil* und den *Adressen-Teil*. Im Code-Teil, für welchen gewöhnlich zwei Positionen reserviert sind, steht der die betreffende Operation kennzeichnende Code. Dieser kann dabei numerisch wie auch alphabetisch sein. Bei numerischen Codes bezeichnet eine bestimmte Zahl eine bestimmte Operation; bei alphabetischen Codes wird die Operation durch Buchstaben dargestellt. Bei alphabetischen Codes wird, wenn immer möglich, darauf geachtet, daß die Buchstaben Abkürzungen für die entsprechende Operation darstellen.

Nun nützt ein Befehl, der dem Rechenautomaten sagt, was er zu tun hat, nichts, wenn das Gerät nicht weiß, mit welchen Zahlen es die befohlene Operation auszuführen hat. Dem Rechenautomaten muß also gesagt werden, welche Zahlen zu addieren, zu vergleichen, zu multiplizieren usw. sind. Diesem Zwecke dient der Adressen-Teil des Wortes. Die *Adresse* kennzeichnet dabei den genauen Ort der benötigten Zahl im Speicherwerk. Der Speicherraum ist zu diesem Zwecke in Zellen, die Speicherzellen, aufgeteilt, denen bestimmte Zahlen, die Adressen, zugeordnet sind. Trommel-Speicher werden in Achsrichtung in sogenannte Kanäle aufgeteilt, wobei jeder Kanal in eine bestimmte Anzahl Worte zerfällt. In solchen Fällen kann beispielsweise das erste Ziffernpaar der Adresse den Kanal und das zweite Ziffernpaar das Wort auf diesem Kanal kennzeichnen. Die Adresse ist in einem solchen Falle vierstellig. Die Speicherzellen-Adressen müssen jedoch nicht vierstellig sein; sie können zwei-, drei-, vier-, fünfstellig usw. sein. Die Stellenzahl der Adresse hängt von den einzelnen Rechenautomaten-Typen ab. In jedem Falle aber ist die Adresse stets nach den gleichen Prinzipien aufgebaut; sie muß ein rasches Finden der gesuchten Speicherzelle ermöglichen.

Im Adressen-Teil eines Befehlswortes wird dem Gerät gesagt, aus welcher Speicherzelle es den Operanden herauslesen muß. Dabei greift das Gerät den gesamten Inhalt dieser Speicherzellen heraus und behandelt ihn als Operanden. Bei einzelnen Geräten kann durch besondere Vorkehrungen bewirkt werden, daß nur ein Teil des Wortes herausgegriffen wird. Der Rechenautomat übernimmt also auf Befehl den Inhalt einer bestimmten Speicherzelle. Dabei ist hervorzuheben, daß beim Herauslesen einer Zahl aus einer Speicherzelle diese Zahl gleichwohl noch in dieser Speicherzelle verbleibt; sie wird also durch das Lesen nicht gelöscht. Eine Löschung erfolgt erst, wenn eine andere Zahl in diese Speicherzelle gelegt wird, wobei dann diese Speicherzelle die neu hineingelegte Zahl beherbergt, während die vorher in diesem Speicher sich befundene Zahl verschwunden ist. Auf diese Eigentümlichkeit ist bei der Programmierung besonders zu achten, wenn man nicht Gefahr laufen will, daß der Inhalt einer Speicherzelle plötzlich einen anderen Inhalt aufweist als den vermuteten. Die Verwendung problemorientierter Programmiersprachen schützt zwar den Verkoder in gewissem Maße vor dieser Gefahr, indem hier automatisch auf die Vermeidung von Doppelbesetzungen geachtet wird.

Bezüglich der Maschinenworte unterscheidet man Geräte mit fester und solche mit variabler Wortlänge. Bei Geräten mit *fester Wortlänge* kann immer nur ein ganzes Wort, d. h. eine bestimmte Anzahl Stellen, angesprochen werden. Bei Geräten mit *variabler Wortlänge* stellt jede Stelle gewissermaßen ein Wort für sich dar und kann als solches angesprochen werden. Da aber die zu verarbeitenden Informationen von verschiedener Länge sind, ist es offensichtlich, daß bei Geräten mit fester Wortlänge in der Regel Speicherplatz durch diese Starrheit verlorengeht; anderseits sind solche Geräte programmierungsmäßig weniger aufwendig. Im Gegensatz dazu zeichnen sich Geräte mit variabler Wortlänge durch eine ökonomischere Ausnützung des inneren Speichers, aber anderseits durch eine etwas aufwendigere Programmierung aus.

In diesem Zusammenhange sei noch auf eine *besondere Symbolik* hingewiesen. Bei der Programmierung eines bestimmten Problems ist es oft notwendig, daß man den Inhalt einer bestimmten Speicherzelle verwenden muß, der eine bestimmte Adresse zukommt. Um nun nicht immer wieder schreiben zu müssen: „Inhalt von Speicherzelle x" und „Adresse der Speicherzelle mit dem Inhalt y", ist es vorteilhaft, sich folgende Symbolik anzueignen: Wird die Speicherzellen-Nummer mit *runden Klammern* versehen, so bedeutet dies den *Inhalt dieser Speicherzelle*. Wird die Speicherzellen-Nummer mit *eckigen Klammern* versehen, so heißt dies *Adresse der Speicherzelle* mit dem Inhalt y. Es ist also:

(a) = Inhalt der Speicherzelle a,

$[K]$ = Adresse der Speicherzelle, die die Konstante K beherbergt.

Wichtige Begriffe bei der Programmierung sind die des *Planes* und des *Unterplanes*. Die Richtlinien für die Lösung eines Problems, die dem Rechenautomaten im Gewande einer Befehlsfolge eingegeben werden, müssen nach einem bestimmten Plan aufgebaut sein. Dieser Plan beruht auf der logischen Lösung des Problems, aus der erst das Programm erstellt werden kann. Es sind dabei drei Stufen bei der Lösung eines Problems durch einen Rechenautomaten zu unterscheiden:

1. logische Lösung des Problems;

2. Übersetzung der logischen Lösung in die für den verwendeten Rechenautomaten zweckmäßigste Form;

3. Übersetzung dieser auf den Rechenautomaten zugeschnittenen Lösung in die Sprache des Rechenautomaten, d. h. Verschlüsselung der Lösung oder Erstellen der Befehlsfolge.

Während die erste Stufe keine Rücksicht auf den verwendeten Rechenautomaten-Typ nimmt und nehmen darf, bildet die zweite Stufe den Übergang zu einem bestimmten Rechengerät und kann deshalb als *halblogische* oder *semi-logische Lösung* bezeichnet werden. *Für jedes Problem besteht eine logische Lösung;* dieser Satz gilt ausnahmslos. Diese logische Lösung sollte also in der Regel gefunden werden können. Erst die semi-logische Lösung zeigt, ob die gestellte Aufgabe mit Hilfe des gewählten Rechenautomaten tatsächlich gelöst werden kann. Trifft dies zu, so bietet die Verschlüsselung dieser semi-logischen Lösung keine großen Schwierigkeiten mehr; sie setzt bei Verkodung in Maschinensprache allerdings voraus, daß man den gewählten Rechenautomaten-Typ gründlich kennt.

Die Hauptschwierigkeit bei der Programmierung elektronischer Rechenautomaten besteht darin, die logische Lösung des Problems zu finden. Es sind hier Verfahren und Techniken entwickelt worden, die diese Aufgabe etwas erleichtern; das logische Denken des Programmierers können sie allerdings nicht ersetzen. Die wichtigste und wirksamste Technik ist die der Unterpläne. Diese besteht darin, ein Problem in Teilprobleme zu gruppieren, die vorerst nicht zu lösen versucht werden. Es wird zuerst untersucht, in welchem Verhältnis diese Teilprobleme innerhalb des Lösungsplanes zueinander stehen.

Programm, Wort (Maschinen- und Befehlswort), Position, Adresse, Kanal, Plan und Unterplan bilden die Hauptbegriffe der Programmierung. Aus diesen und anderen Begriffen, die später nach und nach eingeführt werden sollen, setzt sich die Fachsprache des Programmierers zusammen. Sie zu verstehen, stellt eine der Grundvoraussetzungen dar, um in das Gebiet der Programmierung eindringen zu können. Bevor nun aber auf die eigentliche Programmierung übergegangen wird, soll vorerst noch eine kurze Systematik der Rechenautomaten bezüglich der Programmierung vermittelt werden.

Zweites Kapitel

Systematik der Rechenautomaten bezüglich der Programmierung

Im ersten Teil sind die Rechengeräte nach dem Merkmal des Rechenprinzips (Messen, Zählen) in *Analogie-* und in *Digitalgeräte* aufgeteilt worden. Weiter sind die Digitalgeräte nach dem Merkmal der Abstimmung in *Synchron-* und *Asynchron-Geräte* gegliedert worden, und endlich sind sie noch nach dem Merkmal der Operationsweise in *Serie-* und

Parallel-Geräte unterschieden worden. Diese Klassierungen beruhen auf mathematischen und technischen Merkmalen. Nun soll eine weitere, letzte Systematik erwähnt werden, bei welcher die Programmierungsmethode als Unterscheidungsmerkmal hervorgehoben wird. Diese Gruppierung kann zur Hauptsache nach zwei Gesichtspunkten erfolgen, nämlich einerseits nach der Befehls-Reihenfolge und anderseits nach dem Speicheraufruf. Hinsichtlich der Befehls-Reihenfolge kann man zwischen *Sequenz-* und *Sprung-Geräten* und hinsichtlich des Speicheraufrufs nach *Ein-, Zwei-, Drei-* und *Vier-Adressen-Geräten* unterscheiden. Es ergibt sich daraus die Systematik der Tab. 1.

Tabelle 1. *Systematik der Rechengeräte*

Unterscheidungs-Merkmal	Geräte-Arten			
Verarbeitung	Analogie-geräte	Digital-Geräte		
Technik Abstimmung		Synchron-Geräte	Asynchron-Geräte	
Operationsweise		Serie-Geräte	Parallel-Geräte	
Programmierung Befehls-Reihenfolge		Sequenz-Geräte		Sprung-Geräte	
Speicheraufruf		Ein-Adressen-Geräte	Zwei-Adressen-Geräte	Drei-Adressen-Geräte	Vier-Adressen-Geräte

Ein Rechenautomat arbeitet nur dann, wenn ihm der Rechnungsablauf, d. h. die Abwicklung der Operationen, eingegeben worden ist. Dies geschieht bekanntlich durch das Programm. Dabei besteht dieses aus einer Vielzahl von einzelnen Befehlen oder Instruktionen, die dem Gerät anzeigen, was es im einzelnen zu tun hat, d. h. ob es eine Addition, Multiplikation, einen Vergleich, eine Übertragung usw. ausführen muß. Ist die befohlene Operation beendet, so hat sich das Gerät der nächsten Operation zuzuwenden. Welches ist aber diese nächste Operation? Diese kann offensichtlich einerseits durch den nächstfolgenden Befehl oder durch einen früheren, schon ausgeführten oder durch einen in der Befehls-Reihenfolge später erscheinenden Befehl gegeben sein. Im ersten Falle, in welchem also automatisch stets der nächstfolgende Befehl ausgeführt wird, schreitet der Rechenautomat also von Befehl zu Befehl, ohne in der Regel einen oder mehrere Befehle zu überspringen. Wenn nun aber doch Befehle übersprungen werden sollen, ist dies durch besondere Instruktionen dem Gerät zu befehlen. In der Regel aber löst ein Befehl den unmittelbar nachfolgenden automatisch aus. Geräte, die nach diesem Prinzip arbeiten, können als Sequenz-Geräte bezeichnet werden, weil sich hier die Befehle in Sequenz folgen. Bei diesen Geräten ist es offensichtlich nur notwendig, im Befehlswort den Operationscode, d. h. das Schlüsselzeichen (Zahl oder Buchstabe), in den Operationscode-Teil des Wortes einzusetzen sowie noch den Speicherort jener Zahl zu bezeichnen, welche verarbeitet werden soll. Ein solcher Befehl kann deshalb auf sehr wenige Stellen zusammengedrängt werden, z. B. auf 2 Stellen für den Operationscode und auf 3 oder 4 Stellen für die Nummer des Speicherortes des Operanden. Es ist deshalb bei solchen Geräten sehr oft möglich, zwei Befehle in einem Wort unterzubringen. Ein solches Befehlswort sähe also beispielsweise folgendermaßen aus:

OC	SP	OC	SP

wobei OC den Operationscode und SP den Speicherort bezeichnen.

Ist nun aber das Gerät so gebaut, daß es nach jeder ausgeführten Instruktion unfähig ist, selber, d. h. automatisch, die nächste Instruktion zu finden, so ist es notwendig, dem Gerät in jedem Befehl mitzuteilen, wo sich die nächste Instruktion befindet. Ein Befehlswort besteht also in diesem Falle stets aus dem Operationscode-Teil, der Adresse eines ersten Speicherortes und jener eines zweiten Speicherortes, wobei diese Adresse den Speicherort des Befehls kennzeichnet, der als nächster auszuführen ist. Das Befehlswort eines solchen Gerätes, das man als Sprung-Gerät bezeichnen könnte, weil in der Regel von einem Befehl zum nächsten gesprungen wird, könnte etwa folgendermaßen aussehen:

OC	$Adr.\,1$	$Adr.\,2$

$Adr.\,1$ bedeutet hier die Adresse des Operanden und $Adr.\,2$ die Adresse des nächsten Befehls.

Damit wäre das Wesen der Sequenz- und Sprung-Geräte kurz erläutert, wobei die technische Verwirklichung einer Sequenz oder eines Sprunges absichtlich unerwähnt geblieben ist, weil dieses Problem zu sehr in die Technik des Rechenautomaten hineingreift. Die zweite programmierungsmethodische Unterscheidung betrifft den Speicheraufruf. Bekanntlich kann in einem Befehl einerseits nur die Adresse des Operanden vorkommen, wobei in diesem Falle die nächste Operation automatisch durch den nächstfolgenden Befehl in der Reihenfolge der Befehle gekennzeichnet ist; anderseits ist es aber auch möglich, daß neben der Adresse des

Operanden auch die des nächsten Befehls angegeben wird. Im ersten Falle erscheint nur eine Adresse im Befehlswort, weshalb solche Geräte auch als *Ein-Adressen-Geräte* bezeichnet werden. Im zweiten Falle umfaßt das Befehlswort zwei Adressen, weshalb diese Geräte auch als *Zwei-Adressen-Geräte* oder, da die eine Adresse den Operanden und die andere den nächsten Befehl kennzeichnen, auch *Eins-plus-Eins-Adressen-Geräte* benannt werden. Es kann aber auch möglich sein, daß wir es mit einem Sequenz-Gerät zu tun haben, bei welchem die Adresse des ersten zu verarbeitenden Operanden sowie auch die Adresse des zweiten zu verarbeitenden Operanden angegeben werden; hier hat man es mit einem *reinen Zwei-Adressen-Gerät* zu tun. Das Befehlswort bei solchen Geräten sähe also bei einer Addition von Zahlen, die auf den Speicherzellen 0193 und 0305 liegen (die Speicherzellen-Nummern sind willkürlich), etwa folgendermaßen aus:

$$\boxed{\ 12\ \ |\ 0193\ |\ 0305\ }$$

wobei angenommen wird, daß der Operationscode für eine Addition gleich 12 ist. Diese Instruktion besagt, addiere zum Inhalt der Speicherzelle 0193 den Inhalt von Speicherzelle 0305. In einem solchen Falle muß das Gerät aber wissen, wo es das Ergebnis dieser Operation ablegen soll.

Es ist aber auch möglich, daß der Ablageort des Resultates angegeben werden muß. Das Befehlswort enthält dann drei Adressen, d. h. die beiden Adressen der Operanden und die Adresse des Resultates. Das Befehlswort eines solchen *Drei-Adressen-Gerätes* kann folgende Gestalt haben:

$$\boxed{\ 12\ \ |\ 0193\ |\ 0305\ |\ 1274\ }$$

wobei die beiden Operanden-Adressen 0193 und 0305 lauten und das Resultat auf die Speicherzelle 1274 abzulegen ist. Geräte, bei welchen das Befehlswort derart beschaffen ist, müssen Sequenz-Geräte sein.

Tritt aber diese Befehlswort-Struktur bei Sprung-Geräten auf, so ist noch eine vierte Adresse notwendig, nämlich jene des nächsten Befehls. Diese Geräte bezeichnet man als *Vier-Adressen-Geräte*. Geräte mit mehr als vier Adressen gibt es nicht, da durch einen Befehl stets nur zwei Operanden verarbeitet werden können, die nur ein Resultat ergeben, und da es weiter nur eine Adresse des nächsten Befehls geben kann.

Bezeichnet man allgemein die Adresse des ersten Operanden mit V_1, jene des zweiten Operanden mit V_2, jene des Resultates mit R und jene des nächsten Befehls mit B_{i+1} (der vorliegende Befehl ist dann B_i), so ergibt sich das Schema der Tab. 2. Damit soll das Kapitel über die Systematik der Rechengeräte abgeschlossen werden.

Tabelle 2. *Rechengeräte nach Speicheraufruf*

Geräte-Art	V_1	V_2	R	B_{i+1}
Ein-Adressen .... Sequenz	—	x	—	—
Zwei-Adressen .... Sequenz	x	x	—	—
Zwei-Adressen .... Sequenz	—	x	x	—
Zwei-Adressen (1 + 1-Adressen) ...... Sprung	—	x	—	x
Drei-Adressen .... Sequenz	x	x	x	—
Drei-Adressen (2 + 1-Adressen) ...... Sprung	x	x	—	x
Drei-Adressen (2 + 1-Adressen) ...... Sprung	—	x	x	x
Vier-Adressen (3 + 1-Adressen) ...... Sprung	x	x	x	x

Drittes Kapitel

Grundlagen der Programmierung

Die bisherigen Ausführungen bezogen sich auf den Rechenautomaten, d. h. auf das Gerät, das dem Programmierer zu Diensten steht. Im folgenden soll nun aber die Tätigkeit des Programmierers näher betrachtet werden. Seine Aufgabe besteht darin, bestimmte Probleme — wissenschaftliche und praktische, mathematische und wirtschaftliche — derart zu lösen, daß sie von einem Rechenautomaten ausgewertet werden können.

Jedes Problem kann gelöst werden. Vom Gesichtspunkt der Kybernetik aus betrachtet, gibt es kein von Menschen gestelltes Problem, das grundsätzlich unlösbar wäre. Wenn das eine oder andere Problem noch nicht gelöst worden ist oder als unlösbar gilt, so nur deshalb, weil teils die Zeit, teils die erforderlichen Kenntnisse fehlen, teils aber auch, weil geeignete Hilfsmittel nicht zur Verfügung stehen. Wie kann man aber einerseits behaupten, daß jedes Problem lösbar ist, und anderseits feststellen, daß die notwendigen Kenntnisse und Hilfsmittel für eine Lösung fehlen, daß ein solches Problem also doch nicht lösbar ist?

Die Bezeichnung „lösbar" hat hier eine zweifache Bedeutung. Ein Problem kann einerseits als gelöst betrachtet werden, wenn es zahlenmäßig gelöst ist, d. h. wenn das zahlenmäßige Ergebnis vorliegt. Ein Problem kann aber anderseits auch dann als gelöst betrachtet werden, wenn der gedankliche Weg zur Lösung überblickt wird, d. h. wenn das Problem formelmäßig gelöst ist. Der Begriff „formelmäßig" ist hier sehr weit gefaßt; die Lösungsformel kann kurz und durchsichtig sein, sie kann aber auch derart verwickelt sein, daß sie nur graphisch dargestellt werden kann. Es drängt sich hier eine Parallele zur Algebra auf, indem dort von einer gedanklichen Lösung gesprochen werden könnte, wenn die Lösungsformel beispielsweise einer quadratischen Gleichung vorliegt, die nur Buchstaben enthält, also sehr allgemein ist, und indem erst dann von einer zahlenmäßigen Lösung gesprochen werden kann, wenn auf Grund dieser allgemeinen Lösung die zahlenmäßige oder numerische Lösung durch Einsetzen bestimmter Zahlenwerte in die Lösungsformel gefunden worden ist.

Den Programmierer interessiert vorerst nicht die zahlenmäßige, sondern vor allem die gedankliche Lösung eines Problems. Erst nachdem er die gedankliche Lösung gefunden hat, blickt er auf und stellt sich die Frage, ob seine gedankliche Lösung auch zahlenmäßig realisiert werden kann, d. h. erst dann stellt er sich die Frage, ob es ein Gerät gibt, das seinen Gedankengängen zu folgen vermag, und ob es dem Gerät möglich ist, diese Lösung innerhalb nützlicher Frist zahlenmäßig auszuwerfen. Als erstes sucht der Programmierer eine gedankliche, logische Lösung eines bestimmten Problems. Diese Suche ist in jedem Falle sinnvoll, da ja bekanntlich jedes Problem eine logische Lösung hat. Darüber hinaus ist zu sagen, daß jedes Problem nur eine einzige logische Lösung zuläßt, die für dieses Problem am zweckmäßigsten ist, wie denn auch zwei Punkte immer und stets nur eine einzige kürzeste Verbindung aufweisen.

1. Das Ablaufdiagramm und seine Symbolik

Die „Formel", die der Programmierer für die logische Lösung eines Problems benützt, wird als *Ablaufdiagramm* (flow chart)[1] bezeichnet. Die Ablaufdiagramme werden in solche unterteilt, die die rein-logische Lösung darstellen, ohne sich auf ein bestimmtes Gerät zu beziehen, und solche, die schon weitgehend die Eigenheiten eines bestimmten Gerätes berücksichtigen. Hier interessieren vor allem die *rein-logischen Ablaufdiagramme,* da diese in jedem Falle die Grundlage für die Erstellung der geräteausgerichteten Ablaufdiagramme bilden. Unbedingte Voraussetzung für die Lösung bestimmter Probleme mittels elektronischer Rechenautomaten ist ein in allen Einzelheiten richtiges rein-logisches Ablaufdiagramm.

Das Erstellen solcher Ablaufdiagramme setzt aber eine *Symbolik* voraus, die Allgemeingültigkeit besitzt, d. h. für jedes Problem verwendet werden kann[2]. Elektronische Rechenautomaten sind bekanntlich in ihrer Wirkungsweise nicht so vielseitig, wie sie bei einer oberflächlichen Betrachtung erscheinen könnten; sie führen die vier Grundoperationen aus, die sie zudem stets aus der Addition entwickeln, sowie logistische Operationen, wie Vergleiche, Übertragungen usw. Dementsprechend ist auch die Symbolik relativ einfach.

---

[1] Dieses ist nicht mit dem Blockdiagramm zu verwechseln, das bei der Problemanalyse verwendet wird und von welchem im III. Teil die Rede sein wird.

[2] Eine einheitliche und allgemeingültige Symbolik hat sich noch nicht durchzusetzen vermocht, da das Gebiet der Programmierung erst im Entstehen begriffen ist. Die Normenvereinigungen sind hier je länger je mehr bestrebt, allgemeine Richtlinien aufzustellen.

Die Symbole, die sich direkt aus der Wirkungsweise des Gerätes ableiten lassen, also etwa die vier Grundoperationen, Vergleiche, Übertragungen, Extraktionen usw., können als *ursprüngliche Symbole* bezeichnet werden im Gegensatz zu den *abgeleiteten Symbolen,* wie beispielsweise das Setzen variabler Konnektoren, die sich eigentlich durch eine Vereinfachung des Ablaufdiagramms ergeben, zur Lösung des Problems aber nicht unbedingt notwendig sind.

Die wichtigsten unter den ursprünglichen Symbolen sind die vier Grundoperationen der Addition, Subtraktion, Multiplikation und Division sowie die Übertragungen, Entscheide usw. Während man diese ursprünglichen Symbole, ausgenommen die Entscheide, üblicherweise durch *Rechtecke* im Ablaufdiagramm darstellt, in welche die Operation, die auszuführen ist, eingetragen wird, hebt man die Entscheide durch ein eigenes Symbol, eine *Raute,* besonders hervor.

Jeder Entscheid beruht auf dem Vergleich zwischen zwei Größen. Das Treffen eines Entscheides geschieht letztlich nach drei Merkmalen; die beiden miteinander verglichenen Größen werden daraufhin geprüft, ob sie

a) einander gleich sind,

b) die erste größer ist als die zweite,

c) die erste kleiner ist als die zweite.

Bei jedem noch so komplizierten Entscheid werden diese drei Fragen gestellt. Es gibt nun Geräte, die diese drei Fragen einzeln stellen und prüfen; die Logistik aber kennt nur Alternativen, d. h. nur zwei Zustände. Entweder ist einerseits etwas gleich oder ungleich oder anderseit größer oder kleiner. Bei einzelnen Geräten lautet hier die Alternative „größer" und „kleiner und gleich" oder aber auch „größer und gleich" und „kleiner". Dies sind zwar nebensächliche Unterscheidungen; in den folgenden Ausführungen sei die Alternative „größer" und „kleiner und gleich" gewählt, ohne dadurch die Allgemeingültigkeit der Ergebnisse wesentlich zu beeinträchtigen.

Wenn also in diesem Falle festzustellen ist, ob eine Größe kleiner ist als eine andere, so sind logistisch betrachtet zwei Entscheide notwendig, nämlich ob die eine Größe gleich oder ungleich der Vergleichsgröße ist und, falls sie ungleich ist, ob sie größer oder kleiner ist (das Gleichsein fällt hier weg, da es schon vorweggenommen worden ist).

Jedes Problem läßt sich also logisch auf Grund der beiden Symbole des *Rechtecks (Operation)* und der *Raute (Entscheid)* lösen. Innerhalb der Rechteck-Symbole wird in Anlehnung an Zuse der Weg zu einem Ergebnis durch einen *Doppelpfeil* (⟹) und eine Übertragung durch einen *einfachen Pfeil* (→) dargestellt. Muß weiter aus einem Wort ein Teil herausgenommen (extrahiert) werden, so wird dies durch das Zeichen „< . . . >" verbildlicht. Das Gegenteil der Extraktion, d. h. das Hineinsetzen oder die Insertion, wird durch das Symbol „$>\ldots<$" dargestellt[1]. In der Raute (Entscheid) werden die beiden miteinander zu vergleichenden Zahlen durch einen *Doppelpunkt* (:) getrennt. Im Gerät wird jeder Entscheid durch eine Subtraktion realisiert, indem die zweite Zahl von der ersten subtrahiert und geprüft wird, ob das Ergebnis Null (Gleichheit), positiv (größer als) oder negativ (kleiner als) ist. Verschiebungen werden durch *Keile* ($\triangleleft$ bzw. $\triangleright$) dargestellt, wobei die Keilspitze die Richtung der Verschiebung und die Zahl hinter dem Keil die Anzahl der zu verschiebenden Stellen bezeichnet. Endlich ist noch zu sagen, daß die Richtung des logischen Ablaufs, d. h. die Verbindung der Rechtecke und Rauten, durch Pfeile oder Vektoren geschieht, die die Ablaufsrichtung bezeichnen.

Die wichtigsten Operationen und Symbole eines Ablaufdiagramms sind nachfolgend zusammengestellt.

Symbol	Bedeutung
$a+b \rightarrow c$	a plus b ergibt c
$\dfrac{a}{b} \rightarrow c$	a dividiert durch b ergibt c
$(S_1) \rightarrow S_2$	Übertrage den Inhalt des Speichers S_1 auf den Speicher S_2
$<M> \rightarrow m$	Extrahiere aus dem Wort M den Bestandteil m
$<(S_1)> \rightarrow m$	Extrahiere aus dem Inhalt des Speichers S_1 den Bestandteil m
$>M< \rightarrow m$	Lege den Bestandteil m in das Wort M hinein (Insertion)
$(S_1) \triangleleft 2 \rightarrow S_2$	Der um zwei Stellen nach links verschobene Inhalt des Speichers S_1 wird auf S_2 übertragen
$(S_1) \triangleright 3 \rightarrow S_1$	Der um 3 Stellen nach rechts verschobene Inhalt des Speichers S_1 ergibt den neuen Inhalt von S_1 (keine Übertragung).
Raute $a:b$ (= nach rechts, $\neq$ nach unten)	Vergleiche a mit b auf Gleichheit und Ungleichheit; im Falle der Gleichheit geht der logische Ablauf nach rechts weiter, im Falle der Ungleichheit aber nach unten. Es besteht keine Konvention, wo die Gleichheits- und Ungleichheitszeichen zu setzen sind
Raute $a:b$ ($>$ $<$ $=$)	Vergleiche a mit b auf kleiner, gleich und größer

---

[1] Bei THÜRING findet sich das Symbol „$\#$". Dieses erscheint mir wenig zweckmäßig, weil es mit dem amerikanischen Zeichen für Nummer verwechselt werden könnte (obgleich dort die Striche nicht senkrecht zueinander stehen).

Da jede Problem-Lösung einen Anfang nimmt und ein Ende hat, so sind auch diese Stellen durch ursprüngliche Symbole zu kennzeichnen. Zur Unterscheidung von Operationen und Entscheiden kann man diese Stellen zweckmäßigerweise durch *Ovale* darstellen.

Oft ist es zweckmäßig, nicht das ganze Problem in einem Anhieb logisch zu lösen; oft empfiehlt es sich, das Problem in Teilprobleme zu gruppieren, die man später nach und nach löst. Solche noch ungelöste Problemkomplexe, denen besondere logische Abläufe, die sogenannten Unterpläne, zugrunde liegen, kennzeichnet man durch ein *Rechteck mit senkrechten Doppelbalken,* in welche man die Unterplan-Kennzeichen einsetzt. Unter Umständen können Unterpläne zwei oder mehr Ausgänge haben; sie haben aber stets nur einen Eingang.

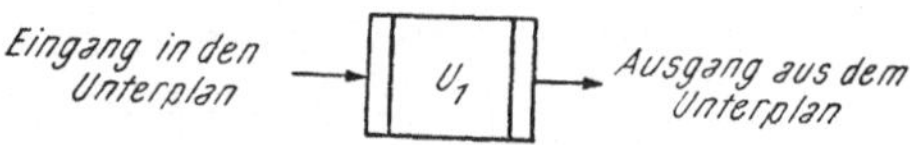

Wenn man den Hauptplan fertiggestellt hat und den Unterplan in Angriff nimmt, so kennzeichnet man das zum Unterplan gehörige logische Ablaufdiagramm wie auch den Abschluß des Unterplanes durch je einen *liegenden Trichter.*

Den Hauptplan, der noch mit Unterplänen durchsetzt ist, bezeichnet man als *Grobablauf,* während man das Ablaufdiagramm, das keine Unterpläne mehr aufweist, *Feinablauf* nennt.

Mit diesen ursprünglichen Symbolen kann jedes beliebige Problem als Ablaufdiagramm dargestellt werden. Dabei setzt sich dieses Ablaufdiagramm aus einzelnen charakteristischen Teilabläufen zusammen, von welchen im folgenden einige angeführt werden sollen.

Wohl am häufigsten kommen mathematische Operationen vor, wie Additionen, Subtraktionen, Multiplikationen und Divisionen. Die Addition zweier Zahlen a und b sieht also ablaufmäßig folgendermaßen aus:

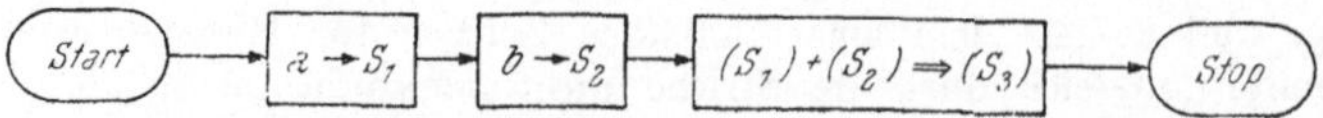

Die Übertragungen der Zahlen a und b auf S_1 bzw. S_2 bezeichnet man als Eingabe. Sie kann der Einfachheit halber im Ablaufdiagramm auch weggelassen werden; bei der praktischen Programmierung darf sie jedoch nicht vergessen werden.

Erweitert man dieses Problem auf die Addition von drei Zahlen a, b und c, so ergibt sich, bei Vernachlässigung der Eingabe, das folgende Ablaufdiagramm:

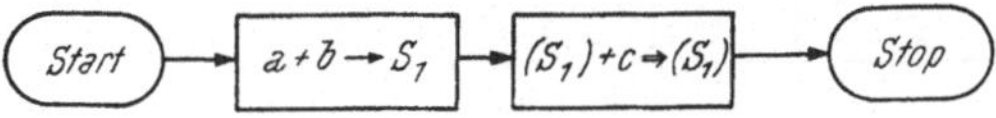

Bei der Addition von mehr als drei Zahlen kann es vorkommen, daß das Ablaufdiagramm auf einer Zeile nicht Platz findet. In solchen Fällen ist ein Zeilenwechsel notwendig. Diese müssen im Ablaufdiagramm ebenfalls deutlich kenntlich sein. Es empfiehlt sich deshalb, den Zeilenwechsel durch *kleine Dreiecke* zu kennzeichnen, welche fortlaufend numeriert sind.

Kommt in einem Unterprogramm die Addition von zwei Zahlen a und b und anschließend die Division dieser Summe durch die Zahl c vor, so ergibt sich das folgende Ablaufdiagramm:

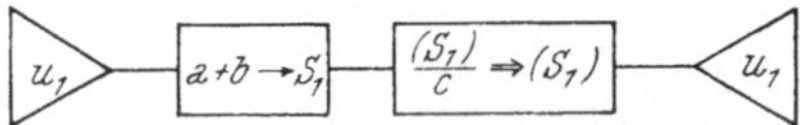

Das Ablaufdiagramm für die Bildung des arithmetischen Mittels aus den fünf Zahlen a, b, c, d, e ist leicht zu erstellen. Diese Art der

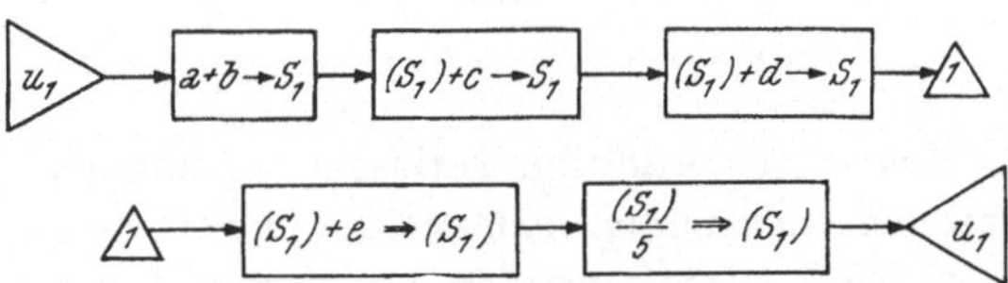

Programmierung bezeichnet man als *geradlinige, lineare oder gestreckte Programmierung*. Sie wird sehr umständlich, wenn sehr viele Zahlen zu addieren sind. Es ist nun möglich, diese Schwerfälligkeit der linearen Programmierung zu umgehen, indem man sie durch die *zyklische Programmierung* ersetzt. Bei der zyklischen Programmierung werden schon verwendete Symbole des Ablaufdiagramms für die Fortführung der Rechnung benutzt. Man kehrt hier also immer wieder an einen gewissen

Anfangspunkt im Ablaufdiagramm zurück, d. h. man bewegt sich in einem
Zyklus oder Kreis. Offensichtlich müssen in diesem Falle Vorkehrungen
getroffen werden, um aus dem Zyklus wieder heraustreten zu können.
Wie dies bewerkstelligt wird, zeigt das folgende Beispiel.

Es sind die auf den Speicherzellen S_1, S_2, S_3, ... S_n liegenden n Zahlen zu addieren, wobei n eine beliebig große Anzahl ist.

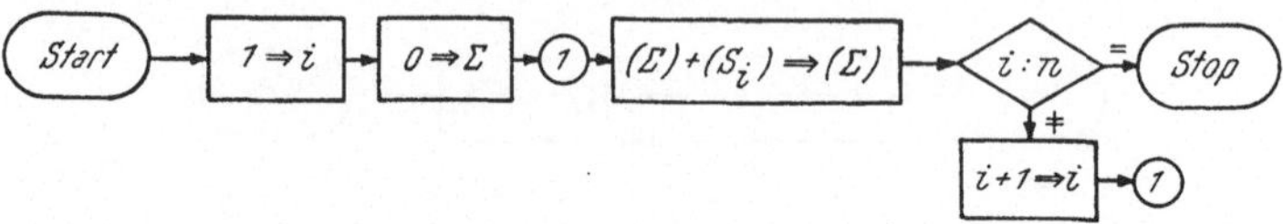

In diesem Ablaufdiagramm erscheint erstmals das abgeleitete Symbol
einer *Sprungstelle*. Diese wird, wie ersichtlich, durch einen kleinen Kreis
gekennzeichnet, in welchem eine fortlaufende Nummer eingetragen wird.
Die Sprungstellen unterscheiden sich also symbolmäßig von den Zeilen-
wechseln. Im vorliegenden Falle hätte zwar das Symbol der Sprungstelle
unterdrückt werden können, indem der Ausgang aus der Operation der
Indexerhöhung ($i + 1 \Rightarrow i$) direkt mit dem Pfeilstück zwischen der zweiten
und dritten Operation verbunden worden wäre.

Das Wesen der zyklischen Programmierung geht aus dem folgenden
Speicherplan hervor.

i		(Σ)
0		0
1	$0 + (S_1) = (\Sigma)$	a
2	$a + (S_2) = (\Sigma)$	$a + b$
3	$a + b + (S_3) = (\Sigma)$	$a + b + c$

Um den Zyklus dieser Addition verlassen zu können, sind zwei zusätzliche Operationen notwendig. Einerseits muß stets gefragt werden,
ob schon die n-te Zahl addiert worden ist, und anderseits muß, sofern
dies noch nicht zutrifft, der Laufindex i um 1 erhöht werden, um die
nächste Zahl addieren zu können. Diese beiden Operationen zusammen
bezeichnet man als *Schlußgruppe*. Es gilt hier der Satz: Keine zyklische
Programmierung ohne Schlußgruppe.

Ein häufiger Programmierungsfehler besteht darin, daß die Schlußgruppe die Addition der letzten zu addierenden Zahl nicht mehr zuläßt.
Beim Einfügen der Schlußgruppe ist deshalb Vorsicht geboten. Wenn
also beispielsweise n Zahlen zu addieren sind, so kann die Schlußgruppe

entweder so beschaffen sein wie im angeführten Beispiel oder sie kann auch folgendermaßen aussehen:

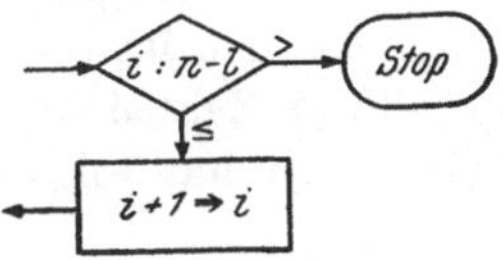

In diesem Falle muß in der Abfrage statt n die Größe $n-1$ stehen. Bei der Abfrage auf größer und kleiner bzw. gleich muß $n-1$ stehen, bei der Abfrage auf gleich oder ungleich muß n stehen, sofern die Index-erhöhung nach der Abfrage steht. Wird die Indexerhöhung aber vor die Abfrage gestellt, was auch zulässig ist, so steht bei der Abfrage nach größer oder kleiner bzw. gleich der Wert n und bei der Abfrage nach gleich oder ungleich der Wert $n+1$.

Die zyklische Programmierung ist diagrammäßig eleganter, weil sie weniger Platz beansprucht und unabhängig ist von der Anzahl der zu addierenden Zahlen. Dieser Vorteil ist aber mit dem Nachteil zu erkaufen, daß die zyklische Programmierung in jedem Falle der in der Schluß-gruppe befindlichen beiden zusätzlichen Operationen bedarf, wobei diese Schlußgruppe bei der Addition jeder Zahl zu durchlaufen ist. Dies hat zur Folge, daß die Verarbeitungszeit bei der zyklischen Programmierung größer ist als bei der gestreckten Programmierung. Da bei der zykli-schen Programmierung jede Addition drei Operationen zu durchlaufen hat, nämlich eine Addition, einen Vergleich und eine Indexerhöhung, d. h. also bei der Addition von n Zahlen insgesamt $3\,n$ Operationen, während bei der gestreckten Programmierung die Addition von n Zahlen nur n Additionen erfordert, ist die Anzahl der bei der zyklischen Pro-grammierung durchlaufenen Operationen dreimal größer als bei der gestreckten Programmierung. Je mehr Zahlen zu addieren sind, desto zeit-lich ungünstiger stellt sich die zyklische Programmierung, verglichen mit der gestreckten Programmierung. Anderseits benötigt die gestreckte Pro-grammierung um so mehr Speicherzellen zur Aufnahme des Programms, je mehr Zahlen zu addieren sind, während bei der zyklischen Program-mierung der Speicherzellen-Bedarf für das Programm konstant und un-abhängig von der Anzahl der zu addierenden Zahlen ist. Es zeigt sich also, daß die beim Programm der zyklischen Programmierung eingespar-ten Speicherzellen mit einer größeren Verarbeitungszeit zu erkaufen sind. Umgekehrt kann durch gestreckte Programmierung eine Zeiteinsparung erzielt werden, die allerdings mit einem größeren Speicherraum für das Programm zu erkaufen ist. Diese Tatsache stellt ein Grundgesetz der Programmierung dar, das man als das *Reziprozitätsgesetz der Program-mierung* bezeichnen könnte. Es besagt, daß Zeiteinsparungen mit Speicher-

raum-Verlusten und umgekehrt Speicherraum-Einsparungen mit Zeit-
verlusten verbunden sind.

Eine immer wieder anzutreffende Aufgabe stellt das folgende Pro-
blem dar. Von drei Zahlen a, b und c ist die größte zu finden und auf
Speicherzelle S zu legen. Die drei Zahlen sind untereinander ungleich.
Das entsprechende Ablaufdiagramm hat folgende Gestalt:

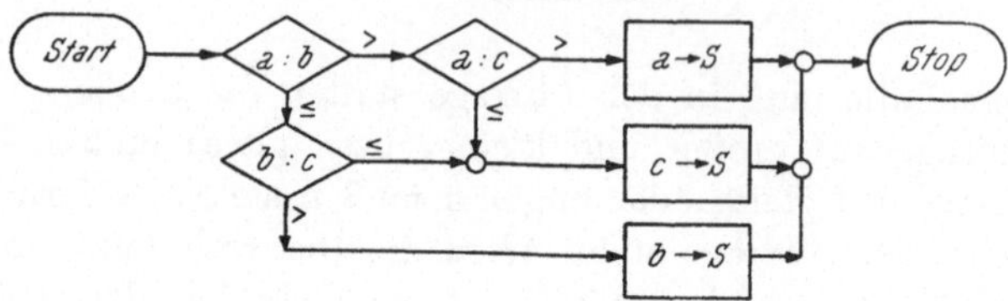

Diese Aufgabe kann noch erweitert werden, indem nach der größten
unter 5 Zahlen a_1, a_2, a_3, a_4 und a_5 gefragt wird. Eine Vereinfachung
des Ablaufdiagramms ergibt sich hier dadurch, daß man damit beginnt,
die erste mit der letzten Zahl zu vergleichen. Auf Grund dieses Vorgehens
ergibt sich das folgende Ablaufdiagramm:

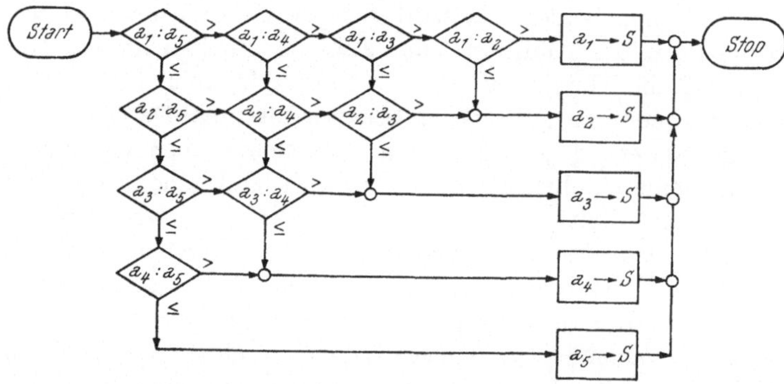

Das Ablaufdiagramm ist seinem Wesen nach zweidimensional, d. h.
es hat Fortsetzungen in horizontaler und vertikaler Richtung. Vor allem
beim Erstellen der Befehlsfolge ist es aber günstiger, das Ablaufdiagramm
so zu gestalten, daß es nur Fortsetzungen in einer Richtung, z. B. in vertikaler Richtung, hat, wodurch es sich der zu erstellenden Befehlsfolge
angleicht. Ein solches eindimensionales Ablaufdiagramm bezeichnet man
als *algorithmischen Ablauf*. Dabei wird es aber notwendig, die einzelnen
Operationen im Ablaufdiagramm zu numerieren, was beim zweidimensio-
nalen Ablaufdiagramm dank seiner Zweidimensionalität nicht notwendig
war. Als Beispiel eines algorithmischen Ablaufs sei das soeben angeführte
Problem, aus fünf untereinander ungleichen Zahlen die größte zu finden,
in dieser Weise dargestellt. (Siehe S. 79.)

Bei dieser algorithmischen Darstellung ist jeder Operation eine bestimmte Stelle innerhalb des eindimensionalen Operationenablaufs zugewiesen, die durch eine bestimmte Ordnungszahl gekennzeichnet ist. So kommt der Operation „Übertrage a_2 auf den Speicher S" die Ordnungszahl 10 zu. Die Fortsetzung findet sich bei der Ordnungszahl 6. Der Vergleich der beiden Größen a_2 und a_4 steht an achter Stelle; die Fortsetzung für den Fall des Größerseins findet sich bei Ordnungszahl 9 und die Fortsetzung für den Fall „kleiner oder gleich" bei Ordnungszahl 12.

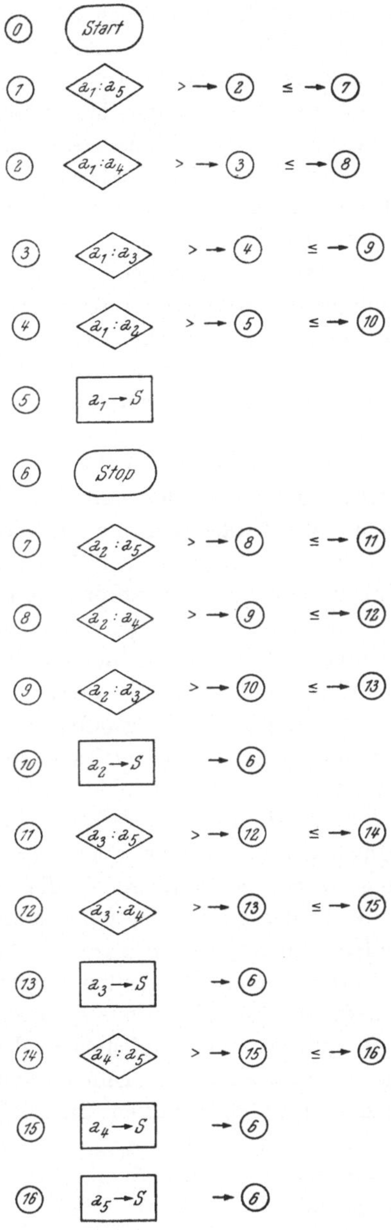

Das Ablaufdiagramm kann als ein *Graph* betrachtet werden, in welchem die Knoten die verschiedenen Operationen und die Kanten die Ablauflinien darstellen. Da die Ablaufrichtung gegeben ist, liegt hier ein gerichteter Graph vor. Da weiter die Ablaufdiagramme in ihrem Ausmaß beschränkt sind, stellen sie endliche gerichtete Graphen dar. Das Ablaufdiagramm als Graph läßt aber keine Schlingen, d. h. Kanten, die einen Knotenpunkt mit sich selbst verbinden, zu; es kann deshalb als Graphen im engeren Sinne bezeichnet werden. Weiter fallen bei einem Ablaufdiagramm Ausgangs- und Endpunkt (Start und Stop) nie zusammen (außer bei Unterprogrammen, die in ihrem Ablauf an den Ausgangspunkt zurückkehren); deshalb spricht man bei einem Ablaufdiagramm von einem Graph mit offenem Kantenzug. Dieser kurze Hinweis auf die Deutung eines Ablaufdiagramms als Graphen soll hier genügen; eine umfassendere Darstellung würde eingehende Kenntnisse der Graphentheorie voraussetzen.

2. Entscheidungstafeln

In neuerer Zeit sind die Ablaufdiagramme immer mehr durch eine neuartige Darstellung, die *Entscheidungstafeln,* verdrängt worden. Diese haben, verglichen mit den Ablaufdiagrammen, den Vorteil, daß sie eine systematische Zusammenstellung aller Möglichkeiten einer logischen Problemlösung vermitteln. Da aber bei der elektronischen Datenverarbeitung stets alle Möglichkeiten in Betracht gezogen werden müssen, bieten die Entscheidungstafeln eine bessere Gewähr dafür, daß sich beim Ablauf des Programms auf dem Rechengerät keine unliebsamen Überraschungen in der Form von Situationen einstellen, die im Programm nicht berücksichtigt worden sind.

In solchen Entscheidungstafeln werden einerseits *Bedingungen* und anderseits *Tätigkeiten* eingetragen. Jedes Problem wird deshalb in einen Bedingungsteil und einen Tätigkeitenteil aufgespalten. Im Bedingungsteil finden sich die Voraussetzungen und Gegebenheiten des Problems; im Tätigkeitenteil die entsprechenden Folgen, die sich aus diesen Bedingungen herleiten.

Die Entscheidungstafel ist in ihrer Struktur eine Vierfeldertafel. Die beiden oberen Felder enthalten die Bedingungen, die beiden unteren Felder die Tätigkeiten, die sich daraus ableiten, d. h. die Entscheidungen auf Grund der gegebenen Bedingungen. In den beiden Feldern auf der linken Seite der Tafel werden die Bedingungen (oben) und die Tätigkeiten (unten) umschrieben. Die Felder auf der rechten Seite der Tafel sind in Spalten unterteilt, die die einzelnen Entscheidungsregeln kennzeichnen.

Was die Darstellung dieser Entscheidungsregeln betrifft, sind zwei Arten von Entscheidungstafeln zu unterscheiden. Bei der einen Art werden die Bedingungen im Tabellenfeld oben links (Vorspalte) sowie die Tätigkeiten im Tabellenfeld unten links (Vorspalte) genau umschrieben. Im Tabellenfeld oben rechts wird in den einzelnen Spalten (Entscheidungsregeln) entweder „Ja“ (*J*), „Nein“ (*N*) oder „Unbedeutsam“ (*U*) eingetragen, je nachdem, ob die betreffenden Bedingungen bejaht, verneint werden oder bedeutungslos sind. Werden gleichzeitig auch im Tabellenfeld unten rechts Kreuze bzw. Striche für das Zutreffen bzw. Nichtzutreffen dieser Tätigkeiten eingetragen, spricht man von beschränkten Entscheidungstafeln (limited entry decision tables). Werden aber die Bedingungen und Tätigkeiten in den Feldern rechts, d. h. in den Spalten, die die Entscheidungsregeln darstellen, noch weiter umschrieben, spricht man von unbeschränkten Entscheidungstafeln (extended entry decision tables). Diese beiden Arten von Entscheidungstafeln können auch vermischt auftreten. Die Struktur einer Entscheidungstafel ist nachfolgend dargestellt.

Umschreibung der Bedingungen	Entscheidungsregeln				
	1	2	3	. . . . . .	n
Umschreibung der Tätigkeiten					

Der Gebrauch von Entscheidungstafeln soll an einem einfachen Beispiel erklärt werden. Es soll bei einer Lohnabrechnung angenommen werden, daß die Lohnhöhe vom Geschlecht des Arbeitnehmers, vom Arbeitsverhältnis und von der Arbeitszeit abhängig ist. Weiter soll vereinfachend nur gefragt werden, ob Überzeitarbeit verrechnet wird oder nicht. Mit diesen drei Bedingungen und zwei Tätigkeiten kann die folgende Entscheidungstafel erstellt werden.

	Entscheidungsregeln							
	1	2	3	4	5	6	7	8
Geschlecht männlich?	J	J	J	J	N	N	N	N
Angestellten-Verhältnis?	J	J	N	N	J	J	N	N
Arbeitszeit mehr als 40 Std. je Woche?	J	N	J	N	J	N	J	N
Verrechnung der Überzeit	—	—	x	—	—	—	—	—
Nicht-Verrechnung der Überzeit	x	x	—	x	x	x	x	x

Nimmt man weiter an, daß weibliche Arbeitsnehmer keine Überzeit leisten dürfen und deshalb keine Überzeitentschädigung erhalten können, fallen von den vier Fällen der Entscheidungsregeln 5 bis 8 die Entscheidungsregeln 5 und 7 weg. Zudem wird die Unterscheidung, ob sich die Arbeitnehmerinnen im Angestellten-Verhältnis befinden oder nicht, das für die Zuerkennung von Überzeitentschädigungen bedeutsam ist, für weibliche Arbeitskräfte bedeutungslos. Von den Entscheidungsregeln 5 bis 8 fällt also überdies noch die Regel 6 weg. Die so bereinigte Entscheidungstafel nimmt dann eine reduzierte Form an. Zudem kann noch bei den männlichen Arbeitskräften Entscheidungsregel 2 ausgeschaltet werden, da bei Arbeitnehmern im Angestellten-Verhältnis ohnehin keine Überzeitentschädigungen bezahlt werden, unabhängig davon, ob sie mehr oder weniger als 40 Stunden je Woche gearbeitet haben.

	Entscheidungsregeln			
	1	3	4	8
Geschlecht männlich?	J	J	J	N
Angestellten-Verhältnis?	J	N	N	U
Arbeitszeit mehr als 40 Std. je Woche?	U	J	N	U
Verrechnung der Überzeit	—	x	—	—
Nicht-Verrechnung der Überzeit	x	—	x	x

Die ursprünglich acht Entscheidungsregeln schrumpfen auf deren vier zusammen, wodurch die Entscheidungstafel weniger umfangreich und deshalb übersichtlicher wird.

Bezeichnet man die Anzahl der Bedingungen mit n, kann man angeben, wie viele Entscheidungsregeln insgesamt zu erwarten sind. Bei n Bedingungen ergeben sich nämlich 2^n Entscheidungsregeln. Im vorliegenden Falle haben sich insgesamt $2^3 = 8$ Entscheidungsregeln ergeben. Jede der 2^n Entscheidungsregeln sollte mindestens eine Tätigkeit nach sich ziehen. Es ist durchaus möglich, daß im Tätigkeitenfeld je Spalte mehrere Kreuze aufgeführt sind.

Die Eintragungen J, N und U im Bedingungsteil einer Spalte werden als UND-Funktionen bezeichnet. Im obigen Beispiel ergibt sich somit als UND-Funktion der Entscheidungsregel 4 die Folge JNN. Wenn bei zwei UND-Funktionen mindestens eine Tätigkeit bezeichnet werden kann, die beide UND-Funktionen erfüllt, bezeichnet man solche Funktionen als abhängig; andernfalls nennt man sie unabhängig. Mit anderen Worten, zwei UND-Funktionen sind unabhängig, wenn sie in mindestens einer Stelle einerseits ein J und anderseits ein N enthalten. Eine reine UND-Funktion liegt dann vor, wenn sie nur die Buchstaben J und/oder N enthält, d. h. wenn sie kein U aufweist; andernfalls spricht man von einer gemischten UND-Funktion. Setzt sich eine Entscheidungsregel aus einer reinen UND-Funktion zusammen, wird sie als einfache Entscheidungsregel bezeichnet; liegt ihr aber eine gemischte UND-Funktion zugrunde, nennt man sie eine komplexe Entscheidungsregel. Wichtig ist hier die Regel, daß UND-Funktionen, die in r Stellen ein U enthalten, 2^r einfachen Entscheidungsregeln gleichwertig sind. Wendet man diese Regel auf unser Beispiel an, findet man:

Entscheidungsregel 1: $r = 1$ $2^r = 2$ einfache Entscheidungsregeln

Entscheidungsregel 3: $r = 0$ $2^r = 1$ einfache Entscheidungsregel

Entscheidungsregel 4: $r = 0$ $2^r = 1$ einfache Entscheidungsregel

Entscheidungsregel 8: $r = 2$ $2^r = \underline{4}$ einfache Entscheidungsregeln

Zusammen   8 einfache Entscheidungsregeln

Auf diese Weise läßt sich prüfen, ob die Reduktion der Entscheidungstafel fehlerlos durchgeführt worden ist und ob die reduzierte Entscheidungstafel vollständig ist.

Eine weitere Reduktion der Entscheidungsregeln kann durch die sogenannte Sonst-Entscheidungsregel (else-decision rule) gewonnen werden. In dieser Entscheidungsregel (S-Regel) werden alle jene Regeln zusammengefaßt, für welche die gleichen Tätigkeiten gelten. In unserem Beispiel können somit die Entscheidungsregeln 1, 4 und 8 zu einer S-Regel zusammengefaßt werden. Es ergibt sich dann folgende Entscheidungstafel:

	Entscheidungsregeln	
	3	S
Geschlecht männlich?..........................	J	—
Angestellten-Verhältnis?	N	—
Arbeitszeit mehr als 40 Std. je Woche?.........	J	—
Verrechnung der Überzeit......................	x	—
Nicht-Verrechnung der Überzeit	—	x

Da die S-Regel verschiedene UND-Funktionen vereinigt, können hier die Symbole J, N und U nicht mehr verwendet werden. Die soeben aufgezeichnete Entscheidungstafel besagt, daß von allen möglichen Fällen (Bedingungen) nur jener die Verrechnung der Überzeit erfordert, der durch die UND-Funktion JNJ gekennzeichnet ist. Bei allen anderen Fällen ist keine Überzeit-Entschädigung zu verrechnen.

Eine einfache Regel ermöglicht es, die Anzahl der Entscheidungsregeln zu bestimmen, die durch eine S-Regel ersetzt worden sind. Bezeichnet man mit m die Anzahl der unabhängigen UND-Funktionen, so stellt sich die Anzahl der durch die S-Regel ersetzten Entscheidungsregeln auf $(2^n - m)$. Im vorliegenden Falle errechnet sich diese Anzahl zu $(8 - 1) = 7$, da nur eine Entscheidungsregel unabhängig war (Regel 3). Die S-Regel ersetzt tatsächlich alle Entscheidungsregeln außer Regel 3.

Ein anderes Mittel der Reduktion von Entscheidungstafeln besteht darin, statt der UND-Funktionen ODER-Funktionen einzuführen. Diese Funktionen besagen, daß schon das Vorhandensein einer bestimmten Bedingung die gesetzte Tätigkeit auslöst. Es ist hier also nicht notwendig, daß alle Bedingungen in bestimmter Weise erfüllt sein müssen, um die gesetzte Tätigkeit auszulösen. So kann die folgende Entscheidungsregel als eine ODER-Funktion bei der Tätigkeit „Nicht-Verrechnung der Überzeit" aufgefaßt werden:

Geschlecht männlich?	N
Angestellten-Verhältnis?	J
Arbeitszeit mehr als 40 Stunden/Woche?	N

Schon die Tatsachen, daß es sich hier um eine Arbeitnehmerin handelt, oder daß ein Angestellten-Verhältnis vorliegt oder daß die Arbeitszeit weniger als 40 Stunden je Woche beträgt, führen zur gesetzten Tätigkeit. Diese ODER-Funktion umfaßt natürlich alle jene UND-Funktionen, die bei der ersten Bedingung ein N, bei der zweiten Bedingung ein J und bei

der dritten Bedingung ein N enthalten. Statt der Entscheidungstafeln mit
der S-Regel hätte man auch die folgende gleichwertige Tafel aufstellen
können, wo die ODER-Funktion (zur Unterscheidung hinsichtlich der
UND-Funktion) durch einen Doppelstrich von der UND-Funktion abge-
trennt ist.

	Entscheidungsregeln	
	3	ODER
Geschlecht männlich?..........................	J	N
Angestellten-Verhältnis?	N	J
Arbeitszeit mehr als 40 Std. je Woche?.........	J	N
Verrechnung der Überzeit.....................	x	—
Nicht-Verrechnung der Überzeit	—	x

Diese Reduktionsverfahren bei Entscheidungstafeln sind praktisch
sehr wichtig, da sonst die Anzahl Entscheidungsregeln schon bei einfachen
Problemen sehr groß würden. Schon bei 5 Bedingungen ergeben sich insgesamt 32 Entscheidungsregeln und bei 10 Bedingungen sogar 1024 Entscheidungsregeln. In solchen Fällen drängt sich eine Reduktion der Entscheidungstafeln auf. Kann aber die Reduktion in dieser Weise nicht
weit genug getrieben werden, wird man versuchen, die Entscheidungstafel
in eine Anzahl Untertafeln aufzugliedern.

Die Grundlage von Entscheidungstafeln bilden die Bedingungen. Diese
können richtig oder falsch sein. Bezeichnet man die Richtigkeit einer
Bedingung mit 1, ihre Unrichtigkeit mit 0, so können die Bedingungen
$B_1, B_2, \ldots B_n$ durch je einen der Werte 1 und 0 gekennzeichnet werden,
je nachdem, ob sie richtig oder falsch sind. Sind beispielsweise die folgenden Bedingungen gegeben:

B_1: Alter über 30 Jahren
B_2: Mittelschulbildung mit Reifeabschluß
B_3: Beherrschung von vier Sprachen
B_4: Nicht-Ausländer

und liegen bei einer Stellenbewerbung folgende Angaben vor:

Alter 36 Jahre
Mittelschulbildung ohne Reifeabschluß
Kenntnisse in zwei Sprachen
Nicht-Ausländer,

so kann man die Gesamtheit dieser Bedingungen durch den Ausdruck
$S = (1\ 0\ 0\ 1)$ kennzeichnen. Diese Komponenten von S, d. h. die Werte
1, 0, 0 und 1, stellen den Wahrheitswert der gegebenen Bedingungen dar.

Ganz allgemein besteht eine Bedingung aus zwei Operanden, von welchen der eine eine Bedingungsvariable, der andere ebenfalls eine Bedingungsvariable oder eine Konstante darstellt, sowie aus Beziehungsoperationen, wie z. B. Gleichheit, Kleiner als, Größer als, Ungleichheit.

Zwei Bedingungen B_i und B_j sind voneinander abhängig, wenn beide die gleichen Bedingungsvariablen enthalten, und wenn sie Variable enthalten, für welche die Wahrheitswerte $V(B_i) = 1$ und $V(B_j) = 1$ sind. Als Beispiel sollen die beiden folgenden Bedingungen gegeben sein:

B_1: Alter unter 30 Jahren

B_2: schulpflichtig.

Diese beiden Bedingungen sind voneinander abhängig, denn ihr Wahrheitswert ist $V(B_1) = 1$ und $V(B_2) = 1$. Die beiden Bedingungen:

B_1: Alter über 30 Jahren

B_2: schulpflichtig

hingegen sind aber unabhängig voneinander, da z. B. für die schulpflichtigen Alter $V(B_2) = 1$ und $V(B_1) = 0$ und für die Alter über 30 Jahren $V(B_1) = 1$ und $V(B_2) = 0$ ist.

Eine Bedingung kann aus verschiedenen Variablen bestehen, von welchen jede die Werte J, N oder U annehmen können. Besteht beispielsweise eine Bedingung B_i aus den Variablen $B_i = (JNN)$ und liegen in einem bestimmten Falle S die Werte $S = (1, 1, 1)$ vor, so ist der Wahrheitswert der Bedingung B_i $V(B_i) = 0$, sofern einem J eine Eins und einem N eine Null entsprechen soll. Der Bedingung (JNN) entspricht nämlich unter diesen Voraussetzungen die Folge $(1, 0, 0)$ und nicht $(1, 1, 1)$. Lägen aber für S die Werte $S = (1, 0, 0)$ vor, so wäre der Wahrheitswert von B_i $V(B_i) = 1$. Eine UND-Funktion wird als erfüllt bezeichnet, wenn ihr Wahrheitswert gleich Eins ist. Der Variablen U, die weder ein J noch ein N ist, soll der Wert Null zugeordnet werden, da diese Variable aussagt, daß die zugehörige Bedingung entweder erfüllt oder auch nichterfüllt sein kann, d. h. diese Bedingung übt keinen Einfluß aus.

Zwei UND-Funktionen F_1 und F_2 sind voneinander abhängig, wenn für mindestens eine Zusammensetzung der Bedingungsvariablen die Beziehung $V(F_1) = V(F_2) = 1$ gilt. Diese Definition entspricht der oben angegebenen Definition der Abhängigkeit zwischen zwei Bedingungen. Besteht beispielsweise die UND-Funktion F_1 aus den Variablen $F_1 = (JUN)$ und die UND-Funktion F_2 aus den Variablen $F_2 = (NJJ)$, so entsprechen der ersten UND-Funktion die Werte $S = (1, 0, 0)$, damit $V(F_1) = 1$ wird. Für diese Werte von S ergibt sich aber $V(F_2) = 0$. Die beiden UND-Funktionen sind folglich unabhängig. Hätte die UND-Funktion F_2 die Variablen (JNN) eingenommen, so hätte sich auch hier der Wert $S = (1, 0, 0)$ ergeben und damit $V(F_2) = 1$. Die beiden UND-Funktionen $F_1 = (JUN)$ und $F_2 = (JNN)$ sind also voneinander abhängig.

Zwei UND-Funktionen in einer Entscheidungstafel sind nur dann unabhängig, wenn an wenigstens einer Stelle die eine Funktion die Variable J und die andere Funktion die Variable N enthält. Eine reine UND-Funktion liegt dann vor, wenn alle darin vorkommenden Variablen entweder gleich J oder N sind; tritt aber noch die Variable U auf, dann spricht man von einer gemischten UND-Funktion. Daraus folgt das schon bekannte Ergebnis, daß innerhalb einer Entscheidungstafel insgesamt 2^n reine UND-Funktionen vorkommen können, wo n die Anzahl der Bedingungen darstellt; die restlichen $(3^n - 2^n)$ UND-Funktionen sind gemischte UND-Funktionen.

Aus dem bisher Dargelegten folgt, daß zwischen zwei Entscheidungsregeln ein Widerspruch bestehen muß, wenn die entsprechenden UND-Funktionen abhängig sind und die daraus resultierenden Tätigkeiten nicht gleich sind. Sind aber in einem solchen Falle die Tätigkeiten einander gleich, so besteht Weitschweifigkeit oder Redundanz in der Entscheidungstafel; die eine der beiden Entscheidungsregeln kann dann ausgeschaltet werden.

Bei der praktischen Anwendung von Entscheidungstafeln ist es wichtig, die einzelnen UND-Funktionen auf ihre Abhängigkeit bzw. Unabhängigkeit sowie ihre Redundanz hin zu prüfen. Das Vorgehen ist im Prinzip einfach. Die einzelnen Entscheidungsregeln werden paarweise daraufhin untersucht, ob sie Variablenpaare (JN) oder (NJ) enthalten. Trifft dies zu, so sind die entsprechenden Entscheidungsregeln unabhängig. Im gegenteiligen Falle sind die entsprechenden Tätigkeiten zu untersuchen. Weisen die beiden betrachteten abhängigen Entscheidungsregeln verschiedene Tätigkeiten auf, sind sie als widersprüchlich auszuschalten.

Die folgende Entscheidungstafel soll in dieser Weise untersucht werden.

	R_1	R_2	R_3	R_4	R_5
B_1	J	N	N	J	J
B_2	J	J	J	U	N
B_3	U	N	U	J	J
T	A	B	B	A	C

R bedeutet Entscheidungsregel.

B bedeutet Bedingung.

T bedeutet Tätigkeit.

Vergleicht man nun die Entscheidungsregeln paarweise miteinander und achtet darauf, ob die Kombinationen (JN) oder (NJ) vorkommen, so erhält man die nachfolgend zusammengestellten Resultate.

Paare	abhängig	unabhängig	redundant	widersprüchlich
$(R_1 R_2)$	—	x	—	—
$(R_1 R_3)$	—	x	—	—
$(R_1 R_4)$	x	—	x	—
$(R_1 R_5)$	—	x	—	—
$(R_2 R_3)$	x	—	x	—
$(R_2 R_4)$	—	x	—	—
$(R_2 R_5)$	—	x	—	—
$(R_3 R_4)$	—	x	—	—
$(R_3 R_5)$	—	x	—	—
$(R_4 R_5)$	x	—	—	x

Diese Prüfung hat ergeben, daß die Entscheidungsregeln R_4 und R_5 widersprüchlich sind, weil sie verschiedene Tätigkeiten nach sich ziehen, obwohl sie voneinander abhängig sind. Von den Entscheidungsregeln R_1 und R_4 sowie R_2 und R_3 ist je eine zuviel, da sie redundant sind. Bei den übrigen Entscheidungsregeln ist nichts auszusetzen.

Diese Untersuchung kann man aber auch durch einen Rechenautomaten ausführen lassen, sofern man für die Variable J die Bitkombination 01, für die Variable N die Kombination 00 und für die Variable U die Zeichen 10 setzt. Für jedes Paar von Entscheidungsregeln kann dann die logische Addition durchgeführt werden. Für das angeführte Beispiel erhält man für das Paar $(R_1 R_2)$ als logische Summen die Kombinationen 01 und 00, 01 und 01 sowie 10 und 00, d. h. die Summen 01, 00 und 10. Die Unabhängigkeit der UND-Funktionen äußert sich nun darin, daß von den logischen Summen mindestens eine die Kombination 01 aufweisen muß. Im vorliegenden Falle ist eine der logischen Summen 01, d. h. das Paar $(R_1 R_2)$ ist unabhängig. Führt man diese Operationen für alle Paare durch, findet man das sich schon vorher eingestellte Ergebnis.

Dieses Vorgehen wird verständlich, wenn man sich die möglichen Variablenkombinationen von J, N und U für zwei Entscheidungsregeln vorstellt. Diese sind nachfolgend zusammengestellt.

Variablenkombination	Bitkombination	logische Summe
J $\ \ J$	01 01	00
J $\ \ N$	01 00	01
J $\ \ U$	01 10	11
N $\ \ N$	00 00	00
N $\ \ U$	00 10	10
U $\ \ U$	10 10	00

Die maßgebliche logische Summe 01 ergibt sich nur aus der Kombination $J N$ bzw. 01 00. Wir haben aber schon gesehen, daß zwei UND-Funktionen in einer Entscheidungstafel unabhängig sind, wenn an wenigstens einer Stelle die eine Funktion die Variable J und die andere Funktion die Variable N enthält, was im vorliegenden Falle zutrifft.

Diese Ausführungen wollen nicht als eine erschöpfende Darstellung der Entscheidungstafel-Technik verstanden werden. Sie vermitteln aber gleichwohl die Grundlagen dieser neuen Technik bei den Vorbereitungsarbeiten für die elektronische Datenverarbeitung, die sich ihrer Vorteile wegen immer mehr durchsetzt.

3. Programmierungstechniken

Die am Schlusse des Abschnittes über das Ablaufdiagramm und seine Symbolik erwähnten Ordnungszahlen können nun als Adressen aufgefaßt werden, die den einzelnen Operationen zugewiesen sind. Im vorliegenden Falle handelt es sich um Adressen, denen bestimmte Zahlenwerte entsprechen. Wäre nun das Problem der Bestimmung der größten unter fünf unter sich ungleichen Zahlen ein Unterprogramm eines größeren Ablaufdiagramms, von welchem noch nicht bekannt ist, wie viele Operationen vor diesem Unterprogramm auszuführen sind, so müßte diese Methode der zahlenmäßigen oder *absoluten Adressierung* versagen, da der Ursprung der Ordnungszahlen unbekannt ist. In solchen Fällen verwendet man die *relative Adressierung*. Diese besteht darin, daß an die Stelle von Zahlen Buchstaben als Ordnungssymbole treten, wobei jedes Unterprogramm oder jeder in sich geschlossene Teil des Ablaufdiagramms mit einem bestimmten Buchstaben beginnt. Diese Art der Adressierung soll am Beispiel der Addition von n Zahlen veranschaulicht werden. (Siehe S. 89.)

Diese relative Adressierung ist bei der Verschlüsselung oder Vercodifizierung, d. h. bei der Übertragung der Symbole im Ablaufdiagramm in die Sprache des Rechenautomaten, besonders zweckmäßig, weil es ohne große Mühe möglich ist, Verschlüsselungsfehler zu beheben, da das ganze Programm bei relativer Adressierung in Teilstücke zerfällt, die in sich geschlossen sind und innerhalb welcher Korrekturen möglich sind, ohne die übrigen Teilstücke zu berühren. Bei der absoluten Adressierung, die fortlaufend vom ersten bis zum letzten Befehl des ganzen Programms durchgeführt ist, bewirkt die Korrektur eines Befehls unter Umständen die Umstellung fast aller nachfolgenden Befehle. Dabei ist es sehr wohl möglich, daß vereinzelte Korrekturen nicht angebracht werden, was sich dann beim Durchlauf des Programms im Rechengerät und bei der daran anschließenden Fehlersuche sehr nachteilig auswirkt.

Das Beispiel der Bestimmung der größten unter drei ungleich großen Zahlen (Ablaufdiagramm auf S. 78) soll dazu dienen, das Vorgehen bei der relativen Adressierung im Hinblick auf die Verschlüsselung aufzuzeigen. Da das vorliegende Buch aber keinen bestimmten Rechenautomaten beschreiben will, sollen hier die notwendigen Befehle durch willkürliche Zahlen dargestellt werden, wobei angenommen wird, daß das Problem der Reihe nach auf einem 1-Adressen-, $1 + 1$-Adressen-, 3-Adressen- und 4-Adressen-Gerät zu lösen sei.

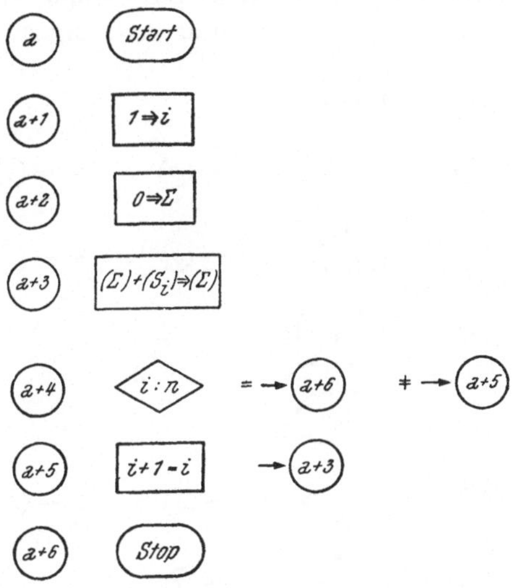

Die für diese vier Geräte-Typen festgelegten Befehle sind nachfolgend zusammengestellt.

Operationen	Geräte-Typen			
	1-Adressen	$1 + 1$-Adressen	3-Adressen	4-Adressen
$(R_1) : (R_2)$	$30\ x^1$	$10\ xy^2$	.	.
$(x) : (y)$	.	.	$65\ xyz^3$	$85\ xyzw^3$
$(x) \to R_1$	$31\ x$	$11\ xy$	$\}\ 61\ x\text{-}z$	$81\ x\text{-}zw$
$(R_1) \to x$ bzw. z	$41\ x$	$21\ xy$		
$(x) \to R_2$	$32\ x$	$12\ xy$	$\}\ 62\ x\text{-}z$	$82\ x\text{-}zw$
$(R_2) \to x$ bzw. z	$42\ x$	$22\ xy$		
Unbedingter Sprung nach x	$50\ x$	.	$70\ x\text{-}$	.
$(x) + (R_3) \to R_3$	$35\ x$	$15\ xy$	.	.
$(x) + (y) \to z$	.	.	$60\ xyz$	$80\ xyzw$
$(x) \to R_3$	$33\ x$	$13\ xy$	$\}\ 63\ x\text{-}z$	$83\ x\text{-}zw$
$(R_3) \to x$ bzw. z	$43\ x$	$23\ xy$		

[1] Wenn $(R_1) \leqq (R_2)$, Sprung nach x,
  wenn $(R_1) > (R_2)$, Sprung zum nächsten Befehl.
[2] Wenn $(R_1) > (R_2)$, Sprung nach x,
  wenn $(R_1) \leqq (R_2)$, Sprung nach y.
[3] Wenn $(x) \leqq (y)$, Sprung nach z,
  wenn $(x) > (y)$, Sprung zum nächsten Befehl.

Mit R werden allgemein besondere Speicher oder *Register* bezeichnet.

Aus dem Ablaufdiagramm auf S. 78 wird zuerst die algorithmische Darstellung gewonnen.

Die sich aus dieser algorithmischen Darstellung ergebenden Befehlsfolgen für die vier Geräte-Typen sind nachfolgend zusammengestellt

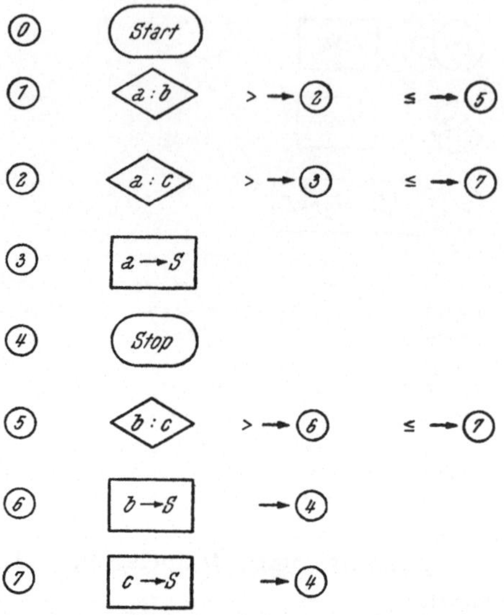

(S. 90 bis 91). Es zeigt sich, daß die Anzahl der benötigten Befehle kleiner wird, je mehr Adressen im Befehlswort untergebracht werden können, und daß umgekehrt die Anzahl der benötigten Befehle größer wird, je weniger Adressen das Befehlswort enthält. Auch hier treffen wir auf

1-Adressen-Gerät

Adressen		Op.	x	(R_1)	(R_2)
absolut	relativ				
0	—	Start		—	—
	d	31	$[a]$	a	—
	$d+1$	32	$[b]$	„	b
1	$d+2$	30	$d+7$	„	„
	$d+3$	32	$[c]$	„	c
2	$d+4$	30	$d+11$	„	„
3,6	$d+5$	41	S	„	„
4	$d+6$	Stop			
	$d+7$	31	$[b]$	b	b
	$d+8$	32	$[c]$	„	c
5	$d+9$	30	$d+11$	„	„
	$d+10$	50	$d+5$	„	„
7	$d+11$	42	S	a	c
	$d+12$	50	$d+6$	„	„

1 + 1-Adressen-Gerät

Adressen		Op.	x	y	(R_1)	(R_2)
absolut	relativ					
0	—		Start		—	—
	d	11	$[a]$	$d+1$	a	—
	$d+1$	12	$[b[$	$d+2$	„	b
1	$d+2$	10	$d+3$	$d+7$	„	„
	$d+3$	12	$[c]$	$d+4$	„	c
2	$d+4$	10	$d+5$	$d+11$	„	„
3	$d+5$	21	S	$d+6$	„	„
4	$d+6$		Stop			
	$d+7$	11	$[b]$	$d+8$	b	b
	$d+8$	12	$[c]$	$d+9$	„	c
5	$d+9$	10	$d+10$	$d+11$	„	„
6	$d+10$	21	S	$d+6$	„	„
7	$d+11$	22	S	$d+6$	a	c

3-Adressen-Gerät

Adressen		Op.	x	y	z
absolut	relativ				
0	—		Start		
1	d	65	$[a]$	$[b]$	$d+4$
2	$d+1$	65	$[a]$	$[c]$	$d+7$
3	$d+2$	63	$[a]$	—	S
4	$d+3$		Stop		
5	$d+4$	65	$[b]$	$[c]$	$d+7$
6	$d+5$	63	$[b]$	—	S
	$d+6$	70	$d+3$	—	—
7	$d+7$	63	$[c]$	—	S
	$d+8$	70	$d+3$	—	—

4-Adressen-Gerät

Adressen		Op.	x	y	z	w
absolut	relativ					
0	—		Start			
1	d	85	$[a]$	$[b]$	$d+4$	$d+1$
2	$d+1$	85	$[a]$	$[c]$	$d+6$	$d+2$
3	$d+2$	83	$[a]$	—	S	$d+3$
4	$d+3$		Stop			
5	$d+4$	85	$[b]$	$[c]$	$d+6$	$d+5$
6	$d+5$	83	$[b]$	—	S	$d+3$
7	$d+6$	83	$[c]$	—	S	$d+3$

das Reziprozitätsgesetz der Programmierung. Weiter ist aus den angeführten Beispielen ersichtlich, daß die Verschlüsselung einfacher wird, je mehr Adressen im Befehlswort zur Verfügung stehen. Bei 3- und

4-Adressen-Geräten können die Befehle direkt vom Ablaufdiagramm abgeleitet werden. Bei den 1- und 1 + 1-Adressen-Geräten hingegen sind für jede Operation im Ablaufdiagramm zusätzliche Befehle notwendig. Vom Standpunkt des Programmierers aus gesehen, ist also ein Mehradressengerät vorteilhafter.

Nachdem nun die Verwendung der relativen Adressierung in ihren Grundzügen bei der algorithmischen Darstellung und bei der verschlüsselten Befehlsfolge dargelegt worden ist, stellt sich die Frage, welche Operationsfolgen bei praktischen Problemen am häufigsten auftreten. Ohne zu übertreiben, kann man hier sagen, daß — abgesehen von logistischen Entscheiden — jedes größere Programm mindestens ein zyklisches Unterprogramm aufweist. Es sollen deshalb nachfolgend die grundsätzlichen Verschlüsselungsmöglichkeiten eines zyklischen Programms für 1-, 1 + 1-, 3- und 4-Adressen-Geräte kurz behandelt werden.

1-Adressen-Gerät

Adressen	Op.	x	(R_1)	(R_2)	(R_3)
		Start	—	—	—
a	31	b	(b)	—	—
$a+1$	41	$b+4$	"	—	—
$a+2$	31	$b+1$	$(b+1)$	—	—
$a+3$	41	$b+5$	"	—	—
$a+4$	31	$b+2$	$(b+2)$	—	—
$a+5$	41	$a+7$	"	—	—
$a+6$	33	$b+5$	"	—	$(b+5)$
$a+7$		variabel			
$a+8$	43	$b+5$	"	—	"
$a+9$	32	$b+3$	"	$(b+3)$	"
$a+10$	31	$b+4$	$(b+4)$	"	"
$a+11$	30	$a+13$	"	"	"
$a+12$		Stop			
$a+13$	33	b	$(b+4)$	$(b+3)$	(b)
$a+14$	35	$b+4$	$(b+4)$	$(b+3)$	$i+1$
$a+15$	43	$b+4$	"	"	"
$a+16$	33	$b+2$	"	"	$(b+2)$
$a+17$	35	b	"	"	$(b+2)+(b)$
$a+18$	43	$b+2$	"	"	"
$a+19$	50	$a+4$	"	"	"
b	00	0001			
$b+1$	00	0000			
$b+2$	35	1000	die x-Positionen sind variabel		
$b+3$	00	0009			
$b+4$	00	0000	die x-Positionen sind variabel (i)		
$b+5$		Σ			

Das zyklische Unterprogramm tritt beispielsweise bei der Addition einer Vielzahl von Zahlen auf. Das Ablaufdiagramm wie auch die relative algorithmische Darstellung für ein solches Problem sind früher dargestellt worden (S. 75 und S. 89). Bei jedem Zyklus tritt hier eine Addition auf. Es ist deshalb notwendig, einen besonderen Additionsbefehl zu erfinden. Beim 1-Adressen-Gerät soll dieser Befehl durch die Zahl 35, beim $1 + 1$-Adressen-Gerät durch die Zahl 15, beim 3-Adressen-Gerät durch die Zahl 60 und beim 4-Adressen-Gerät durch die Zahl 80 gekennzeichnet sein. Die Wirkungsweise dieses Befehls sowie die von zusätzlichen Hilfsbefehlen geht aus der Zusammenstellung auf S. 89 hervor.

Mit Hilfe dieser Befehle kann die gestellte Aufgabe gelöst werden, wie das Beispiel auf S. 92 (unten) der Addition der 10 auf den Speicherzellen 1000 bis 1009 (beim 3- und 4-Adressen-Gerät auf den Speicherzellen 100 bis 109) befindlichen Zahlen veranschaulicht. Der Laufindex i befinde sich auf Speicherzelle $b + 4$ und der Summenspeicher Σ auf Speicherzelle $b + 5$.

Die Befehlsfolge für ein $1 + 1$-Adressen-Gerät findet sich in der folgenden Zusammenstellung:

$$1 + 1\text{-}Adressen\text{-}Gerät$$

Adressen	Op.	x	y	(R_1)	(R_2)	(R_3)
		Start		—	—	—
a	11	b	$a+1$	(b)	—	—
$a+1$	21	$b+4$	$a+2$	„	—	—
$a+2$	11	$b+1$	$a+3$	$(b+1)$	—	—
$a+3$	21	$b+5$	$a+4$	„	—	—
$a+4$	11	$b+2$	$a+5$	$(b+2)$	—	—
$a+5$	21	$a+7$	$a+6$	„	—	—
$a+6$	13	$b+5$	$a+7$	„	—	$(b+5)$
$a+7$		variabel		„	—	Σ
$a+8$	23	$b+5$	$a+9$	„	—	„
$a+9$	12	$b+3$	$a+10$	„	$(b+3)$	„
$a+10$	11	$b+4$	$a+11$	$(b+4)$	„	„
$a+11$	10	$a+18$	$a+12$	„	„	„
$a+12$	13	b	$a+13$	„	„	(b)
$a+13$	15	$b+4$	$a+14$	„	„	$i+1$
$a+14$	23	$b+4$	$a+15$	„	„	„
$a+15$	13	$b+2$	$a+16$	„	„	$(b+2)$
$a+16$	15	$b+6$	$a+17$	„	„	$(b+2)+(b)$
$a+17$	23	$b+2$	$a+4$	„	„	„
$a+18$		Stop		„	„	„
b	00	0000	0001			
$b+1$	00	0000	0000			
$b+2$	15	1000	$a+8$	die x-Positionen sind variabel		
$b+3$	00	0000	0009			
$b+4$	00	0000	0000	die y-Positionen sind variabel (i)		
$b+5$		Σ				
$b+6$	00	0001	0000			

Für ein 3-Adressen-Gerät ergibt sich die folgende Verschlüsselung, wobei die Länge des Maschinenwortes mit 11 Positionen angenommen worden ist.

3-Adressen-Gerät

Adressen	Op.	x	y	z	
			Start		
a	61	b	—	$b+4$	
$a+1$	61	$b+1$	—	$b+5$	
$a+2$	61	$b+2$	—	$a+3$	
$a+3$			variabel		
$a+4$	65	$b+4$	$b+3$	$a+6$	
$a+5$			Stop		
$a+6$	60	b	$b+4$	$b+4$	
$a+7$	60	$b+2$	$b+6$	$b+2$	
$a+8$	70	$a+2$	—	—	
b	00	000	000	001	
$b+1$	00	000	000	000	
$b+2$	60	100	$b+5$	$b+5$	die x-Positionen sind variabel
$b+3$	00	000	000	009	
$b+4$	00	000	000	000	die z-Positionen sind variabel
$b+5$			Σ		
$b+6$	00	001	000	000	

Endlich soll diese zyklische Addition auch für ein 4-Adressen-Gerät erstellt werden.

4-Adressen-Gerät

Adressen	Op.	x	y	z	w	
			Start			
a	81	b	—	$b+4$	$a+1$	
$a+1$	81	$b+1$	—	$b+5$	$a+2$	
$a+2$	81	$b+2$	—	$a+3$	$a+3$	
$a+3$			variabel			
$a+4$	85	$b+4$	$b+3$	$a+6$	$a+5$	
$a+5$			Stop			
$a+6$	80	b	$b+4$	$b+4$	$a+7$	
$a+7$	80	$b+2$	$b+6$	$b+2$	$a+2$	
b	00	000	000	000	001	
$b+1$	00	000	000	000	000	
$b+2$	80	100	$b+5$	$b+5$	$a+4$	die x-Positionen sind variabel
$b+3$	00	000	000	000	009	
$b+4$	00	000	000	000	000	die y-Positionen sind variabel (i)
$b+5$				Σ		
$b+6$	00	001	000	000	000	

Bei jeder dieser Geräte-Typen ist die Befehlsfolge durch eine variable Zeile gekennzeichnet, in die der jeweils modifizierte Additionsbefehl eingesetzt wird, der auf einer bestimmten Speicherzelle gespeichert liegt. Weiterhin ist ihnen gemeinsam, daß einerseits der Laufindex i, der auf einer bestimmten Speicherzelle gespeichert ist, und anderseits auch die Speicherzellen-Nummer des Operanden im Additionsbefehl bei jedem

Zyklus um 1 erhöht wird. Das dadurch bewirkte Fortschreiten von einem Operanden zum nächsten ist selbstverständlich unbedingt notwendig; die Indexerhöhung ist wohl im Ablaufdiagramm vorgeschrieben, sie ist aber nicht unbedingt erforderlich, weil die Erhöhung der Speicherzellen-Nummer des Operanden im Additionsbefehl dem gleichen Zwecke wie die Indexerhöhung dient. Diese Erhöhung der Speicherzellen-Nummer eines Operanden oder allgemein die rechnerische Veränderung der Speicherzellen-Nummer wird als Adressenrechnung bezeichnet, weil hier eine Adresse durch eine Rechenoperation (Addition oder Subtraktion) verändert wird. Diese Programmierungstechnik der Adressenrechnung, die von JOHN VON NEUMANN 1950 vorgeschlagen worden ist, beruht darauf, daß der Inhalt eines Befehlswortes als Zahl aufgefaßt werden kann. Hier tritt die Doppelnatur des Befehlswortes deutlich zutage, indem es einerseits die Natur eines Befehls und anderseits die einer Zahl oder Konstanten trägt.

Es ist nun möglich, die soeben aufgeführten umständlichen Befehlsfolgen wesentlich zu vereinfachen, indem man die Adressenrechnung zur Bildung der Schlußgruppe heranzieht. Der Einfachheit halber soll diese verbesserte Verschlüsselung am Beispiel des $1 + 1$-Adressen-Gerätes dargestellt werden.

Vereinfachte Befehlsfolge für ein 1+1-Adressen-Gerät

Adressen	Op.	x	y	(R_1)	(R_2)	(R_3)
		Start		—	—	—
a	11	b	$a+1$	(b)	—	—
$a+1$	21	$b+2$	$a+2$	„	—	—
$a+2$	11	$b+1$	$a+3$	$(b+1)$	—	—
$a+3$	21	$a+5$	$a+4$	„	—	—
$a+4$	13	$b+2$	$a+5$	„	—	$(b+2)$
$a+5$		variabel		„	—	Σ
$a+6$	23	$b+2$	$a+7$	„	—	„
$a+7$	12	$b+4$	$a+8$	„	$(b+4)$	„
$a+8$	10	$a+12$	$a+9$	„	„	„
$a+9$	13	$b+1$	$a+10$	„	„	$(b+1)$
$a+10$	15	$b+3$	$a+11$	„	„	$(b+1)+(b+3)$
$a+11$	23	$b+1$	$a+2$	„	„	„
$a+12$		Stop				
b	00	0000	0000			
$b+1$	15	1000	$a+6$	die x-Positionen sind variabel		
$b+2$		Σ				
$b+3$	00	0001	0000			
$b+4$	15	1008	$a+6$			

Waren bei der vorher angeführten Methode 19 Befehle und 7 Konstanten, also insgesamt 26 Worte notwendig, so kann bei dieser Methode die gleiche Aufgabe mit 13 Befehlen und 5 Konstanten, also mit insgesamt 18 Worten ausgeführt werden, was der Einsparung von 8 Speicherzellen gleichkommt. Für diese Methode ist es kennzeichnend, daß der Additionsbefehl für die vorletzte Zahl[1] gesondert gespeichert wird. Diese übernimmt die Funktion von $n - 1$, d. h. der um Eins verminderten Anzahl der zu addierenden Zahlen.

Bei einzelnen Geräten ist für einen Überlauf aus dem Maschinenwort vorgesehen, daß das Gerät beispielsweise statt des unmittelbar folgenden Befehls den übernächsten Befehl ausführt. Bezeichnet man die Addition mit Überlaufsicherung mit dem Befehlscode 15*, so ergibt sich die folgende Befehlsfolge.

Befehlsfolge bei Überlaufsicherung für ein $1 + 1$-Adressen-Gerät

Adressen	Op.	x	y	(R_1)	(R_2)	(R_3)
		Start		—	—	—
a	11	b	$a+1$	(b)	—	—
$a+1$	21	$b+3$	$a+3$	„	—	—
$a+2$	11	$b+1$	$a+3$	$(b+1)$	—	—
$a+3$	21	$b+4$	$a+4$	„	—	—
$a+4$	11	$b+2$	$a+5$	$(b+2)$	—	—
$a+5$	21	$a+7$	$a+6$	„	—	—
$a+6$	13	$b+4$	$a+7$	„	—	$(b+4)$
$a+7$		variabel		„	—	Σ
$a+8$	23	$b+4$	$a+9$	„	—	„
$a+9$	13	b	$a+10$	„	—	(b)
$a+10$	15*	$b+3$	$a+11$	„	—	$(b) + (b+3)$
$a+11$	13	$b+2$	$a+13$	„	—	$(b+2)$
$a+12$		Stop				
$a+13$	15	$b+5$	$a+14$	„	—	$(b+2) + (b+5)$
$a+14$	23	$b+2$	$a+4$	„	—	„
b	10	0000	0000			
$b+1$	00	0000	0000			
$b+2$	15	1000	$a+8$	die x-Positionen sind variabel		
$b+3$	00	0000	0000	die Op.-Positionen sind variabel		
$b+4$		Σ				
$b+5$	00	0001	0000			

Diese Programmierungstechnik erfordert hier insgesamt 21 Speicherzellen, d. h. 2 Speicherzellen mehr als beim Verfahren der direkten Verwendung des Additionsbefehls für die Schlußgruppe. Kennzeichnend ist hier, daß die Abfrage in der Schlußgruppe wegfällt, da sie durch die Überlaufsicherung ersetzt worden ist. Trotzdem diese Methode hier etwas mehr Speicherzellen für das Programm erfordert, kann sie den bisher aufgeführten Techniken überlegen sein, nämlich dann, wenn die Abfrage mehr Zeit erfordert als die Überlaufsicherung. In einem solchen Falle

---

[1] Beim Vergleich auf gleich und ungleich wäre der Additionsbefehl für **die** letzte zu addierende Zahl zu speichern gewesen.

ist die Rechenzeit bei der Programmierungstechnik mit Überlaufsicherung kürzer als bei den übrigen Programmierungstechniken. In solchen Fällen hat der Programmierer sich zu überlegen, ob für ihn die Zeit oder der Speicherraum der maßgeblichste Faktor ist.

Die zyklische Programmierung zeichnet sich dadurch aus, daß die Anzahl der Durchläufe durch den Zyklus mit Hilfe eines „Zählers" gezählt wird. Dieser wird programmierungstechnisch durch eine Zahl gekennzeichnet, die die Anzahl der auszuführenden Durchläufe kennzeichnet und die auf einem bestimmten Speicherplatz gespeichert ist. Der Zähler kann aber bekanntlich auch mit der Adresse des Operanden gekoppelt und durch Adressenrechnung nachgeführt werden, was eine Verfeinerung

Zyklische Programmierung nach der B-Register-Methode

Adressen	Op.	x	y	(R_3)	(B)
		Start		—	—
a	13	c	$a+1$	(c)	—
$a+1$	$5B$	$c+1$	$a+2$	„	$(c+1)$
$a+2$	$6B$	1000	$a+3$	Σ	„
$a+3$	$7B$	$c+2$	$a+4$	„	variabel
$a+4$	$8B$	$a+2$	$a+5$	„	„
$a+5$	23	2000	$a+6$	„	„
$a+6$		Stop			
c	00	0000	0000		
$c+1$	00	0099	0000		
$c+2$	00	0001	0000		

der ursprünglichen Zählermethode darstellt. Eine weitere Verfeinerung besteht in der sogenannten *B-Register-Methode*, die von der Universität Manchester entwickelt worden ist und die bei bestimmten Geräte-Typen verwendet werden kann. Solche Geräte verfügen über besondere Verarbeitungsspeicher oder Register, die zur Unterscheidung von den übrigen Registern als *B*-Register bezeichnet werden. Das Gerät kann ein einzelnes oder aber auch mehrere solcher *B*-Register enthalten. Das Programmierungsverfahren nach dieser *B*-Register-Methode besteht darin, daß der Inhalt eines bestimmten *B*-Registers zur betreffenden Operationsinstruktion hinzugefügt wird, bevor diese Instruktion ausgeführt wird. Entscheidend ist nun, daß dieses Hinzufügen des *B*-Register-Inhaltes durch besondere Kennzeichnung des Operationsbefehls ausgelöst wird.

Das grundsätzliche Vorgehen bei dieser Methode soll am Beispiel der Addition von 100 Zahlen dargelegt werden, die auf den Speicherplätzen 1000 bis 1099 liegen. Die Summe soll auf den Speicher 2000 gelegt werden. Zu diesem Zwecke soll angenommen werden, daß das Gerät nur über ein einziges *B*-Register *B* verfügt. Weiter sollen die folgenden Befehle festgelegt werden:

 Die Programmierung

$$5B\,xy \qquad (x) \to B$$
$$6B\,xy \qquad (x + B) + (R_3) \to R_3$$
$$7B\,xy \qquad (B) - (x) \to B$$
$$8B\,xy \qquad (B)\colon 0,\ \text{ist}\ (B) \geqq 0,\ \text{Sprung nach}\ x$$
$$\qquad\qquad\qquad \text{ist}\ (B) < 0,\ \text{Sprung nach}\ y$$

Bei dieser Programmierungsmethode ist es bemerkenswert, daß der Befehl auf der Adresse $a + 2$ stets $6B1000a + 3$ lautet und daß vor Ausführung dieses Befehls der Inhalt des B-Registers zur Speicherzellen-Nummer automatisch addiert wird, so daß diese Speicheradresse der Reihe nach die Werte 1099, 1098, 1097, ... 1000 annimmt. In diesem Falle ist die B-Register-Methode subtraktiv verwendet worden; sie kann aber auch bei entsprechenden Befehlen additiv eingesetzt werden, d. h. derart, daß die Speicheradressen der Reihe nach 1000, 1001, 1002, ... 1099 laufen.

Erwähnenswert ist die Möglichkeit, das Prinzip dieser Methode auch bei Geräten anzuwenden, die über keine B-Register verfügen. In solchen Fällen kann das *B-Register simuliert* werden, indem einem bestimmten Speicherplatz die Funktion des B-Registers übertragen wird. Bezeichnet man die Adresse des simulierten B-Registers mit d und kennzeichnet der Befehl $16\,xy$ die Operation $(R_3) - (x) \to R_3$, so ergibt sich in diesem Falle die folgende Befehlsfolge:

Zyklische Programmierung mit simuliertem B-Register

Adressen	Op.	x	y	(R_1)	(R_2)	(R_3)
		Start		—	—	—
a	13	c	$a+1$	—	—	(c)
$a+1$	23	$c+4$	$a+2$	—	—	"
$a+2$	13	$c+1$	$a+3$	—	—	$(c+1)$
$a+3$	23	d	$a+4$	—	—	"
$a+4$	15	$c+3$	$a+5$	—	—	$(c+1)+(c+3)$
$a+5$	23	$a+6$	$a+6$	—	—	"
$a+6$		variabel		—	—	variabel
$a+7$	15	$c+4$	$a+8$	—	—	Σ
$a+8$	23	$c+4$	$a+9$	—	—	"
$a+9$	13	d	$a+10$	—	—	d
$a+10$	16	$c+2$	$a+11$	—	—	$(d) - (c+2)$
$a+11$	23	d	$a+12$	—	—	"
$a+12$	11	d	$a+13$	d	—	"
$a+13$	12	c	$a+14$	"	c	"
$a+14$	10	$a+4$	$a+15$	"	"	"
$a+15$		Stop				
c	00	0000	0000			
$c+1$	00	0100	0000			
$c+2$	00	0001	0000			
$c+3$	13	1000	$a+7$			
$c+4$		Σ				
d		simuliertes B-Register (variabel)				

Diese simulierte B-Register-Methode ist offensichtlich wesentlich schwerfälliger als die reine B-Register-Methode. Von allen angeführten Methoden erscheint also die reine B-Register-Methode als die vorteilhafteste. Allerdings wird, wie schon ausgeführt worden ist, dabei ein Gerät vorausgesetzt, in welches ein besonderes zusätzliches Register B eingebaut ist.

Bei vielen Problemen kommt es vor, daß bestimmte Operationenfolgen mehrmals durchlaufen werden müssen, wobei aber die dieser Folge unmittelbar vorhergehenden und nachfolgenden Operationen jedesmal verschieden sind. Ein solcher Fall liegt beispielsweise dann vor, wenn bei einem statistischen Problem die mittlere quadratische Abweichung für eine Streuungszerlegung (analysis of variance) und anderseits Korrelationskoeffizenten zu berechnen sind. Hier sind immer wieder Quadratwurzeln zu bestimmen, d. h. die Operationenfolge für die Quadratwurzel muß mehrmals durchlaufen werden, wobei die Eingänge in und die Ausgänge aus dieser Operationenfolge jedesmal verschieden sind. Wird die Operationenfolge der Quadratwurzel durch den Unterplan U_2 dargestellt, während die Operationenfolgen vor und nach diesem Unterplan durch die Unterpläne $U_1, U_3, U_4, \ldots$ gekennzeichnet sind, so läßt sich die hier auftretende Problemstruktur durch das folgende Schema symbolisch darstellen:

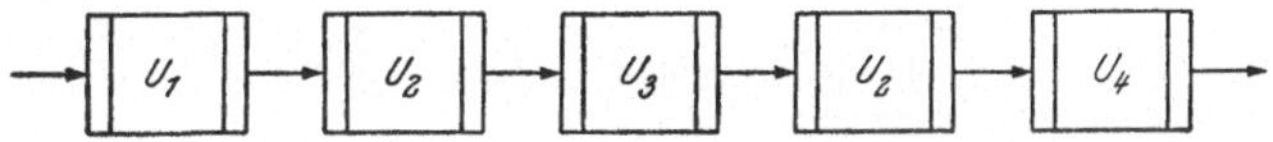

Das erste Mal führt der Weg von U_1 nach U_2 und von U_2 nach U_3; das zweite Mal aber verläuft die Operationsfolge von U_3 nach U_2 und von U_2 nach U_4.

Ein Problem dieser Art kann dadurch programmiert werden, daß der Unterplan U_2 jedesmal neu verschlüsselt wird. Ist er aber sehr umfangreich, so dürfte sich dieses Vorgehen nicht empfehlen. In solchen Fällen ist es ratsam, den Unterplan U_2 nur einmal zu verschlüsseln und

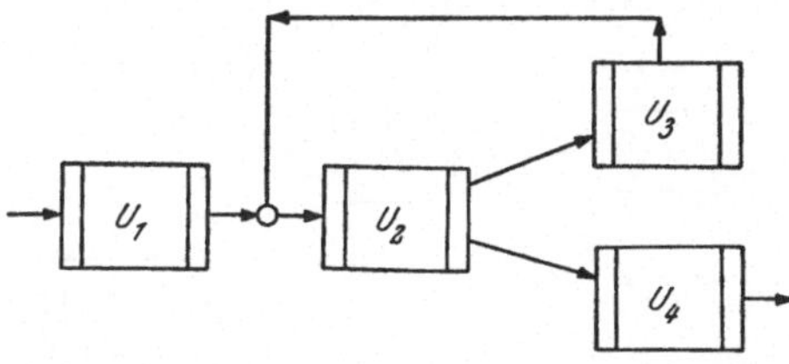

die Operationenfolge derart umzuwandeln, daß der verschlüsselte Planteil U_2 stets wieder verwendet werden kann. Wie ersichtlich, führt der Weg von U_1 nach U_2 sowie auch von U_3 nach U_2; anderseits verfügt U_2 über einen Ausgang nach U_3 und einen solchen nach U_4, d. h. U_2 hat in diesem Falle zwei Ausgänge. Diese Situation kann graphisch wie in vorstehender Abbildung dargestellt werden.

In dieser Darstellung erscheint der Planteil U_2 nur einmal. Allerdings ist der Ausgang aus U_2 noch nicht eindeutig festgelegt. Der Unterplan U_2 mündet nämlich in eine Verzweigungsstelle, die durch den griechischen Buchstaben Alpha (α) gekennzeichnet wird.

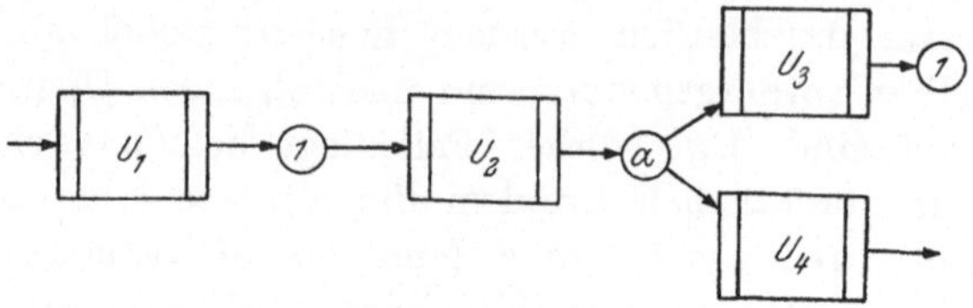

Offensichtlich muß der Weg nach dem ersten Durchlaufen von U_2 nach U_3 und nach dem zweiten Durchlaufen von U_2 nach U_4 führen. Diese Bedingung kennzeichnet man symbolisch durch den *variablen Konnektor α*, der allerdings vor dem Durchlaufen des Planteiles U_2 richtig gestellt werden muß. Dieses richtige Stellen der Operationenfortsetzung bei der Verzweigungsstelle α bezeichnet man als *„Setzen des variablen Konnektors"*. Symbolisch wird dieses Setzen des variablen Konnektors α dadurch gekennzeichnet:

$$\langle\!\langle \alpha_1 \rightarrow \alpha \rangle\!\rangle \qquad bzw \qquad \langle\!\langle \alpha_2 \rightarrow \alpha \rangle\!\rangle$$

oder allgemein bei vielen Fortsetzungen $i = 1, 2, 3, \ldots$

$$\langle\!\langle \alpha_i \rightarrow \alpha \rangle\!\rangle$$

Das Ablaufdiagramm bei Verwendung variabler Konnektoren sieht nun folgendermaßen aus:

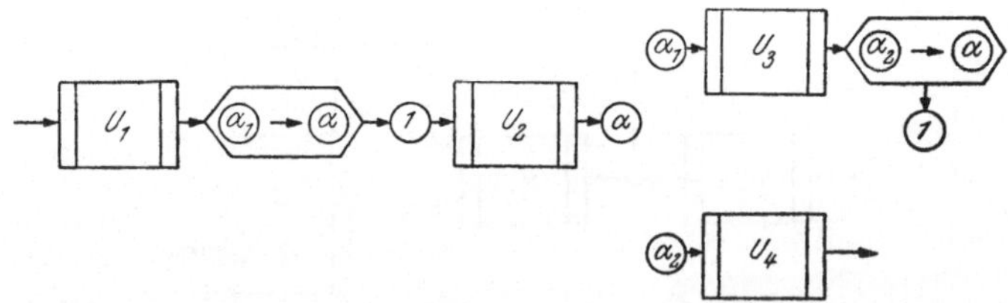

Bei variablen Konnektoren ist auf die richtige Setzung des Konnektors zu achten. Es muß nämlich vermieden werden, daß beim zweiten Durchlauf die Setzung nicht wieder aufgehoben wird. Dies würde im vorliegenden Beispiel dann geschehen, wenn nach dem Planteil U_3 und nach der Setzung von α_2 unmittelbar vor die Setzung von α_1 gesprungen würde. In einem solchen Falle würde die Setzung von α_2 wieder aufgehoben und das Programm verliefe in einer unendlichen Schleife. Sind zur Lösung eines Problems mehrere Verzweigungsstellen notwendig, so bezeichnet man diese üblicherweise mit den Buchstaben des griechischen Alphabets $(\alpha, \beta, \gamma, \delta, \ldots)$.

Logisch betrachtet stellt der variable Konnektor ein Brückenstück dar, das zwei Planteile miteinander verbindet. Für die Programmierung solcher variabler Konnektoren stehen grundsätzlich zwei Wege offen. Es kann angenommen werden, daß entweder der letzte Befehl von Planteil U_2 oder aber der erste Befehl der an U_2 anschließenden Operationenfolge variabel ist, wobei im letzteren Falle jede Variation des Befehls einer Verzweigung an der Stelle α entspricht.

Bei der ersten Methode werden die Befehle, die vom Planteil U_2 zum Planteil U_3 führen, getrennt gespeichert. Jeder dieser Befehle stellt den letzten Befehl des Planteiles U_2 dar. Die durch diesen Befehl besetzte letzte Zeile in der algorithmischen Darstellung des Planteiles U_2 wird nun offen, d. h. variabel gelassen. Beim ersten Durchlauf muß nun dafür gesorgt werden, daß jener Befehl, der die Verbindung zwischen U_2 und U_3 herstellt, auf diese Zeile des Planteiles U_2 gesetzt wird; dieser Vorgang stellt das Setzen des variablen Konnektors α_1 dar. Beim zweiten Durchlauf muß nach der Ausführung der Operationen im Unterplan U_3 die letzte Zeile von U_2 mit jenem Befehl belegt werden, der die Verbindung zwischen U_2 und U_4 darstellt; diese Operation wird als das Setzen des variablen Konnektors α_2 bezeichnet.

Die zweite Methode der Programmierung variabler Konnektoren besteht darin, daß der letzte Befehl von U_2 bestimmt und unverändert ist. Hingegen ist die Zeile, auf welche nach dem letzten Befehl von U_2 gesprungen wird, variabel. Auf diese variable Zeile werden jene auf bestimmten Speicherplätzen liegenden Befehle gelegt, deren Fortsetzung im Unterplan U_3 bzw. U_4 liegt. Beim ersten Durchlauf wird also jener Befehl auf diese variable Zeile gelegt, dessen Fortsetzung im Planteil U_3 liegt. Nach Abschluß dieses Planteiles muß diese variable Zeile durch jenen Befehl überdeckt werden, der seine Fortsetzung im Planteil U_4 hat.

Der besseren Anschaulichkeit wegen sind diese beiden Programmierungsverfahren an Hand eines einfachen, konstruierten Beispiels, das im folgenden Ablaufdiagramm gekennzeichnet ist, einander gegenübergestellt.

Die Programmierung der hier auftretenden variablen Konnektoren wird zuerst nach dem ersten Programmierungsverfahren, d. h. also für den Fall, daß die letzte Zeile des gemeinsamen Planteiles U_2 (hier die Übertragung der Zahl C auf den Speicherort S_2) variabel ist, und dann nach dem zweiten Verfahren, d. h. für den Fall, daß die erste Operation nach der Verzweigungsstelle α variabel ist, für ein gedachtes Gerät verschlüsselt. Bei beiden Verfahren wird einerseits die Verschlüsselung für ein Sequenz- und anderseits für ein Sprung-Gerät gezeigt. Als Sequenz-

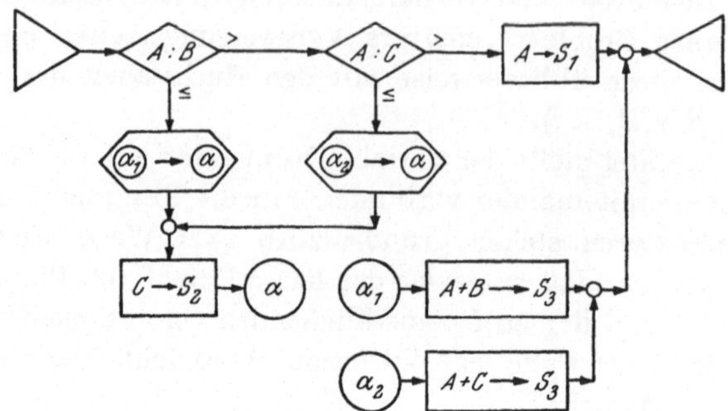

Gerät wurde ein 1-Adressen-Gerät und als Sprung-Gerät ein 1 + 1-Adressen-Gerät zugrunde gelegt

Erstes Programmierungsverfahren (Sequenz-Gerät)

Adressen	Op.	x	(R_1)	(R_2)	(R_3)
		Beginn	—	—	—
a	31	$[A]$	A	—	—
$a+1$	32	$[B]$	"	B	—
$a+2$	30	$a+7$	"	"	—
$a+3$	32	$[C]$	"	C	—
$a+4$	30	$a+10$	"	"	—
$a+5$	41	S_1	"	"	—
$a+6$		Ende			
$a+7$	31	k_1	(k_1)	B	—
$a+8$	41	$a+14$	"	"	—
$a+9$	50	$a+12$	"	"	—
$a+10$	31	k_2	(k_2)	C	—
$a+11$	41	$a+14$	"	"	—
$a+12$	31	$[C]$	C	B bzw. C	—
$a+13$	41	S_2	"	"	—
$a+14$		variabel			a
$a+15$	33	$[A]$	"	"	$A \quad a_1$
$a+16$	35	$[B]$	"	"	$A+B$
$a+17$	43	S_3	"	"	"
$a+18$	50	$a+6$	"	"	"
$a+19$	33	$[A]$	"	"	$A \quad a_2$
$a+20$	35	$[C]$	"	"	$A+C$
$a+21$	43	S_3	"	"	"
$a+22$	50	$a+6$	"	"	"
k_1	50	$a+15$			
k_2	50	$a+19$			

Die folgende Befehlsfolge veranschaulicht das grundsätzliche Vorgehen beim ersten Programmierungsverfahren für ein Sprung-Gerät (1 + 1-Adressen-Gerät):

Erstes Programmierungsverfahren (Sprung-Gerät)

Adressen	Op.	x	y	(R_1)	(R_2)	(R_3)
		Beginn		—	—	—
a	11	$[A]$	$a+1$	A	—	—
$a+1$	12	$[B]$	$a+2$	„	B	—
$a+2$	10	$a+3$	$a+7$	„	„	—
$a+3$	12	$[C]$	$a+4$	„	C	—
$a+4$	10	$a+5$	$a+9$	„	„	—
$a+5$	21	S_1	$a+6$	„	„	—
$a+6$		Ende			„	—
$a+7$	11	k_1	$a+8$	(k_1)	B	—
$a+8$	21	$a+11$	$a+10$	„	„	—
$a+9$	11	k_2	$a+8$	(k_2)	C	—
$a+10$	12	$[C]$	$a+11$	„	C	—
$a+11$		variabel		„		
$a+12$	13	$[A]$	$a+13$	„	„	A
$a+13$	15	$[B]$	$a+14$	„	„	$A+B$
$a+14$	23	S_3	$a+6$	„	„	„
$a+15$	13	$[A]$	$a+16$	„	„	A
$a+16$	15	$[C]$	$a+17$	„	„	$A+C$
$a+17$	23	S_3	$a+6$	„	„	„
k_1	21	S_2	$a+12$			
k_2	21	S_2	$a+15$			

Für das zweite Programmierungsverfahren, d. h. wenn die erste Operation nach der Verzweigungsstelle α variabel ist, ergeben sich für die beiden betrachteten Geräte-Typen die folgenden Befehlsfolgen:

Zweites Programmierungsverfahren (Sequenz-Gerät)

Adressen	Op.	x	(R_1)	(R_2)	(R_3)
		Beginn	—	—	—
a	31	$[A]$	A	—	—
$a+1$	32	$[B]$	„	B	—
$a+2$	30	$a+7$	„	„	—
$a+3$	32	$[C]$	„	C	—
$a+4$	30	$a+10$	„	„	—
$a+5$	41	S_1	„	„	—
$a+6$		Ende			—
$a+7$	31	k_1	(k_1)	B	—
$a+8$	41	$a+15$	„	„	—
$a+9$	50	$a+12$	„	„	—
$a+10$	31	k_2	(k_2)	C	—
$a+11$	41	$a+15$	„	„	—
$a+12$	31	$[C]$	C	B bzw. C	—
$a+13$	41	S_2	„	„	—
$a+14$	33	$[A]$	„	„	A
$a+15$		variabel			
$a+16$	43	S_3	„	„	„
$a+17$	50	$a+6$	„	„	„
k_1	35	$[B]$			
k_2	35	$[C]$			

Wie ersichtlich, benötigt das zweite Programmierungsverfahren in diesem Falle bei Sequenz-Geräten nur noch 18 Befehle und 2 Konstanten, gegenüber 23 Befehlen und 2 Konstanten beim ersten Programmierungsverfahren; es ist also hinsichtlich der Länge des Programms dem ersten Verfahren überlegen.

Zweites Programmierungsverfahren (Sprung-Gerät)

Adressen	Op.	x	y	(R_1)	(R_2)	(R_3)
		Beginn		—	—	—
a	11	$[A]$	$a+1$	A	—	—
$a+1$	12	$[B]$	$a+2$	„	B	—
$a+2$	10	$a+3$	$a+7$	„	„	—
$a+3$	12	$[C]$	$a+4$	„	C	—
$a+4$	10	$a+5$	$a+9$	„	„	—
$a+5$	21	S_1	$a+6$	„	„	—
$a+6$		Ende				
$a+7$	11	k_1	$a+8$	(k_1)	B	—
$a+8$	21	$a+14$	$a+11$	„	„	—
$a+9$	11	k_2	$a+10$	(k_2)	C	—
$a+10$	21	$a+14$	$a+11$	„	„	—
$a+11$	12	$[C]$	$a+12$	(k_1) bzw. (k_2)	B bzw. C	—
$a+12$	22	S_2	$a+13$	„	„	—
$a+13$	13	$[A]$	$a+14$	„	„	A
$a+14$		variabel				
$a+15$	43	S_3	$a+6$	„	„	„
k_1	15	$[B]$	$a+15$			
k_2	15	$[C]$	$a+15$			

Auch bei Sprung-Geräten offenbart sich die Überlegenheit des zweiten Programmierungsverfahrens gegenüber dem ersten, indem in diesem Falle 16 Befehle und 2 Konstanten gegenüber 18 Befehlen und 2 Konstanten benötigt wurden.

Treten bei einer Verzweigungsstelle viele Verzweigungen auf, indem beispielsweise die Fortsetzungen bei der Verzweigungsstelle α nach α_1, α_2, α_3, . . . verlaufen, ist es oft empfehlenswert, den *variablen Konnektor durch Adressenrechnung zu verändern.* Das grundsätzliche Vorgehen soll am folgenden Beispiel veranschaulicht werden.

Es soll der Ausdruck

$$K - (A + B + C + D + E)$$

berechnet werden, worin K, A, B, C, D, E willkürliche Zahlen darstellen. Der Einfachheit halber soll angenommen werden, daß die Differenz stets positiv ist. Dieses Beispiel soll auf Grund des folgenden Ablaufdiagramms mit variablen Konnektoren ausgewertet werden. wobei zuerst das übliche Verfahren vorgeführt wird.

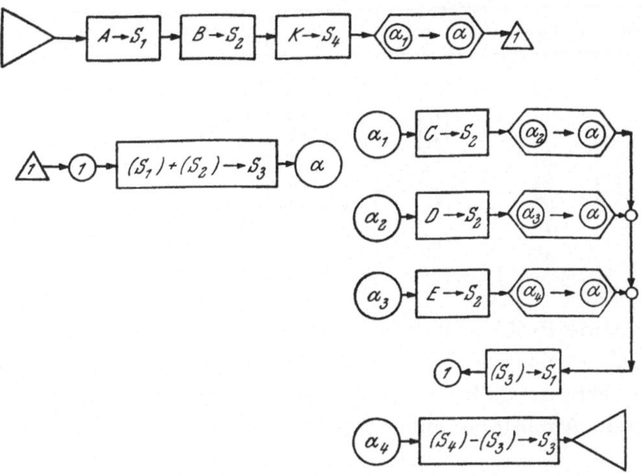

Die entsprechende Befehlsfolge für ein $1 + 1$-Adressen-Gerät ist nachfolgend aufgeführt.

Adressen	Op.	x	y	(R_1)	(R_2)	(R_3)
		Beginn		—	—	—
a	11	$[A]$	$a+1$	A	—	—
$a+1$	21	S_1	$a+2$	"	—	—
$a+2$	11	$[B]$	$a+3$	B	—	—
$a+3$	21	S_2	$a+4$	"	—	—
$a+4$	11	$[K]$	$a+5$	K	—	—
$a+5$	21	S_4	$a+6$	"	—	—
$a+6$	12	k_1	$a+7$	"	(k_1)	—
$a+7$	22	$a+13$	$a+8$	"	"	—
$a+8$	12	k_4	$a+9$	"	(k_4)	—
$a+9$	22	$a+14$	$a+10$	"	"	—
$a+10$	13	S_1	$a+11$	"	"	(S_1)
$a+11$	15	S_2	$a+12$	"	"	$(S_1) + (S_2)$
$a+12$	23	S_3	$a+13$	"	"	"
$a+13$		variabel				
$a+14$		variabel				
$a+15$	12	k_2	$a+16$	"	(k_2)	"
$a+16$	22	$a+13$	$a+17$	"	"	"
$a+17$	12	k_5	$a+18$	"	(k_5)	"
$a+18$	22	$a+14$	$a+27$	"	"	"
$a+19$	12	k_3	$a+20$	"	(k_3)	"
$a+20$	22	$a+13$	$a+21$	"	"	"
$a+21$	12	k_6	$a+22$	"	(k_6)	"
$a+22$	22	$a+14$	$a+27$	"	"	"
$a+23$	12	k_7	$a+24$	"	(k_7)	"
$a+24$	22	$a+13$	$a+25$	"	"	"
$a+25$	12	k_8	$a+26$	"	(k_8)	"
$a+26$	22	$a+14$	$a+27$	"	"	"
$a+27$	11	S_3	$a+28$	(S_3)	"	"
$a+28$	21	S_1	$a+10$	"	"	"
$a+29$		Ende				

(Fortsetzung nächste Seite)

Adressen	Op.	x	y	(R_1)	(R_2)	(R_3)
k_1	11	$[C]$	$a+14$			
k_2	11	$[D]$	$a+14$			
k_3	11	$[E]$	$a+14$			
k_4	21	S_2	$a+15$			
k_5	21	S_2	$a+19$			
k_6	21	S_2	$a+23$			
k_7	13	S_4	$a+14$			
k_8	16	S_3	$a+29$			

Das gleiche Problem läßt sich nun auch nach dem Verfahren der Setzung variabler Konnektoren durch Adressenrechnung lösen. Das Ablaufdiagramm erfährt dadurch allerdings eine kleine Umstellung, wodurch das folgende Ablaufdiagramm entsteht.

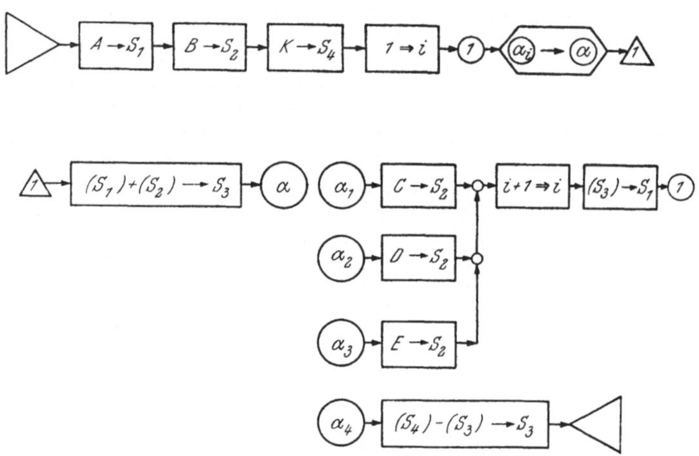

Wie ersichtlich, wird nun unmittelbar vor die Setzung des variablen Konnektors gesprungen, der nun infolge seiner, durch die Adressenrechnung bewirkten Variabilität für alle Verzweigungsäste gilt. Die diesem Ablaufdiagramm entsprechende Befehlsfolge geht aus der Übersicht auf S. 107 hervor.

Die vorliegende Lösung setzt allerdings voraus, daß die Hilfswerte k_1, k_2, k_3 und k_4 einerseits und k_5, k_6, k_7 und k_8 anderseits auf Speicherzellen liegen, die zwischenraumlos aufeinander folgen. Diese Voraussetzung ist für das Verfahren als solches zwar nicht unbedingt erforderlich, hingegen ist es notwendig, daß die Speicherzellen-Nummern dieser Hilfswerte durch eine ermittelbare funktionale Beziehung miteinander verknüpft sind. Die Adressenrechnung richtet sich dann nach dieser funktionalen Beziehung.

Beim gewöhnlichen Verfahren wurden insgesamt 38 Programmzeilen benötigt; demgegenüber erstreckte sich das Programm beim erweiterten Verfahren der Setzung variabler Konnektoren durch Adressenrechnung für das gleiche Problem über nur noch insgesamt 33 Zeilen. Der mit

Adressen	Op.	x	y	(R_1)	(R_2)	(R_3)
		Beginn		—	—	—
a	11	$[A]$	$a+1$	A	—	—
$a+1$	21	S_1	$a+2$	„	—	—
$a+2$	11	$[B]$	$a+3$	B	—	—
$a+3$	21	S_2	$a+4$	„	—	—
$a+4$	11	$[K]$	$a+5$	K	—	—
$a+5$	21	S_4	$a+6$	„	—	—
$a+6$	12	k_1	$a+7$	„	(k_1)	—
$a+7$	22	$a+13$	$a+8$	„	„	—
$a+8$	12	k_5	$a+9$	„	(k_5)	—
$a+9$	22	$a+14$	$a+10$	„	„	—
$a+10$	13	S_1	$a+11$	„	„	(S_1)
$a+11$	15	S_2	$a+12$	„	„	$(S_1)+(S_2)$
$a+12$	23	S_3	$a+13$	„	„	„
$a+13$		variabel				
$a+14$		variabel				
$a+15$	13	$a+6$	$a+16$	„	„	$(a+6)$
$a+16$	15	k_9	$a+17$	„	„	$(a+6)+1$ bzw. k_{i+1}
$a+17$	23	$a+6$	$a+18$	„	„	„
$a+18$	13	$a+8$	$a+19$	„	„	$(a+8)$
$a+19$	15	k_9	$a+20$	„	„	$(a+8)+1$ bzw. k_{i+1}
$a+20$	23	$a+8$	$a+21$	„	„	„
$a+21$	11	S_3	$a+22$	(S_3)	„	„
$a+22$	21	S_1	$a+6$	„	„	„
$a+23$		Ende				
k_1	11	$[C]$	$a+14$			
k_2	11	$[D]$	$a+14$			
k_3	11	$[E]$	$a+14$			
k_4	13	S_4	$a+14$			
k_5	21	S_2	$a+15$			
k_6	21	S_2	$a+15$			
k_7	21	S_2	$a+15$			
k_8	16	S_3	$a+23$			
k_9	00	0001	0000			

diesem Verfahren zu erzielende Gewinn hängt allerdings von der Natur des Problems ab. Im allgemeinen ist er um so größer, je mehr Verzweigungsäste zu durchlaufen sind.

Im früher angeführten Beispiel des größenmäßigen Vergleichs von drei ungleich großen Zahlen soll nun die Verallgemeinerung eingeführt werden, daß diese Zahlen einander gleich sein können. Durch diese Verallgemeinerung erfährt das Ablaufdiagramm gewisse Veränderungen, und

es ergibt sich das folgende Diagramm, in welchem auch variable Konnektoren vorkommen.

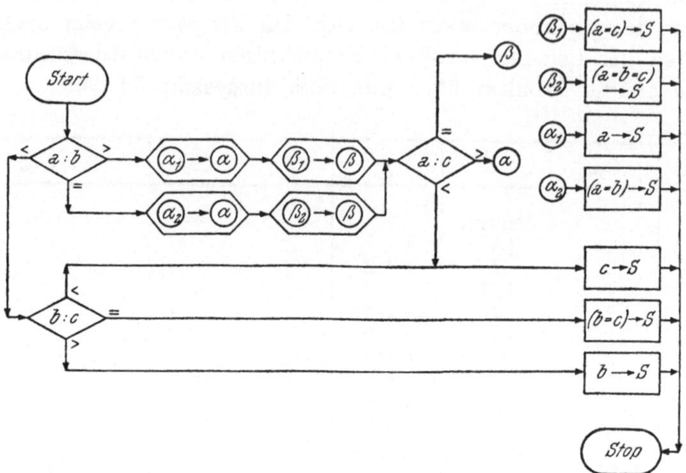

Das Problem soll nun auch mit Hilfe der Entscheidungstafel-Technik
gelöst werden.

	Entscheidungsregeln							
	1	2	3	4	5	6	7	8
a größte Zahl.......	J	J	J	J	N	N	N	N
b größte Zahl.......	J	J	N	N	J	J	N	N
c größte Zahl.......	J	N	J	N	J	N	J	N
a nach S	—	—	—	x	—	—	—	—
b nach S	—	—	—	—	—	x	—	—
c nach S	—	—	—	—	—	—	x	—
a, b, c nach S	x	—	—	—	—	—	—	x
a, b nach S	—	x	—	—	—	—	—	—
a, c nach S.........	—	—	x	—	—	—	—	—
b, c nach S.........	—	—	—	—	x	—	—	—

Es zeigt sich, daß alle acht UND-Funktionen (es sind drei Bedingungen
gegeben) unabhängig und somit weder redundant noch widersprüchlich
sind. Die Entscheidungstafel zeigt deutlich, viel deutlicher als das Ablaufdiagramm, daß acht mögliche Entscheidungsregeln und insgesamt sieben
unterschiedliche Tätigkeiten festgestellt werden können. Von diesen sieben
Tätigkeiten kommt eine — nämlich a, b, c nach S — zweimal vor (Entscheidungsregeln 1 und 8). Diese Erkenntnis ist aus dem Ablaufdiagramm
nicht direkt ablesbar, weshalb Ablaufdiagramme komplizierter Probleme
oft Fehlermöglichkeiten in sich bergen, die darin bestehen, daß nicht alle

Möglichkeiten einbezogen worden sind, und die nicht augenfällig sind. Die elektronische Datenverarbeitung ist aber nur dann erfolgreich, wenn im Ablaufdiagramm oder in der Entscheidungstafel alle denkbaren Möglichkeiten berücksichtigt worden sind.

Die Verarbeitung von Zahlenwerten in einem Rechenautomaten oder elektronischen Datenverarbeitungsgerät bringt es in der Regel mit sich, daß die Lage des Ergebnisses innerhalb des Maschinenwortes bei Geräten mit fester Wortlänge für die weitere Verarbeitung oder aber auch für die Ausgabe dieses Resultates unzweckmäßig ist. In solchen Fällen ist es notwendig, dieses Ergebnis innerhalb des Maschinenwortes zu verschieben. Zu diesem Zwecke verfügen die meisten Geräte über besondere Instruktionen, die es ermöglichen, bestimmte Informationen innerhalb eines Maschinenwortes je nach Wunsch um beliebig viele Stellen nach links oder nach rechts zu verschieben. Die größte Anzahl der verschobenen Stellen richtete sich dabei nach der Anzahl der Positionen im Maschinenwort.

Die Speicherzelle S soll, so wollen wir annehmen, den folgenden Inhalt aufweisen:

0	0	0	0	X	X	0	0	0	0
10	9	8	7	6	5	4	3	2	1	Position

wobei jene Positionen, die nicht mit Nullen belegt sind, die also bestimmte Zahlenwerte größer als Null aufweisen, mit X gekennzeichnet sind. In den Positionen 5 und 6 der Speicherzelle S ist also eine bestimmte Zahl gespeichert. Diese soll nun auf die Positionen 2 und 3 verschoben werden. Es soll angenommen werden, daß es sich wiederum um ein $1 + 1$-Adressen-Gerät handelt, und daß der Befehl für eine Rechtsverschiebung $50\,xy$ lautet. Die Positionen x des Befehlswortes enthalten hier keine Adresse, sondern sie lauten $000n$, wobei n die Anzahl der zu verschiebenden Stellen bezeichnet. Der Verschiebebefehl wird, so soll angenommen werden, im Register R_3 erfolgen. Auf Grund dieser Angaben und Festsetzungen kann nun die Befehlsfolge für die gestellte Aufgabe geschrieben werden:

Adressen	Op.	x	y	(R_1)	(R_2)	(R_3)
....	..	..	..	....	....	....
a	13	S	$a+1$	,,	,,	(S)
$a+1$	50	0003	$a+2$	,,	,,	,,
....	..	..	..	....	....	....

Bei einer Linksverschiebung müßte im Befehlswort auf der Adresse $a+1$ der für eine solche Verschiebung maßgebliche Befehlscode eingesetzt werden. Der programmierungstechnische Vorgang ist grundsätzlich der gleiche.

Angesichts des begrenzten Speicherraumes bei elektronischen Rechenautomaten ist es bei vielen praktischen Problemen notwendig, die Maschinenworte voll auszunützen. Sind also beispielsweise 4 zweistellige Konstanten zu speichern, so wäre es verschwenderisch, wenn man für jede dieser Konstanten eine besondere Speicherzelle vorsehen würde. In solchen Fällen empfiehlt es sich, diese 4 Konstanten in ein einziges Maschinenwort zu packen, sofern die Größe des Maschinenwortes dies zuläßt. Jede Konstante ist dann durch eine bestimmte Stelle innerhalb des Maschinenwortes gekennzeichnet.

Da nun in der Regel nicht jedesmal alle 4 Konstanten gleichzeitig und zusammen gebraucht werden, sind Mittel und Wege erwünscht, die das Herausgreifen einer beliebigen Konstanten aus dem Maschinenwort gestatten. Solche Mittel sind durch die sogenannten *Extraktionsbefehle* gegeben. Diese setzen das Vorhandensein von *Extraktoren* voraus, die die gewünschte Konstante aus dem Konstantenwort, dem *Extrahenden*, gewissermaßen herauszustoßen haben. Die herauszustoßenden Positionen des Extrahenden sollen im Extraktor durch Einer gekennzeichnet sein, während die übrigen Positionen des Extraktors Nullen enthalten.

Die Speicherzelle S enthält, so sei angenommen, die Konstanten k_1, k_2 und k_3.

$$(S): \quad \boxed{0\;|\;0\;|\;0\;|\;X\;|\;X\;|\;X\;|\;X\;|\;0\;|\;X\;|\;X}$$
$$\quad\quad\quad\quad k_3 \quad\quad k_2 \quad\quad\quad k_1$$

Aus diesem Wort soll die Konstante k_1 extrahiert werden. Der benötigte Extraktor hat die folgende Struktur:

$$(E): \quad \boxed{0\;|\;0\;|\;0\;|\;0\;|\;0\;|\;0\;|\;0\;|\;0\;|\;1\;|\;1}$$

Der Extraktionscode lautet $99\,xy$, worin x die Adresse des Extraktors und y die Adresse des folgenden Befehls bezeichnet. Die Operation der Extraktion werde, so sei weiter angenommen, im Register R_3 durchgeführt, und das Ergebnis der Extraktion erscheint ebenfalls in R_3. Die Befehlsfolge für die Isolierung von k_1 lautet folgendermaßen:

Adressen	Op.	x	y	(R_1)	(R_2)	(R_3)
. . . .	. .	. .	. .	. . . .	. . . .	. . . .
a	13	S	$a+1$	„	„	(S)
$a+1$	99	$[E]$	$a+2$	„	„	k_1
. . . .	. .	. .	. .	. . . .	. . . .	. . . .

Wenn der Reihe nach die Konstanten k_1, k_2 und k_3 extrahiert und auf die Speicherzellen S_1, S_2 und S_3 gelegt werden sollen, so kann man dies durch Linksverschiebung des Extraktors erreichen, wobei angenommen wird, daß dann von rechts her Nullen in das Extraktor-Wort einfließen. Der Befehl für eine Linksverschiebung um n Stellen lautet 51 000n y. Die Befehlsfolge bei linearer Programmierung ist nachfolgend zusammengestellt.

Die gleiche Aufgabe könnte auch zyklisch programmiert werden. Da sie aber keine neuen Aspekte aufzeigt, soll davon abgesehen werden, die Befehlsfolge für die zyklische Programmierung aufzustellen.

Die aufgezeigten programmierungstechnischen Möglichkeiten der Verschiebungen und Extraktionen (deren Gegenstück die Insertion ist) beziehen sich auf das hier zugrunde gelegte hypothetische Gerät. Das Vorgehen im einzelnen ist vom betrachteten Gerätetyp abhängig; es deckt sich aber in seinen Grundzügen mit den hier aufgezeigten vereinfachten Verfahren.

Wir wollen uns nun einer weiteren Programmierungstechnik zuwenden, die vor allem[1] bei Trommelgeräten anwendbar ist, nämlich die *Programmierung auf minimale Wartezeit*. Das Ziel dieser Programmierungstechnik ist es, die Werte (Konstanten, Zwischenergebnisse und Instruktionen) derart auf dem Umfang der Speichertrommel zu legen, daß sie jedesmal

Adressen	Op.	x	y	(R_1)	(R_2)	(R_3)
....	..	....	....	....	....	....
a	13	S	$a+1$	„	„	(S)
$a+1$	99	$[E]$	$a+2$	„	„	k_1
$a+2$	23	S	$a+3$	„	„	„
$a+3$	13	$[E]$	$a+4$	„	„	$\overset{„}{E}$
$a+4$	51	0003	$a+5$	„	„	„
$a+5$	23	$[E]$	$a+6$	„	„	„
$a+6$	13	S	$a+7$	„	„	$\overset{„}{(S)}$
$a+7$	99	$[E]$	$a+8$	„	„	k_2
$a+8$	23	S_2	$a+9$	„	„	„
$a+9$	13	$[E]$	$a+10$	„	„	$\overset{„}{E}$
$a+10$	51	0002	$a+11$	„	„	„
$a+11$	23	$[E]$	$a+12$	„	„	„
$a+12$	13	S	$a+13$	„	„	$\overset{„}{(S)}$
$a+13$	99	$[E]$	$a+14$	„	„	k_3
$a+14$	23	S_3	$a+15$	„	„	„
$a+15$	..	....	....	....	....	....

dann unter dem Lesekopf vorbeiziehen, wenn sie benötigt werden, und dadurch sofort abgelesen werden können. Hier stellt sich die Frage, wovon eigentlich diese Zuteilung von Speicherzellen abhängig ist. Um diese Frage zu beantworten, ist der bei jeder Ausführung einer Instruktion im Gerät sich wiederholende Zyklus näher zu betrachten. Bei einem

---

[1] Ein ähnliches Problem stellt sich auch bei Geräten mit Verzögerungsstrecken-Speicher und ganz allgemein bei Geräten mit dynamischen Speichern.

1 + 1-Adressen-Gerät sind vier Phasen der Instruktionsausführung festzustellen:

1. Phase: Die Instruktion, deren Adresse sich im Adressen-Register
befindet, wird aus dem Speicher herausgelesen und die entsprechende
Operanden-Adresse wird auf das Adressen-Register gebracht.

2. Phase: Es wird so lange gewartet, bis die im Adressen-Register
aufgeführte Adresse der Speicherzelle des Operanden abgegriffen werden
kann, d. h. bis diese Speicherzelle in den Bereich des Lesekopfes gelangt.

3. Phase: Dieser Operand wird herausgelesen (oder auf den Speicherplatz übertragen), die befohlene Operation ausgeführt und die Adresse
der nächsten Instruktion auf das Adressen-Register übertragen.

4. Phase: Es wird so lange gewartet, bis die im Adressen-Register
aufgeführte Adresse der Speicherzelle für die nächste Instruktion abgegriffen werden kann. Hierauf beginnt der Zyklus von neuem.

Wie ersichtlich ist, stellen die Phasen 2 und 4 Wartephasen dar,
während welcher gewartet werden muß, bis der Inhalt der gewünschten
Speicherzelle abgegriffen werden kann. Wenn es gelingt, diese Wartezeiten
oder Zugriffszeiten möglichst klein zu halten oder sogar gleich Null werden zu lassen, so bewirkt dies, daß die Verarbeitungszeit im Gerät minimal wird. Das Problem reduziert sich also darauf, die Zugriffszeiten bei
den Phasen 2 und 4 minimal werden zu lassen. Dabei ist in der Regel
die Wartezeit der Phase 2 gegeben, so daß nur noch jene der Phase 4
minimal zu halten ist. Diese Zeit hängt aber von der Operationszeit ab,
welche ihrerseits von der Operationsart und von der Beschaffenheit der
zu verarbeitenden Zahlen abhängig ist. Während die Operationsarten
in der Befehlsfolge zum vornherein als bekannt vorausgesetzt werden können, ist die Beschaffenheit der Operanden, sofern es sich um Zwischenresultate handelt, sehr oft nicht bekannt. Die Dauer der Verarbeitungszeit
je Operation ist also unbekannt und muß geschätzt werden. Diese Schät-
zung ist für die Lage des Speicherplatzes der nächsten Instruktion bestimmend.

Die Zugriffszeit zur nächsten Instruktion kann zwischen den Werten
Null (verzögerungsfreier Zugriff) und der Zeit, die bei einer ganzen
Trommelumdrehung verstreicht, schwanken. Die Aufgabe besteht nun
darin, die innerhalb dieser Grenzen sich befindende tatsächlich zutreffende
Zugriffszeit möglichst genau zu ermitteln.

Eine einfache Methode zur Lösung dieser Aufgabe besteht darin,
anzunehmen, daß bei längeren Operationsfolgen die rechnerische Verknüpfung von mehr- und wenigstelligen Zahlen, d. h. lange und kurze
Verarbeitungszeiten gleich häufig auftreten, so daß im Mittel mit einer
Verarbeitungszeit gerechnet werden kann, die einer halben Umdrehung
der Speichertrommel entspricht. Diese durchschnittliche Verarbeitungszeit

wird nun als allgemeingültiges Maß für jede Adressenzuteilung verwendet. Offensichtlich werden aber einzelne Verarbeitungszeiten weniger lange dauern, weil die zu verarbeitenden Zahlen nur wenig Stellen umfassen; die Differenz zwischen der zugrunde gelegten durchschnittlichen und der tatsächlichen Verarbeitungszeit geht dadurch ungenutzt verloren. Andere Verarbeitungen werden aber mehr Zeit erfordern, wodurch das Ablesen der nächsten Instruktion verpaßt wird; auch in solchen Fällen geht kostbare Zeit verloren, bis die nächste Instruktion abgegriffen werden kann. Diese Lösungsmethode führt sehr oft zu ungünstigen Ergebnissen, weil die Voraussetzung, auf der sie beruht — lange und kurze Verarbeitungszeiten sind gleich häufig — nur selten erfüllt ist.

Das Problem der Bestimmung der zu erwartenden Zugriffszeiten ist seiner Natur nach ein statistisches Problem. Wenn es gelänge, die Wahrscheinlichkeitsverteilung der tatsächlichen Verarbeitungszeiten zu ermitteln, wäre das Problem direkt lösbar. Es ist aber in der Regel nicht möglich, eine Wahrscheinlichkeitsverteilung festzulegen, die, streng genommen, allgemein gültig ist, denn die Größe der zu verarbeitenden Zahlenwerte ist sehr eng mit dem zu lösenden Problem verbunden; sie unterscheidet sich, je nachdem es sich um bestimmte kaufmännische oder um technische und wissenschaftliche Probleme handelt. Gleichwohl ist es nicht zum vornherein als unmöglich zu betrachten, daß umfassende systematische Untersuchungen auf diesem Gebiete zu Wahrscheinlichkeitsverteilungs-Typen führen können, die für bestimmte, immer wiederkehrende Probleme als kennzeichnend zu betrachten wären, da beispielsweise Frankenbeträge in den meisten praktischen Fällen eine bestimmte Größe nicht überschreiten oder eine typische Größenordnung aufweisen, die allerdings ihrerseits auch von der Größe des Betriebes abhängig ist. Erst auf Grund solcher Verteilungstypen könnte dann eine ideale allgemeine statistische Lösung des Problems der Programmierung auf minimale Wartezeit versucht werden. Eine solche ideale statistische Lösung ist aber in den meisten praktischen Fällen deshalb nicht zu verwirklichen, weil der in einem bestimmten Falle ideale Speicherort schon belegt ist, so daß es notwendig wird, eine benachbarte, weniger günstig gelegene Speicherzelle zu wählen. Vor allem bei umfangreichen Programmen wird die Abweichung der gewählten von der idealen Speicherzelle bedeutsam sein.

Die Zugriffszeit zu bestimmten Speicherzellen kann aber auch dadurch verkürzt werden, daß bei Trommelgeräten *mehrere Ablese- bzw. Schreibköpfe* über den Trommelumfang verteilt werden. Bei zwei Ablese- bzw. Schreibköpfen verringert sich beispielsweise die maximale Zugriffszeit von einer ganzen Trommelumdrehung auf die Hälfte und bei vier Ablese- bzw. Schreibköpfen auf ein Viertel.

Die gleiche Wirkung kann auch dadurch erzielt werden, daß neben dem Trommelspeicher noch *Speicher mit besonders kurzer Zugriffszeit* verwendet werden, wie beispielsweise Matrizenspeicher (Magnetkernspeicher) oder Dünnschichtspeicher. Die zu verarbeitenden Werte können dann, bevor sie benötigt werden, vom Speicher mit langer Zugriffszeit (Langsamspeicher) auf Speicher mit kurzer Zugriffszeit (Schnellspeicher) übertragen werden, wo sie dann bei Bedarf in kürzester Zeit abgegriffen werden können. Die zu verarbeitenden Werte werden also von einer Speicherstufe auf eine andere geschoben. Diese Art der Programmierung auf minimale Wartezeit ist jedoch nur dann vorteilhaft, wenn die Zeit (die für die Übertragung von Informationen von einer Speicherstufe zur anderen) nicht so hoch ist, daß sie den Gewinn der kürzeren Zugriffszeit im Schnellspeicher nicht wettmacht. Dieser Zusammenhang ist in der folgenden Graphik schematisch dargestellt.

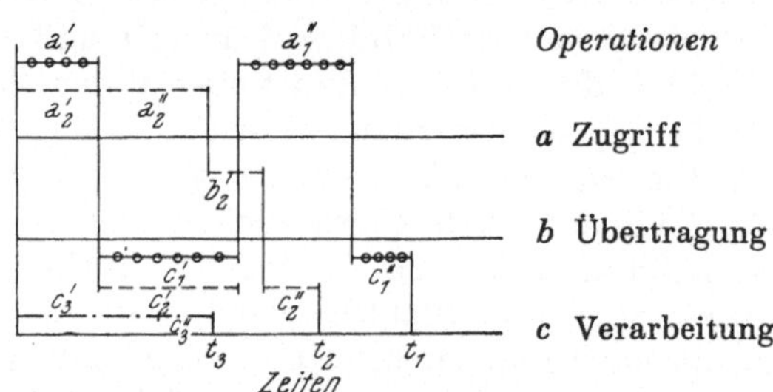

—○—○—○— nur eine Speicherstufe (Langsamspeicher)

– – – – – zwei Speicherstufen (Langsam- und Schnellspeicher)

—·—·—·—·— nur Schnellspeicher (praktisch keine Zugriffszeit)

Die Zeiten für den Zugriff sind mit a (a', a'', ...), die der Übertragung mit b (b', b'', ...) und jene der Verarbeitung mit c (c', c'', ...) bezeichnet, wobei

$$a' = a_1', \quad a_2'' = a_1'', \quad c_2' = c_1' = c'_3, \quad c_2'' = c_1'' = c_3''$$

ist. Die einzelnen Speichersysteme sind durch Indizes (z. B. a_1, b_2, c_3) gekennzeichnet. Verfügt das Gerät nur über eine Speicherstufe (Langsamspeicher), so ist vor jeder Verarbeitung der benötigte Wert auf dem Speicher abzugreifen. Die gesamte Verarbeitungszeit stellt sich dann auf

$$t_1 = a_1' + c_1' + a_1'' + c_1''.$$

Bei einem Gerät mit zwei Speicherstufen kann während der ersten Verarbeitungsphase der nächste Wert im Langsamspeicher abgegriffen (a_2'') und auf den Schnellspeicher übertragen werden (b_2'). Die zweite Verarbeitung kann dann unmittelbar nach Beendigung der Übertragung beginnen. Für die Festlegung der gesamten Verarbeitungszeit sind die folgenden Fälle zu unterscheiden:

a) Die Zeit für den Zugriff zum zweiten Wert (a_2'') und für dessen Übertragung (b_2') ist kleiner oder gleich der Verarbeitungszeit für den ersten Wert (c_2'), d. h.

$$a_2'' + b_2' < c_2'.$$

In solchen Fällen beläuft sich die gesamte Verarbeitungszeit auf

$$t_2 = a_2' + c_2' + c_2''.$$

In diesem Falle ist stets

$$a_2' + c_2' + c_2'' < a_1' + a_1'' + c_1' + c_1'',$$

d. h.

$$t_2 < t_1.$$

Unter diesen Bedingungen wird also ein Gerät mit zwei Speicherstufen rascher arbeiten als ein solches mit einem Langsamspeicher.

b) Die Zeit für den Zugriff zum zweiten Wert (a_2'') und für dessen Übertragung (b_2') ist größer als die Verarbeitungszeit für den ersten Wert (c_2'), d. h.

$$a_2'' + b_2' > c_2'.$$

Hier ist weiter zu unterscheiden, ob

$$a_2'' + b_2' < c_1' + a_1''$$

ist. Dies trifft stets dann zu, wenn

$$b_2' < c_1' \quad \text{oder} \quad c_1' = k\,b_2' \quad (k > 1)$$

ist, d. h. wenn die Übertragungszeit kleiner ist als die für die Verarbeitung des ersten Wertes benötigte Zeit. In solchen Fällen ist

$$a_2' + a_2'' + b_2' + c_2'' < a_1' + c_1' + a_1'' + c_1''$$

oder

$$a_2' + a_2'' + b_2' + c_2'' < a_1' + k\,b_2' + a_1'' + c_1'',$$

d. h.

$$t_2 < t_1.$$

Auch in diesem Falle arbeitet ein Gerät mit zwei Speicherstufen rascher als ein solches mit nur einer Speicherstufe (Langsamspeicher). Nun kann aber auch

$$a_2'' + b_2' = c_1' + a_1'',$$

d. h. also

$$b_2' = c_1'$$

sein. Unter dieser Voraussetzung ist

$$t_2 = t_1,$$

d. h. die beiden Geräte-Typen sind einander hinsichtlich der Verarbeitungszeit gleichwertig. Endlich ist es noch möglich, daß

$$a_2'' + b_2' > c_1' + a_1'',$$

d. h.

$$b_2' > c_1' \quad \text{oder} \quad c_1' = \frac{1}{k}\, b_2' \quad (k > 1).$$

Dies besagt, daß die Übertragungszeit größer ist als die für die Verarbeitung des ersten Wertes benötigte Zeit. In einem solchen Falle ist

$$a_2' + a_2'' + b_2' + c_2'' > a_1' + \frac{1}{k}\, b_2' + a_1'' + c_1'',$$

d. h.

$$t_2 > t_1.$$

Wird also für eine Übertragung mehr Zeit benötigt als für die Verarbeitung des ersten Wertes, so lohnt sich, zeitlich gesehen, der Einsatz eines Gerätes mit zwei Speicherstufen (Langsam- und Schnellspeicher) nicht. Ein Gerät, das nur über Schnellspeicher verfügt, ist offensichtlich jedem anderen Gerät hinsichtlich der Verarbeitungszeit überlegen, denn es ist

$$t_3 < t_1 \quad \text{und} \quad t_3 < t_2.$$

Durch besondere technische Vorkehrungen im Gerät ist es allerdings möglich, die Verarbeitungszeiten bei Geräten mit Langsamspeichern oder mit zwei Speicherstufen etwas günstiger zu gestalten. Der Einfachheit halber wurde diese Möglichkeit bei den angestellten Überlegungen außer acht gelassen.

Zeitlich gesehen bestände die günstigere Lösung also darin, die Geräte nur mit Schnellspeichern auszurüsten. Solche Schnellspeicher sind aber wesentlich teurer als Langsamspeicher. Anderseits sind Geräte, die nur über Langsamspeicher verfügen, für den praktischen Einsatz in den meisten Fällen zu langsam. Bei Geräten, die vor allem für kommerzielle Arbeiten eingesetzt werden, muß deshalb ein Kompromiß bei der Ausstattung des Gerätes mit Speichern getroffen werden. Die meisten elektronischen Rechenautomaten werden deshalb mit zwei Speicherstufen, beispielsweise mit einem Trommelspeicher und sogenannten Registern, ausgerüstet. Eine wesentliche Verkürzung der Zugriffszeit wird hier durch die technische Vorkehrung der direkten *Adressierbarkeit der Register* erreicht, d. h. dadurch, daß Werte direkt in den Registern für die Verarbeitung abgegriffen werden können.

Jede Zahl, die einem Rechenautomaten zur Verarbeitung eingegeben wird, ist durch eine bestimmte Größenordnung gekennzeichnet. Diese wird durch die Setzung eines Kommas festgelegt; je mehr das Komma nach rechts verschoben wird, desto größer wird die Zahl, und umgekehrt, je mehr das Komma nach links verschoben wird, desto kleiner wird die Zahl. Diese Tatsache erschwert die Verarbeitung von Zahlen in einem Rechenautomaten, in welchem eine Reihe von Operationen aneinandergereiht wird, ohne daß in der Regel die Zwischenresultate für den Rechner ausgeworfen werden. Der Rechner hat also zum vornherein auch die Bewegung des Kommas während der Verarbeitung zu berücksichtigen. Überdies weist der Rechenautomat jeder ihm eingegebenen Zahl automatisch eine bestimmte Größenordnung zu. Es ist also zwischen diesem *Maschinenkomma* und dem *Rechenkomma,* das allein für die Größenordnung der Ergebnisse maßgeblich ist, zu unterscheiden. Die Lage des Maschinenkommas ist grundsätzlich willkürlich. Bei den einen Geräten sitzt es links außen, bei anderen rechts außen, d. h. das Gerät faßt entweder jede eingegebene Zahl — unabhängig von ihrer wirklichen Größenordnung — als eine Größe, die kleiner als Eins ist, oder als ganze Zahl ohne Kommastellen auf.

Das nachfolgend schematisch aufgezeichnete Maschinenwort umfaßt 10 Positionen, wovon die äußerste Position links das Vorzeichen enthält (bei anderen Geräten ist es die äußerste Position rechts).

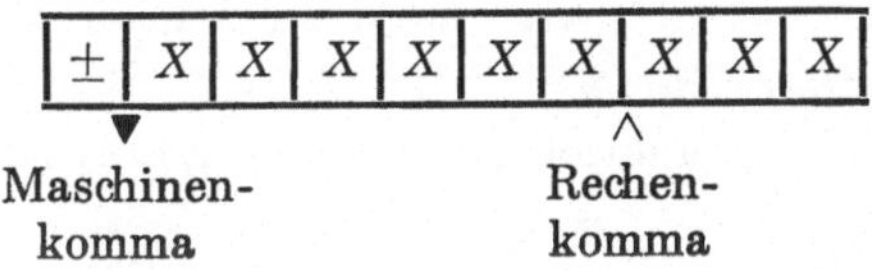

Während also das Maschinenkomma an einer bestimmten, fest gegebenen Stelle sitzt, kann die Lage des Rechenkommas innerhalb des Maschinenwortes beliebig verändert werden. Das Rechenkomma ist im Gerät nicht verwirklicht, es ist lediglich vom Programmierer erdacht. Je nachdem nun dieses Rechenkomma gesetzt gedacht ist, sind verschiedene Methoden der Kommaberücksichtigung zu unterscheiden.

Die einfachste, aber auch starrste Methode ist die der *festen Komma-Mittelstellung.* Wie die Bezeichnung schon verrät, wird hier die Lage des Rechenkommas in der Mitte des Maschinenwortes unverrückbar angenommen. Sind also beispielsweise zwei Zahlen zu addieren, deren Größenordnungen verschieden sind, so muß die eine Zahl innerhalb des Maschinenwortes derart verschoben werden, bis sich deren Rechenkomma an der gleichen Stelle befindet wie jenes der anderen Zahl. Die Lage des Rechenkommas ist nun so festgelegt, daß sie für praktisch vorkommende Berechnungen möglichst günstig ist. Diese günstigste Lage befindet sich in der Mitte des Maschinenwortes, indem dann die größte Anzahl Stellen vor wie auch nach dem Komma berücksichtigt werden kann. Bei Geräten mit fester Komma-Mittelstellung ist es wichtig, daß die zu verarbeitenden

Zahlen derart in das Maschinenwort eingesetzt werden, daß ihre Größenordnung durch die Komma-Mittelstellung richtig wiedergegeben wird.

Eine größere Flexibilität weist die *graphische Methode* auf. Hier wird dem Rechenkomma — im Gegensatz zur Methode der festen Komma-Mittelstellung — keine bestimmte Stelle im Wort fest zugewiesen. Bezeichnet man allgemein die Anzahl der Stellen vor dem Rechenkomma bei der ersten zu verarbeitenden Zahl mit m und bei der zweiten zu verarbeitenden Zahl mit p sowie die Anzahl der Stellen nach dem Rechenkomma mit n bzw. q, wobei die Summe $n + m = p + q$ gleich der gesamten mit Zahlen belegbaren Positionen des Maschinenwortes ist, so kann man die Größenordnung jeder Zahl durch das Symbol

$$(m/n) \quad \text{bzw.} \quad (p/q)$$

kennzeichnen.

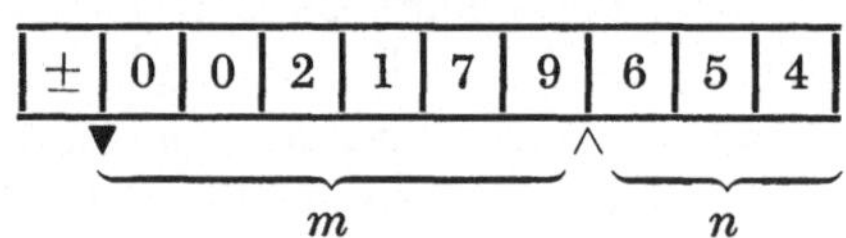

Diese Zahl 2179,654 ist also von der Größenordnung (6/3), wobei $6 + 3 = 9$ gleich der Anzahl Stellen im Maschinenwort ist, die mit Zahlen belegt werden können.

Bei Addition und Subtraktion gilt die folgende Beziehung:

$$1.\ \textit{Zahl} \qquad 2.\ \textit{Zahl} \qquad\qquad \textit{Resultat}$$
$$(m/n) \quad \pm \quad (p/p) \quad = \quad (m/n)\ \mathrm{v}\ (p/q).$$

Das Zeichen „v" bedeutet „oder", lateinisch „vel". Es muß also die Bedingung

$$m = p \quad \text{und} \quad n = q$$

erfüllt sein, d. h. die beiden Zahlen müssen ihrer Größenordnung gemäß untereinander liegen.

Für die Multiplikation gilt die Beziehung:

$$(m/n) \cdot (p/q) = (m + p/n + q),$$

wobei einzelne Stellen selbstverständlich auch Nullen sein können. Beim Produkt aus zwei Faktoren ist die Anzahl der Stellen vor dem Rechenkomma gleich der Summe der Anzahl Stellen vor dem Rechenkomma bei den einzelnen Faktoren; das Entsprechende gilt für die Anzahl der Stellen hinter dem Rechenkomma. Bei der Division findet sich die Beziehung:

$$\frac{(m/n)}{(p/q)} = (m - p/n - q).$$

Von dieser graphischen Methode leitet sich die *Maßstabfaktoren-Methode* ab. Diese wird besonders bei wissenschaftlichen und technischen Problemen sehr oft angewendet. Ein Vorteil dieser Methode liegt darin, daß sie es ermöglicht, alle Lagen des Rechenkommas vor der Verschlüsselung festzulegen und dadurch den Prozeß der Bestimmung der Rechenkomma-Lage von jenem der Verschlüsselung zu trennen. Das Risiko, bei diesen beiden Prozessen Fehler zu begehen, wird folglich wesentlich verringert.

Bekanntlich wird durch das Maschinenkomma einer Zahl eine bestimmte Größenordnung zwangsläufig zugewiesen, die aber in der Regel für das Rechenergebnis nicht maßgeblich ist. Um den zu verarbeitenden Zahlen die ihnen zukommenden richtigen Größenordnungen zuzuweisen, sind die durch das Maschinenkomma gekennzeichneten Zahlen mit einem Faktor zu multiplizieren. Bezeichnet man die im Gerät realisierte Zahl mit Z' und die zu verarbeitende Zahl mit Z, so ergibt sich die Beziehung:

$$Z = K \cdot Z',$$

worin $K = 10^w$ ist, da es sich ja immer nur um eine Kommaverschiebung, d. h. im Dezimalsystem um Multiplikationen mit dem Faktor 10, handelt. Der Exponent w wird Maßstabfaktor genannt.

Eine bestimmte Speicherzelle enthalte die folgenden Ziffern:

$\pm$	1	5	7	9	1	3	2	0	4

Diese Ziffern sollen die Zahl 15791,3204 darstellen. In diesem Falle ist:

$$15791{,}3204 = K\,0{,}157913204,$$

d. h. es ist

$$K = 10^5 \quad \text{oder} \quad w = 5.$$

Soll aber die zu verarbeitende Zahl 0,00157913204 lauten, so wird

$$0{,}00157913204 = K\,0{,}157913204,$$

d. h.

$$K = 10^{-2} \quad \text{oder} \quad w = -2.$$

Der Maßstabfaktor w bezeichnet also die Anzahl der Stellen rechts vom Maschinenkomma (z. B. 5) bzw. die mit einem Minuszeichen versehene Anzahl der Stellen links vom Maschinenkomma. Wird der Inhalt einer Speicherzelle bei unverschobenem Rechenkomma nach links oder nach rechts geschoben, so verändert sich selbstverständlich der Wert des Maßstabfaktors

Es ist zu berücksichtigen, daß Zahlen, die addiert oder subtrahiert werden müssen, die gleichen Maßstabfaktoren haben müssen. Trifft dies nicht zu, so ist eine der beiden Zahlen so lange zu verschieben, bis Gleichheit der Maßstabfaktoren erzielt worden ist. Der bei einer Multiplikation resultierte Maßstabfaktor bezeichnet die Linksverschiebung des Produktes, die notwendig ist, um keinen Verlust an bedeutsamen Stellen im Resultat zu erleiden. Der bei einer Division sich ergebende Maßstabfaktor gibt die Rechtsverschiebung an, die notwendig ist, um die Division vollständig durchführen zu können.

Die größte Schwierigkeit bei dieser Methode der Rechenkomma-Bestimmung ist in der Ermittlung der absolut größten und kleinsten Zahl der zu verarbeitenden Größen zu erblicken. Stellt es sich bei der Berechnung durch den Rechenautomaten heraus, daß die berechnete Zahl größer ist, als auf Grund der Maßstabfaktoren-Methode angenommen worden ist, so erscheinen die überzähligen Stellen links im Maschinenwort nicht mehr, und das Resultat wird falsch. Es ist daher wichtig, Sicherheiten für solche Überläufe im Programm vorzusehen, sofern nicht das Gerät über eine automatische Überlaufsicherung verfügt.

Der Hauptzweck der Maßstabfaktoren-Methode besteht darin, die Stellenzahl des Rechenwerkes optimal auszunützen. Zu diesem Zwecke ist es aber notwendig, die zu verarbeitenden Zahlen und die Zwischenresultate zumindest in ihrer größten bzw. kleinsten Stellenzahl zu kennen. Dies ist aber bekanntlich oft nicht möglich, weshalb in solchen Fällen eine Methode erwünscht ist, die dem Gerät automatisch und von Rechenschritt zu Rechenschritt angibt, welche Stellenzahl die verarbeiteten Zahlen und Zwischenresultate haben. Diese Erfordernisse werden durch die Methode des gleitenden Kommas erfüllt.

Die *Methode des gleitenden Kommas* (floating decimal point, virgule flottante) stellt eine Methode dar, die dem Gerät automatisch und genau angibt, wo das Rechenkomma jeweils sitzt, ohne daß es dabei im Gerät verwirklicht zu werden braucht. Dieses Verfahren kann entweder durch Programmierung oder durch feste Verdrahtung (eingebaute Komma-Pläne) im Gerät eingesetzt werden. In jedem Falle werden die zu verarbeitenden Zahlen als das Produkt aus einer Zahl bestimmter Größenordnung und einer Potenz von 10 dargestellt. So wird beispielsweise die Zahl 1743,134 folgendermaßen geschrieben:

$$0{,}1743134 \cdot 10^4.$$

Bei dieser Methode wird einerseits die Zahl 0,1743134 und anderseits der Exponent von 10, d. h. die Zahl 4, gespeichert. Der Zahlenteil 0,1743134 wird — in Anlehnung an die Logarithmenrechnung — als Mantisse bezeichnet. Mantisse und Exponent werden getrennt gespeichert.

Da aber der Exponent kaum eine 9- oder 10stellige Zahl sein wird, wäre es verschwenderisch, diesen in einem eigenen Maschinenwort zu speichern. Aus diesem Grunde weist man dem Exponenten gewöhnlich zwei Positionen im Maschinenwort zu, während die verbleibenden Positionen im gleichen Maschinenwort die Mantisse und das Vorzeichen beherbergen.

Es kann nun vorkommen, daß der Exponent negativ wird, wie dies bei Zahlen, die kleiner sind als Eins, zutrifft. Da erfahrungsgemäß bei kaufmännischen und bei vielen technischen und wissenschaftlichen Problemen nur selten Exponenten vorkommen, die -50 oder $+50$ lauten, d. h. also Zahlen mit 50 Nullen hinter dem Maschinenkomma bzw. mit 51 Stellen vor dem Komma betreffen, wird in der Regel die Zahl 50 zum wirklichen Exponenten addiert. Auf diese Weise erfaßt man alle Zahlen mit Exponenten zwischen -50 und $+49$; im Maschinenwort erscheinen dann die transformierten Exponenten 0 bis 99. Die Zahl

$$1743{,}134 = 0{,}1743134 \cdot 10^4 = 0{,}1743134 \cdot 10^{54}$$

würde im Maschinenwort folgendermaßen erscheinen:

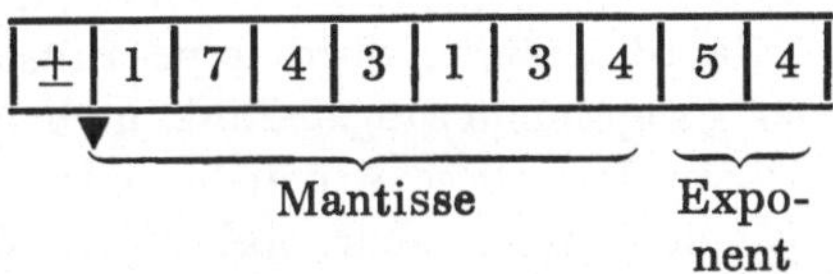

Die Rechenoperationen werden für Mantisse und Exponent getrennt durchgeführt. Dabei ist zu beachten, daß bei Additionen und Subtraktionen die beiden Zahlen den gleichen Exponenten aufweisen, was nötigenfalls durch Verschieben der einen Zahl zu erreichen ist. Eine Rechtsverschiebung um n Stellen bewirkt eine Erhöhung des Exponenten um n; eine Linksverschiebung um n Stellen senkt den Exponenten um n Stellen.

Die Multiplikation erfordert keine Gleichheit der Exponenten der beiden Faktoren. Es wird das Produkt aus den beiden Mantissen gebildet, das stets kleiner als Eins ist, und die beiden Exponenten werden addiert. Da aber beide um 50 und ihre Summe folglich um 100 transponiert ist, muß diese noch um 50 erniedrigt werden. Bezeichnet man die transformierten Exponenten der beiden zu multiplizierenden Zahlen mit e_1 und e_2, so stellt sich der Exponent des Produktes auf

$$e_1 + e_2 - 50.$$

Bei der Division wird der Exponent des Quotienten gleich

$$e_1 - e_2 + 50.$$

Auf diese Weise ergeben sich automatisch die richtigen Größenordnungen der Zahlen. Allerdings ist jede Rechenoperation je einmal für die Mantisse und für den Exponenten durchzuführen. Die Benützung der Methode des gleitenden Kommas bedingt deshalb eine längere Rechenzeit. Bei Geräten, für die dieses Verfahren eigens programmiert werden muß, ergibt sich zusätzlich noch ein erhöhter Zeitaufwand für die Programmierung. Das gleitende Komma verlangsamt den Rechenprozeß durchschnittlich um rund 10—40 %/o der Verarbeitungszeit ohne Verwendung des gleitenden Kommas. Durch die feste innere Verdrahtung des gleitenden Kommas erhöhen sich anderseits die Herstellungskosten des Gerätes um schätzungsweise 10 %/o. Trotz dieser Nachteile wird diese Methode sehr oft angewendet, da sie bei vielen Problemen unerläßlich ist. Allerdings ist auch festzuhalten, daß immer mehr Geräte, die nicht nur für rein wissenschaftlich-technische Probleme, sondern auch für kommerzielle Aufgaben eingesetzt werden sollen, das gleitende Komma im Gerät fest verdrahtet haben.

4. Verarbeitungstechniken

Ein gegebenes Datenverarbeitungsproblem kann mit Hilfe seiner Darstellung durch ein Ablaufdiagramm, durch eine Entscheidungstafel und durch den Einsatz der Programmierungstechnik noch nicht in zufriedenstellender Weise gelöst werden. Diese Arbeiten sind zwar unerläßlich zur Lösung des Problems, sie müssen aber noch durch die Wahl und die Einsatzplanung einer zweckmäßigen *Verarbeitungstechnik* ergänzt werden.

Elektronische Datenverarbeitungsgeräte höchster Leistungsfähigkeit stehen nunmehr nicht nur für wissenschaftliche, sondern immer mehr auch für kommerzielle Aufgaben zur Verfügung. Das Mißverhältnis zwischen der sehr hohen inneren Verarbeitungsgeschwindigkeit solcher Geräte und den verhältnismäßig langsamen Ein- und Ausgabegeräten machen neue Verarbeitungstechniken notwendig. Solche Verfahren sind beispielsweise das „Time-sharing", das „Multi-programming", das „Multi-processing", das „Tele-processing". Diese verschiedenen Verfahren sollen nachfolgend etwas eingehender dargestellt werden, soweit es im Rahmen dieses Buches möglich ist.

Time-sharing

Vor allem bei der kommerziellen elektronischen Datenverarbeitung macht sich dieses Mißverhältnis zwischen der raschen inneren Verarbeitungsgeschwindigkeit bei modernen elektronischen Rechenautomaten und den relativ langsamen Ein- und Ausgabeleistungen störend bemerkbar, indem bei der kommerziellen Datenverarbeitung das Rechenwerk in der Regel sehr wenig, die Ein- und Ausgabegeräte aber sehr stark beansprucht werden. Dies zwingt uns, nach Verarbeitungstechniken zu suchen, bei welchen auch das Rechenwerk einen höheren Auslastungsgrad aufzeigt. Zu diesem Zwecke wurde die Methode des „Time-sharing" entwickelt. Unter dieser englischen Bezeichnung, die sich mangels eines treffenden deutschen Ausdrucks auch im deutschen Sprachgebrauch eingebürgert hat, wird üblicherweise die Aufteilung der gleichen Verarbeitungszeit auf mehrere Probleme verstanden, von welchen die einen mehr rechenintensiv, die anderen mehr ein- und ausgabeintensiv sind. Dabei kann es sich um verschiedene Probleme eines einzigen Benützers der Rechenanlage oder aber auch um verschiedene Probleme verschiedener Benützer handeln. Dabei haben sehr oft einzelne Programme oder Programmteile Prioritätsrechte vor anderen, sei es, daß sie dringlicher, sei es, daß sie wichtiger sind als andere Programme oder Programmteile.

Diese Art der Verarbeitung stellt besondere organisatorische und technische Probleme. Was die organisatorischen Probleme betrifft, ist es vor allem erforderlich, daß die Arbeiten des einen Benützers der Anlage die Arbeiten der anderen Benützer nicht stören, daß die Verarbeitungsergebnisse des einen Benützers nicht einem anderen fälschlicherweise übergeben werden, daß durch Anfragen an das Rechengerät durch einen Benützer nicht irrtümlicherweise Zwischenresultate oder Inhalte von Speicherplätzen aus einer Verarbeitung für einen anderen Benützer der Anlage herausgegeben werden. Hinsichtlich der technischen Anforderungen an das Gerät muß dieses vor allem eine große Speicherkapazität aufweisen, es muß auch über sehr hohe Rechenleistungen verfügen (was aber als gegeben angenommen werden kann), weiter müssen die Inhalte der Speicherplätze durch besondere technische Vorkehrungen geschützt sein, und endlich muß die Betriebssicherheit der Anlage möglichst hoch sein.

Die technische Verwirklichung des „Time-sharing" wird dadurch erreicht, daß verschiedene Randgeräte der Elektronenanlage (z. B. Lochkartenleser, Lochkartenstanzer, externe Speicher, Schnelldrucker) gemeinsam mit der Anlage verbunden sind, d. h. gruppenweise über den gleichen Verbindungskanal mit dem Gerät zusammenhängen.

Die Arbeitsweise beim „Time-sharing" besteht darin, daß innerhalb einer Verarbeitung Geräte mit verfügbarer Zeit für andere Aufgaben herangezogen werden; so wird beispielsweise bei Eingabeoperationen das unbenützte Rechengerät für Rechenoperationen innerhalb einer anderen Verarbeitung verwendet. Dies erfordert aber eine Kontrolle. Das Gerät mit freier Kapazität meldet dies dem Steuerwerk, das nun gewisse Verarbeitungen diesem Gerät zuweist. Die Meldung über freie Kapazität kann einerseits im Programm durch programmierte Abfragen ausgelöst werden, oder es kann durch das entsprechende Gerät automatisch, d. h. ohne programmierte Abfrage, erzeugt werden.

Es ist offensichtlich, daß das „Time-sharing" gewisse Anforderungen an das Programm stellt. In der Regel ist bei dieser Verarbeitungsweise ein Leit-Programm (Exekutiv-Programm) nötig, das die Zuteilung der freien Kapazitäten einzelner Randgeräte an bestimmte Verarbeitungen bzw. Programme überwacht und lenkt. Dieses Leit-Programm befindet sich als ständiges Programm im Speicher. Es wacht darüber, daß die Elektronenanlage — bei gegebenen Verarbeitungsprogrammen — bestmöglich ausgenützt wird.

Die Verarbeitung im „Time-sharing" kann ein weiteres Problem aufwerfen, nämlich das des *„Multi-access"* oder des *Vielfachzugangs*. Darunter versteht man die direkte Verbindung des Benützers mit dem Rechengerät, wobei eine Vielzahl von Benützern die gleiche Rechenanlage benützt. Rechengeräte, die diesem Zwecke dienen, sind unter der Bezeichnung MAC (Multi-Access-Computer) bekannt. Daß sich hier besondere Reihenfolge- und Organisationsprobleme stellen, ist leicht einzusehen. Deshalb wurden besondere Vielfachzugangs-Systeme entwickelt, so zum Beispiel das System CTSS (Compatibel Time Sharing System), das vom Massachusetts Institute of Technology Computation Center herausgegeben worden ist. Bei dieser Verarbeitungsweise führt der Benützer gewissermaßen ein Zwiegespräch mit dem Rechenautomaten, so daß die Programmsprachen für Vielfachzugangs-Verarbeitungen dieser Dialogform angepaßt sind. Eine Weiterentwicklung hat hier sogar zu einer vom Rechenautomaten selbständig durchgeführten Einsatz-Planung mit Hilfe eines „scheduling algorithm" geführt.

Multi-programming

Die Verarbeitungsweise des „Time-sharing" führt zur simultanen Verarbeitung mehrerer Programme, d. h. des „Multi-programming". Unter dieser Bezeichnung, d. h. unter dem Begriff der Mehrfachprogrammierung, versteht man das scheinbar gleichzeitige Verarbeiten mehrerer Programme. Tatsächlich aber werden jeweils Teilstücke verschiedener Verarbeitungsprogramme der Reihe nach abgewickelt, so daß der Eindruck einer gleichzeitigen, d. h. simultanen Verarbeitung entstehen könnte. Kennzeichnend ist hier die Ineinanderschachtelung verschiedener Programme auf einer einzigen Rechenanlage. Auch diese Verarbeitungsweise macht ein Leit-Programm notwendig, das diese Verzahnung der verschiedenen Verarbeitungsprogramme einleitet und überwacht. Im Speicher befinden sich hier gleichzeitig stets mehrere Verarbeitungsprogramme, von welchen jeweils Programmteile zur Verarbeitung abgerufen werden.

Multi-processing

Eine andere Verarbeitungsweise ist unter der Bezeichnung „Multiprocessing" bekannt. Im Gegensatz zum „Multi-programming" werden hier mehrere Zentraleinheiten zu einem Datenverarbeitungssystem zusammengefaßt. Dabei werden in der Regel den einzelnen Zentraleinheiten bestimmte Aufgaben zugewiesen. Stellen sich während des Ablaufs der Programme diese bestimmten Aufgaben ein, werden sie den entsprechenden Zentraleinheiten zur Verarbeitung zugewiesen. Da diese verschiedenen Zentraleinheiten tatsächlich zur gleichen Zeit für verschiedene Aufgaben eingesetzt werden können, spricht man oft auch von Parallel-Verarbeitung.

Diese hier aufgezählten Arbeitsweisen des „Time-sharing", „Multiprogramming" und „Multi-processing" (wobei diese beiden letztgenannten Verarbeitungsarten auf dem Prinzip des „Time-sharing" beruhen und deshalb eine Art „Time-sharing" im weiteren Sinne darstellen), haben verschiedene Zwecke zu erfüllen. Beim „Time-sharing" will man erreichen, daß wichtige und dringende Programme und Programmteile vor anderen bei der Verarbeitung den Vorrang haben, wobei auf freie Kapazitäten der Randgeräte abgestellt wird, d. h. es wird hier eine Vorrangverarbeitung unter Berücksichtigung freier Kapazitäten angestrebt; beim „Multi-processing" versucht man, mehr Leistung aus einem Rechenautomaten herauszuholen, d. h. mehr Arbeit je Zeiteinheit zu bewältigen; beim „Multi-processing" endlich liegt der Hauptvorteil darin, daß lange Verarbeitungsprogramme in Teilstücke zerlegt werden können, die parallel auf verschiedenen Zentraleinheiten ausgewertet werden.

Tele-processing oder Fernverarbeitung

Der Wirkungsgrad dieser Verarbeitungstechniken kann durch das „Tele-processing" oder die Fernverarbeitung noch wesentlich erhöht werden. Fernverarbeitung liegt dann vor, wenn der Benützer einer Elektronenanlage und die benützte Elektronenanlage räumlich getrennt sind. Diese Verarbeitungsweise will das Mißverhältnis zwischen der sehr raschen Verarbeitung in einer elektronischen Rechenanlage und der relativ langsamen Zu- und Wegführungszeiten für Informationen mildern. Bei der üblichen Verarbeitungsweise müssen beispielsweise die zur Verarbeitung verwendeten Lochkarten von dort, wo sie entstanden sind, an den Standort des Rechenautomaten sehr oft durch einen Boten gebracht und die Resultate nachher wieder zurückgebracht werden. Diese langen Zu- und Wegführungszeiten stehen in keinem Verhältnis zu den außerordentlich hohen Verarbeitungszeiten im Rechenautomaten.

Um diese Zu- und Wegführungszeiten zu verringern, werden die Informationen am Ort, wo sie entstanden sind und benötigt werden (beide Orte müssen nicht unbedingt die gleichen sein), über zweckmäßige und rasche Informationskanäle zum Rechenautomaten zu- und dann weggeführt. Geeignete Informationskanäle sind hier das Telefonnetz, das Telexnetz, das Telegrafennetz oder auch das geplante Datexnetz. Beim

Telefonnetz kann man das öffentliche Netz oder auch dem Gebraucher überlassene Linien unterscheiden. Beim Telefonnetz sind an beiden Enden des Kanals je ein Modem (Modulator/Demodulator) zur Umwandlung der Gleichstromimpulse in trägerfrequente Signale und umgekehrt erforderlich.

Die Wahl eines dieser Übertragungssysteme hängt von der Übertragungsgeschwindigkeit des Kanals, der Fehlerwahrscheinlichkeit der Übertragung und von den damit verbundenen Kosten ab. Die Kanäle können entweder nur in einer Richtung (simplex), in beiden Richtungen (duplex) oder wahlweise in einer der beiden Richtungen (halbduplex) verwendet werden. Die Übertragungsgeschwindigkeiten stellen sich heutigentags auf 50 Bits/Sekunde beim Telex- und Telegrafennetz, auf 200 Bits/Sekunde beim Datex-, Telegrafen- und Telefonnetz. Höhere Übertragungsgeschwindigkeiten können beim Telefonnetz mit 1200 Bits pro Sekunde und mehr erreicht werden[1].

Die Bit-Fehlerwahrscheinlichkeiten stellen sich beim Telegrafennetz auf $0,1 \times 10^{-6}$ bis $0,2 \times 10^{-6}$, beim Datexnetz auf $2,0 \times 10^{-6}$ bis $8,0 \times 10^{-6}$, bei der eigenen Telefonlinie auf $1,0 \times 10^{-6}$ bis $10,0 \times 10^{-6}$, beim Telefonnetz auf $10,0 \times 10^{-6}$ bis $100,0 \times 10^{-6}$ und beim Telexnetz auf $5,0 \times 10^{-6}$ bis $10,0 \times 10^{-6}$. Was die Kosten betrifft, nehmen die durchschnittlichen Kosten je Zeiteinheit mit zunehmender Anzahl der übertragenen Bits je Zeiteinheit exponentiell zu. Dabei weist das Telefonnetz bei kleinen Übertragungsmengen höhere Kosten auf als das Telexnetz. Anderseits wachsen die Kosten für das Telexnetz bei zunehmender Übertragungsmenge sehr stark an, während das Telefonnetz in diesem Bereich kostengünstiger liegt. Das Datexnetz dürfte hier eine Mittelstellung einnehmen. Ganz allgemein kann gesagt werden, daß für kleine Übertragungsmengen das Telexnetz, für große Übertragungsmengen aber das Telefonnetz kostengünstiger ist[2].

Hinsichtlich der Fehlerwahrscheinlichkeit bietet das öffentliche Telefonnetz nach dem heutigen Stand der Technik verhältnismäßig wenig Garantie auf Sicherheit, da hier durchschnittlich bis zu einem Bit auf 10 000 Bits falsch sein können. Diese technische Fehlerwahrscheinlichkeit kann allerdings durch eine Erhöhung der Redundanz der Informationen etwas gemildert werden, was aber auf Kosten der Übertragungsmenge geht und deshalb höhere Kosten verursacht.

Je nach dem Zweck der Fernverarbeitung können verschiedene System-Konfigurationen unterschieden werden. So können verschiedene Benützer einer einzigen Zentralanlage angeschlossen sein; man spricht dann von einem Sternnetz. Werden aber verschiedene Rechenautomaten paarweise

---

[1] Die Maßeinheit dafür ist das Baud (Bd), das die Übertragungsgeschwindigkeit in Bits je Sekunde mißt.

[2] Diese Angaben beziehen sich auf die Bundesrepublik Deutschland.

miteinander verbunden, spricht man von einem Dreiecksnetz. Diese beiden Arten können aber auch vermischt auftreten.

Real-Time-Verarbeitung

Für bestimmte Anwendungen ist es wichtig, daß die eingehenden Informationen sofort verarbeitet und die Resultate unverzüglich abgegeben werden. Ein klassisches Beispiel ist hier die Flugplatzreservation, wo der Stand der noch verfügbaren Plätze auf Flugzeugen verzugslos nachgeführt und Reservationen sofort berücksichtigt werden müssen. Diese Art der Verarbeitung nennt man „Real-time"-Verarbeitung.

Das Haupterfordernis bei dieser Verarbeitungsart ist vor allem ein sehr großer Speicher und eine sehr zuverlässige Arbeitsweise des Geräts. Diese wird bei großen Gerätesystemen durch die gleichzeitige Verwendung von zwei oder mehr Rechenautomaten erreicht. Bei der Steuerung von Weltraum-Raketen durch Rechenautomaten — auch eine „Real-time"-Anwendung — werden gleichzeitig vier Rechenautomaten eingesetzt.

Die Verwirklichung der „Real-time"-Verarbeitung stellt wesentliche Anforderungen an die Programmierung. Der Hauptgrund dafür ist darin zu suchen, daß bei einer „Real-time"-Verarbeitung in der Regel die Informationen in zufälliger Weise anfallen und daß deshalb kein im voraus gegebener Programmablauf besteht. Das Elektronengerät hat deshalb in zufälliger Weise (entsprechend der Natur der anfallenden Informationen) verschiedene Programme zu durchlaufen, was eine dynamische und flexible Programmordnung voraussetzt. Daraus folgt aber die Notwendigdigkeit einer dynamischen und flexiblen Speicherplatzbelegung, da ein Speicherplatz je nach anfallender Information für verschiedene Zwecke verwendet werden kann.

Deshalb sind „Real-time"-Verarbeitungen grundsätzlich durch drei Programmarten gekennzeichnet: dem Verarbeitungsprogramm (wie bei den konventionellen Verarbeitungen), dem Leit-Programm und dem Unterstützungs-Programm, das Testerleichterungen für das Verarbeitungsprogramm, Datengeneratoren, Simulatoren, diagnostische Routinen usw. umfaßt.

Mit dem Aufkommen des „Time-sharing" in seinen verschiedenen Formen und der Fernverarbeitung gewinnt die „Real-time"-Verarbeitung immer mehr an Bedeutung. So wird diese Verarbeitungsweise ein fruchtbares Anwendungsgebiet im Bankwesen finden, wo die Kontenstände der Kunden verzugslos nachgeführt werden müssen und wo sich durch die Filialorganisation die Fernverarbeitung als unumgänglich erweisen wird. Hier drängt sich aber ein weiteres Problem auf, nämlich das der Direktlesung von Belegen. Dieses Problem soll aber im vierten Kapitel unter dem Titel „Eingabe" aufgegriffen werden.

5. Die Fehlersuche

Eine programmierte und verschlüsselte Problemlösung wird in den meisten Fällen nicht ohne Fehler sein. Die Suche nach diesen Fehlern stellt deshalb eine wichtige Phase der Programmierung dar. Es ist deshalb notwendig, sich mit dem zweckmäßigsten Vorgehen bei der Fehlersuche zu befassen.

Es gibt sehr viele Fehlerursachen. Sie lassen sich grundsätzlich in zwei Gruppen aufteilen, nämlich in die *logischen Fehler im Ablaufdiagramm* und in die *Verschlüsselungsfehler* beim Übertragen des Ablaufdiagramms in die Sprache des Rechenautomaten. Bevor mit der Verschlüsselung begonnen wird, sollte man sich vergewissern, ob das Ablaufdiagramm keine logischen Fehler enthält. Dies kann dadurch geschehen, daß man ein einfaches Zahlenbeispiel wählt und dem Ablaufdiagramm folgend Rechenschritt um Rechenschritt von Hand zahlenmäßig ausführt und schaut, ob man auf diesem Wege zum richtigen Resultat gelangt. Bei diesem langwierigen und zeitraubenden Wege genügt es offensichtlich nicht, irgendein Zahlenbeispiel zu wählen. Dieses sollte vielmehr so beschaffen sein, daß es möglichst alle Möglichkeiten im Ablaufdiagramm ausschöpft, d. h. alle Äste des Programms durchläuft. Dies kann dadurch erreicht werden, daß man die verwendeten Zahlenwerte in zweckmäßiger Weise modifiziert. Dabei empfiehlt es sich, daß nicht der Programmierer, sondern der Kunde, d. h. das Unternehmen, das den Rechenautomaten einsetzen wird, das Zahlenbeispiel liefert. Auf diese Weise können auch Mißverständnisse aufgedeckt werden, die zwischen der Problemstellung durch den Unternehmer und der Problemlösung durch den Programmierer entstanden sein könnten. Es ist dabei wichtig, sich darüber im klaren zu werden, wie viele Möglichkeiten eine bestimmte Problemlösung überhaupt theoretisch zuläßt, um dadurch feststellen zu können, ob auch alle Möglichkeiten durch das Zahlenbeispiel ausgeschöpft worden sind. Unter diesen Möglichkeiten sind hier nicht die logischen Möglichkeiten verstanden, die alle im Ablaufdiagramm vorhanden sein sollten, sondern die kombinatorischen Möglichkeiten der Zahlenwerte (unter besonderer Berücksichtigung der Grenzfälle) verstanden.

Eine weitere Prüfung des Programms besteht darin, festzustellen, ob die benötigten Konstanten zahlenmäßig richtig eingegeben und Speicherzellen irrtümlicherweise doppelt oder mehrfach belegt worden sind. Unrichtige Konstantenwerte, die nur zu geringfügigen Abweichungen im Resultat führen (z. B. von der Größenordnung 0,01 oder 0,001), können durch Prüfung der Größenordnung des Resultates kaum mehr entdeckt werden.

Viele Fehler sind aber auf eine unrichtige Verschlüsselung zurückzuführen. Solchen Fehlern kann man schon dadurch begegnen, daß man einen genauen schriftlichen Plan über die Belegung der Register und der Speicherzellen sowie über den richtigen Aufruf der benötigten Konstanten, d. h. also einen Speicher- und Adressenplan, aufstellt.

Eine weitere sehr nützliche, aber etwas zeitraubende Prüfung besteht darin, auf Grund der Befehlsfolge rückwärts das Ablaufdiagramm zu erstellen und dieses dann mit dem ursprünglichen Ablaufdiagramm zu vergleichen. Dabei empfiehlt es sich, diese Rückübersetzung der Befehlsfolge durch einen anderen Programmierer ausführen zu lassen.

Viele Fehler entstehen durch Verschreiben bei der Aufstellung der Befehlsfolge. Oft wird durch momentanen Mangel an Konzentration beim Programmierer aus einer Operation eine andere. Solche Fehler schleichen sich am häufigsten bei Zahlencodes ein, d. h. bei Befehlen, denen bestimmte Zahlenwerte zugeordnet sind. Bei Geräten mit Magnetband ist weiter zu beachten, daß die richtigen Bänder verwendet werden, was durch Sicherheitsvorkehrungen zu Beginn des Bandes (Band-Indikationen) gewährleistet werden kann, und daß die einzelnen Bänder wieder zurückgespult werden.

Neben diesen Prüfmethoden, die der Programmierer durchführen muß, sind solche zu unterscheiden, die dem Gerät übertragen werden können. Auch hier gibt es verschiedene Möglichkeiten, die allerdings zum Teil vom Gerätetyp abhängig sind. Bei einzelnen Geräten besteht die Möglichkeit, das Programm schrittweise im Gerät ablaufen zu lassen und auf diese Weise Programmschritt um Programmschritt zu prüfen. Die Verarbeitungsgeschwindigkeit des Gerätes wird dabei auf das Maß der menschlichen Aufnahmefähigkeit reduziert. Eine andere Methode besteht darin, das Gerät auf Grund eines Testprogramms zu veranlassen, Angaben über Überdeckung von Speicherzellen, über richtigen Befehlsaufruf usw. beim zu prüfenden Programm auszuwerfen. Auf diese Weise wird die Spur des zu testenden Programms festgelegt. Oft ist es vorteilhaft, innerhalb des Programms für sogenannte Unterbrechungsstellen zu sorgen, bei welchen es möglich ist, den bisherigen Stand der Verarbeitung schriftlich festzulegen (Angabe von Speicherinhalten, von Zwischenresultaten usw.). In der Regel bringt man solche Unterbrechungsstellen bei Programmteilen an, die vermutlich zu Fehlern Anlaß geben (kritische Programmstellen). Das programmierungstechnische Vorgehen bei solchen Unterbrechungsstellen besteht in vielen Fällen darin, entweder von Hand am Schaltpult Anfangs- und Endadresse solcher kritischer Programmteile einzutasten; wenn dann der Verarbeitungsgang an dieser Stelle angelangt ist, werden die geforderten Angaben ausgegeben. Die Fortsetzung der Verarbeitung kann dann durch Schalterdruck befohlen werden. Anderseits ist es möglich, solche Prüfungen in das Programm einzubeziehen, indem bei solchen kritischen Programmstellen besondere Schreibbefehle angebracht werden. Bei Geräten, die sich nicht automatisch selbst kontrollieren, ist manchmal eine programmierte Wiederholung von Rechen-operationen von Vorteil.

Es wurden hier nur einige der wichtigsten Prüfmethoden aufgeführt. Der weitere Ausbau solcher Methoden und das Suchen und Finden neuer Prüfungsmethoden ist eine der wichtigsten Aufgaben der wissenschaftlichen Programmierungslehre und ist auch für den rationellen Einsatz elektronischer Rechenautomaten wichtig.

6. Die automatische Programmierung

Allgemeines

Die Verschlüsselung einer Problemlösung, d.h. die Übertragung einer Problemlösung in die „Sprache" des Rechenautomaten, erfordert sehr viel Aufmerksamkeit und die Kenntnis der Möglichkeiten, die das für die Lösung des Problems verwendete Gerät zuläßt. Der Arbeitsgang der Verschlüsselung wickelt sich schematisch nach einer ein für allemal gegebenen Vorlage ab. Diese Eintönigkeit bewirkt, daß sich bei diesem Arbeitsgang sehr oft und sehr leicht Fehler einschleichen, für deren Suche dann wertvolle und kostspielige Zeit aufgewendet werden muß.

Die Verfahren der automatischen Programmierung wollen diesem Übelstand abhelfen. Das Ziel jeder automatischen Programmierung ist es, den Arbeitsgang der Verschlüsselung für den Programmierer weitgehend zu vereinfachen. Dieses Ziel kann auf verschiedenen Wegen erreicht werden. Grundsätzlich ist zwischen automatischer Programmierung im weiteren Sinne und automatischer Programmierung im engeren Sinne zu unterscheiden.

Die *automatische Programmierung im weiteren Sinne* umfaßt jede Programmierungshilfe, die sich direkt auf die Instruktionen für eine Problemlösung beziehen. Zur Hauptsache besteht diese Hilfe darin, immer wieder benötigte Operationenfolgen ein für allemal für verschiedene mögliche Anwendungen zu verschlüsseln und bei Bedarf heranzuziehen, wie z.B. die Operationenfolgen für den Vergleich von Schlüsselnummern oder für das Ziehen einer Quadratwurzel. Solche Teilprobleme und deren Operationenfolgen bilden Unterprogramme oder Routinen (vorfabrizierte Programme).

Demgegenüber befaßt sich die *automatische Programmierung im engeren Sinne* mit jenen Programmierungshilfen, die eine Modifikation der Instruktionen für die Lösung eines Problems darstellen, indem die Verschlüsselung einer Problemlösung nicht direkt, sondern auf dem Umwege einer vereinfachten Zwischen-Verschlüsselung mit Hilfe eines Pseudocodes vorgenommen wird. Die automatische Programmierung im engeren Sinne stützt sich also grundsätzlich auf Pseudobefehle, d.h. auf Befehle, die das Gerät nicht direkt entziffern kann, während sich die auto-

matische Programmierung im weiteren Sinne zur Hauptsache der Unterprogramme oder Routinen bedient.

Bei den Unterprogrammen ist ebenfalls eine Unterscheidung zu treffen. Wird innerhalb eines größeren Programms eine Operationenfolge
mehrmals benötigt, so kann das Unterprogramm, das diese Operationenfolge kennzeichnet, entweder jedesmal bei Bedarf in das Programm ein-
gefügt werden. In diesem Falle spricht man von einem *offenen Unterprogramm*. Sie kann aber auch nur einmal im Programm an geeigneter
Stelle auftreten, wobei jedesmal zu diesem Unterprogramm gesprungen
wird, wenn die entsprechende Befehlsfolge benötigt wird. Hier spricht
man von einem *geschlossenen Unterprogramm*.

Die Methode der geschlossenen Unterprogramme ist offensichtlich nur
dann von Vorteil, wenn das Unterprogramm im Programm sehr oft verwendet wird. Die Methode der offenen Unterprogramme dürfte sich dann
als vorteilhaft erweisen, wenn die Routine nur in vereinzelten Fällen im
Programm herangezogen wird.

Die automatische Programmierung im weiteren Sinne ist aber an eine
Voraussetzung geknüpft, die bei volks- und betriebswirtschaftlichen Anwendungen nicht immer erfüllt ist. Die Vereinfachung der Programmierung durch Unterprogramme lohnt sich nämlich nur dann, wenn möglichst viele Operationenfolgen bei einer Vielzahl von Problemlösungen
angewendet werden können, d. h. wenn möglichst viele Arbeitsprozesse
standardisiert werden können. Ein hoher Stand einer solchen Standardisierung ist in der Mathematik erreicht, indem hier beispielsweise Divisionen, Sinusfunktionen, Integrale bei sehr vielen Problemen immer wieder
vorkommen. Die Erstellung von Unterprogrammen für diese Operationenfolgen ist durchaus zweckmäßig; so besteht für viele Geräte eine Vielzahl einsatzbereiter Programme über Winkelfunktionen, Integrale usw.,
während z. B. die Operationenfolge der Division, die praktisch immer
vorkommt, in den meisten Geräten fest verdrahtet ist. Die automatische
Programmierung im weiteren Sinne kann hier noch umfassender beschrieben werden, indem ganze Teilprobleme, wie z. B. die Linearplanung
(linear programming), die Erzeugung von Zufallszahlen usw., die in der
Unternehmensforschung (operations research) sehr bedeutsam sind, als
Unterprogramme vorfabriziert vorhanden sind. Auch bei den Analogiegeräten könnte man von einer automatischen Programmierung im weiteren
Sinne sprechen; das hohe Ausmaß der Standardisierung in der Mathematik hat zur Folge, daß bei Analogiegeräten die einzelnen Bauelemente
(z. B. Integratoren) ähnlich wie Unterprogramme je nach dem zu lösenden Problem zweckmäßig miteinander verbunden werden.

Dieses baukastenmäßige Zusammensetzen von Programmteilen findet
in der Technik eine Parallele, indem man dort bestrebt ist, Elementar-
teile herzustellen, die nach der Art ihrer gegenseitigen Verbindung ver-

schiedenene Produkte ergeben. Ein Beispiel dafür ist der Häuserbau mit vorfabrizierten Bauelementen. Diese bleiben sich gleich, je nach ihrer Zusammensetzung aber ergeben sich verschiedene Haustypen.

Das Ziel der automatischen Programmierung im weiteren Sinne ist es nun, solche Programmelemente zu bilden, die je nach Aneinanderreihung verschiedene Programme ergeben. Dies setzt allerdings voraus, daß auch der Informationsfluß innerhalb einer Unternehmung in solche Elementarflüsse zerlegt werden kann, die als solche im gesamten Informationsfluß immer wieder vorkommen. Die Möglichkeit des rationellen Einsatzes der automatischen Programmierung im weiteren Sinne ist daher eng an die Voraussetzungen geknüpft, daß der Informationsfluß in solche Elementarflüsse aufgespalten werden kann.

Leider weist die betriebswirtschaftliche Praxis keine so weitgehende Standardisierung auf. Ein weiteres, wichtiges Forschungsziel besteht folglich darin, Untersuchungen über die Standardisierungsmöglichkeiten und die Wege einer zweckmäßigen Standardisierung anzustellen. Vom Erfolg solcher Untersuchungen hängt die Möglichkeit ab, die automatische Programmierung im weiteren Sinne bei der Lösung von betriebswirtschaftlichen Problemen einzusetzen. Einzelne Operationenfolgen sind hier zwar schon als Unterprogramme vorhanden. So bestehen *Prüf-Routinen,* die der Aufdeckung von Fehlern im Programm dienen und die bei den Test-Durchläufen des Programms verwendet werden. *Lade-Routinen* stellen Unterprogramme für die Eingabe von Instruktionen und zu verarbeitende Informationen dar. *Ausgabe-Routinen* beziehen sich auf die Programmmierung der Ausgabe der Resultate durch einen Schnelldrucker, eine Schreibmaschine, durch Stanzen auf Lochkarten usw. Überdies verfügen einige Geräte über Routinen, die selber auf Grund einiger weniger Angaben Routinen erstellen; solche Unterprogramme werden als *Generator-Routinen* bezeichnet. Eine andere Routineart sorgt für die Zuordnung von zweckmäßigen Speicherplätzen an die eingegebenen Informationen. Ein Sonderfall solcher *Assembler-Routinen* (oder Raffungs-Routinen) bezweckt, bei Trommelgeräten den Informationen Speicherplätze zuzuordnen, die eine minimale Wartezeit gewährleisten. Die Programmierung auf minimale Wartezeit kann also weitgehend mit Hilfe eines automatischen Programms im weiteren Sinne verwirklicht werden. Eine Routine, die ebenfalls schon eine komplizierte Funktion ausführt, stellt die *Selektor-Routine* dar. Diese wählt aus einer Mehrzahl von Routinen einer Programmbibliothek die für ein bestimmtes Problem geeignetste Routine aus. Selbstverständlich müssen bei allen diesen Routinen die Richtlinien für die Auswahl und für die Entscheide vom Programmierer vorgegeben werden. Das Auswählen und Entscheiden geschieht dann allerdings nach vorgegebenem Plan, d. h. automatisch.

Als automatische Programmierung wird in der Regel das verstanden, was hier als automatische Programmierung im engeren Sinne bezeichnet ist. Bei dieser Art der automatischen Programmierung wird der Instruktionsschlüssel für ein bestimmtes Gerät durch einen ideellen und einfacheren, d. h. handlicheren Instruktionscode, den Pseudocode, für die Durchführung der Verschlüsselung ersetzt. Der Pseudocode ist ein nach bestimmten Gesichtspunkten gewählter Befehlsschlüssel, der im Gerät nicht realisiert ist. Dies bedingt aber eine Übersetzung der in Pseudobefehlen geschriebenen Befehlsfolge in eine Folge von Maschinenbefehlen. Diese Übersetzung kann entweder jeweils durch den Programmierer erfolgen, was allerdings in der Regel wenig rationell ist, oder sie kann durch das Rechengerät selber ausgeführt werden. In diesem Falle ist eine *Übersetzungs-Routine* notwendig, die das Entsprechungsverhältnis zwischen Pseudo- und Maschinencode eindeutig festlegt. Die Richtlinien für diesen automatischen Übersetzungsvorgang können nun entweder gesamthaft dem Gerät ein für allemal eingegeben werden oder sie können schrittweise in das Gerät eingeführt werden. Im ersten Falle spricht man von einem „*Compiler*", im zweiten Falle von einem „*Interpreter*".

Diese verschiedenen Arten der automatischen Programmierung sind im folgenden Schema zusammengestellt.

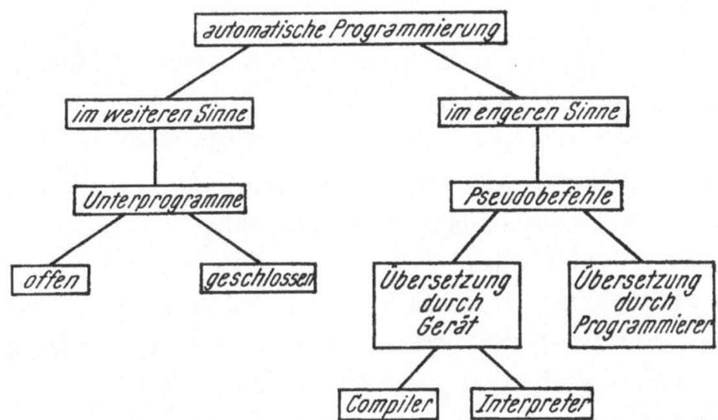

Eine einfache automatische Programmierung im engeren Sinne ergibt sich beispielsweise, wenn zur Darstellung von Ein-Adressen-Befehlen in einem Gerät Drei-Adressen-Befehle verwendet werden. Die Übersetzung geschieht dann auf Grund des Entsprechungsverhältnisses dieser beiden Befehlsarten entweder durch einen Compiler oder durch einen Interpreter. Soll beispielsweise in einem Ein-Adressen-Gerät eine Addition durchgeführt werden, wie

$$(a) + (b) \rightarrow c,$$

d. h. die Summe der Inhalte der Speicherzellen a und b soll auf die

Speicherzelle c gelegt werden, und soll diese Addition zuerst in einem Drei-Adressen-Pseudocode verschlüsselt werden, so ergibt sich der Befehl

$$60 \ [b] \ [b] \ [c].$$

Die Befehlsfolge im Ein-Adressen-Gerät lautet aber

$$33 \ [a],$$
$$35 \ [b],$$
$$43 \ [c],$$

Die Verschlüsselung im Pseudocode erfordert weniger Befehle und ist einfacher auszuführen.

Darüber hinaus kann der Maschinencode eines Gerätes als Pseudocode für ein anderes Gerät aufgefaßt werden. Die Auswertung dieser Tatsache ermöglicht es, Programme, die für ein bestimmtes Gerät verschlüsselt worden sind, in die Befehlsfolge eines anderen Gerätes zu übertragen. Wiederum ist aber das Vorhandensein einer Übersetzungs-Routine notwendig. Diese läßt sich nur dann erstellen, wenn die beiden Geräte einander hinsichtlich der Speicherkapazität und der Flexibilität gleichwertig sind.

Auch die relative Adressierung einer Befehlsfolge kann als Pseudocode für die absolute Adressierung betrachtet werden. Die in den vorhergehenden Abschnitten aufgestellten Befehlsfolgen können also als automatische Programme im engeren Sinne aufgefaßt werden. Auch hier dient der Pseudocode der Erleichterung der Verschlüsselung, indem es weniger Zeit erfordert, eine Befehlsfolge mit relativen Adressen aufzuschreiben als eine solche mit absoluten Adressen. Die Übersetzung der relativ adressierten Befehlsfolge in eine absolut adressierte Instruktionsfolge kann dann entweder durch den Programmierer erfolgen oder mittelst einer Übersetzungs- und einer Raffungs-Routine dem Gerät überbunden werden.

Das Kernproblem der automatischen Programmierung im engeren Sinne besteht darin, entweder für einen nach bestimmten Gesichtspunkten gewählten Pseudocode die zweckmäßigste Übersetzungs-Routine zu finden oder aber für eine bestimmte Übersetzungs-Routine den ihr entsprechenden Pseudocode zu erstellen. In der Regel wird von einem bestimmten Pseudocode ausgegangen, für welchen etwa gefordert wird, daß er die Verschlüsselung mit Hilfe von abgekürzten Operationsbezeichnungen in Worten, die sich überdies leicht einprägen und wenig Spielraum für Schreibfehler offen lassen, zuläßt, und versucht, die zweckmäßigste Übersetzungs-Routine in der Form eines Compilers zu erstellen.

Die automatischen Programme zeichnen sich manchmal auch dadurch aus, daß sie eine kürzere Laufzeit beanspruchen als die gleichen von

Hand geschriebenen Programme. Elektronische Rechenautomaten sind Informationsumwandler und können routinehaftes „Denken" für den Menschen ausführen. Da nun das Vercoden eines Programms ein routinehaftes „Denken" voraussetzt, kann es einem Rechenautomaten übertragen werden. Dieser Gedanke kann weitergeführt werden, indem es denkbar ist, daß aus Programmen wiederum Programme entstehen. Dieser Vorgang kann sich beliebig oft wiederholen. Jedes neuentstandene Programm entfernt sich inhaltlich immer mehr vom Ursprungsprogramm. Das Endprogramm kann deshalb äußerlich gesehen ein vollständig neues Programm sein. Man könnte in solchen Fällen vermuten, daß der elektronische Rechenautomat der Schöpfer des Endprogramms ist. Es könnte dabei zu Unrecht vermutet werden, daß der Rechenautomat eine schöpferische Leistung vollbracht hat. Allerdings können die Grenzen der Einsatzmöglichkeiten solcher Geräte durch diese Art der Programmierung wesentlich verschoben werden. Dahinter aber steht stets der Mensch mit seiner Schöpferkraft. Endlich ist noch zu sagen, daß sich die automatische Programmierung nicht auf Großgeräte beschränkt; auch Klein-Geräte eignen sich grundsätzlich für die automatische Programmierung.

Mehrzweck-Programme

Die automatischen Programme mit mehrfachem Zweck gehören in die Gruppe der automatischen Programmierung im engeren Sinne. Es handelt sich hier also um Programme, die Befehle enthalten, welche dem Elektronengerät nicht direkt verständlich sind, und die deshalb ein zwischen Mensch und Maschine geschaltetes Übersetzungsprogramm, einen Compiler, erfordern. Diese automatischen Programme können als Mehrzweck-Programme bezeichnet werden, weil sie nicht problemgebunden sind. Wohl sind sie problemorientiert, d. h. sie liegen der Natur ihrer Befehle entsprechend dem Problem näher als dem Gerät, während die Verkodung in der Maschinensprache Befehle gebraucht, die maschinenorientiert sind, d. h. ihrer Natur nach dem Gerät näher liegen als dem Menschen. Bei den in vorhergehenden Abschnitten dargelegten Verkodungsbeispielen handelt es sich um maschinenorientierte Befehle. Im folgenden soll nun kurz auf Programmsprachen hingewiesen werden, die einen mehrfachen Zweck erfüllen und problemorientiert sind.

Die bekanntesten Programmiersprachen dieser Art sind die früher schon erwähnten Sprachen FORTRAN (Formula Translator), ALGOL (Algorithmic Language) und COBOL (Common Business Oriented Language). Von diesen Sprachen eignen sich FORTRAN und ALGOL vor allem für technisch-wissenschaftliche Probleme, während COBOL speziell für kommerzielle Probleme entwickelt worden ist. Gleichwohl ist es möglich, bestimmte kommerzielle Probleme mit FORTRAN oder dem allgemeineren ALGOL zu verkoden. Diese problemorientierten Sprachen können nun nicht nur für verschiedene Probleme und Problemarten eingesetzt werden, sondern Programme, die in diesen Sprachen geschrieben sind, lassen sich auch auf verschiedenen elektronischen Datenverarbeitungsgeräten auswerten. Der Mehrzweckcharakter dieser Sprachen erstreckt sich also sowohl auf die Problemseite als auch auf die Geräteseite, was sie bei Benützern von Datenverarbeitungsanlagen sehr beliebt macht.

Hinzu kommt noch, daß Programme in diesen Sprachen schneller erstellt sind als solche in Maschinensprache und daß die Verkodung in diesen problemorientierten Sprachen praktisch keine Maschinenkenntnisse voraussetzt. Auch lassen sich solche Programme mit weniger Fehlern erstellen als Maschinenprogramme. Der Zeitaufwand für das Testen solcher Programme ist ebenfalls kleiner als bei Maschinenprogrammen. Allerdings beruht dieser hohe Leistungsgrad problemorientierter Sprachen auf einem zweckmäßigen und optimalen Aufbau des Übersetzungsprogrammes (Compiler). Ein schlecht angelegter Compiler kann diese Vorteile zunichte machen und den Benützer der Elektronenanlage gegen seinen Willen zwingen, dennoch die zeitaufwendigere und fehleranfälligere Maschinensprache zu benützen. Hier muß allerdings auch gesagt werden, daß in bestimmten Fällen die Maschinensprache der problemorientierten Sprache deshalb vorgezogen wird, weil die maschinenorientierte Sprache eine bessere Ausnützung der technischen Gegebenheiten des Gerätes ermöglicht, was bei bestimmten Problemen notwendig ist (z. B. Lösung komplizierter Probleme, die die Leistungsfähigkeit der eingesetzten Elektronenanlage voll ausschöpfen).

Kennzeichnend für diese problemorientierten Programmiersprachen ist es, daß sie Ausdrücke enthalten, die der Umgangssprache entnommen sind. Allerdings wird, um den Compiler nicht zu umständlich zu gestalten, nicht jeder Ausdruck der Umgangssprache vom Elektronengerät verstanden. Es sind deshalb bestimmte Ausdrücke vorgeschrieben, mit welchen das gestellte Problem zu lösen ist. Erwähnenswert ist auch, daß — wie übrigens auch bei der Maschinensprache — die Programmiersprache die Unterscheidung zwischen Groß- und Kleinbuchstaben nicht macht; sie kennt nur Großbuchstaben. Der Grund liegt darin, daß Ein- und Ausgabe des Rechengerätes z. B. auch durch Fernschreiber möglich sein soll, bei welchen nur Großbuchstaben verwendet werden. Endlich kennzeichnen sich diese problemorientierten Sprachen dadurch, daß sie nur auf einer Linie schreiben, d. h. keine Hoch- und Tiefstellungen von Buchstaben und Zahlen kennen. Diese Eigentümlichkeiten führen zu besonderen Vorschriften, die beim Verkoden in diesen Sprachen genau beachtet werden müssen. So kann ein Exponent nicht durch Hochstellung gekennzeichnet werden, sondern er muß durch ein besonderes Zeichen auf der gleichen Linie dargestellt werden (z. B. bei ALGOL durch den Ausdruck EXP oder durch fortgesetzte Multiplikation, bei FORTRAN und COBOL durch das Symbol **).

Die Sprache COBOL setzt sich aus 51 Zeichen zusammen, die in bestimmter Weise verbunden dem Elektronengerät über den COBOL-Compiler Anweisungen zur Lösung eines kommerziellen Problems vermittelt. Der Aufbau der Sprache COBOL ist vor allem dahin gerichtet, die Darstellung von Resultaten in Tabellenform, d. h. die Druckanordnung, die bei der kommerziellen Datenverarbeitung überaus wichtig ist, zu erleichtern. Demgegenüber liegt das Hauptaugenmerk bei ALGOL und FORTRAN auf der Erleichterung bei der Programmierung mathematischer Abläufe. Es ist deshalb nicht verwunderlich, daß beispielsweise die ersten Ansätze zur Bildung der Sprache ALGOL den Bestrebungen der Gesellschaft für Angewandte Mathematik und Mechanik (GAMM) sowie der Association for Computing Machinery (ACM) seit 1958 zu verdanken sind.

Sonderzweck-Programme

Als Sonderzweck-Programme sollen hier Programme verstanden werden, die problemorientiert und eigens für bestimmte Zwecke entwickelt worden sind. Eine wichtige Gruppe dieser Art Programme sind Programme für Simulationsmodelle, die zweckmäßigerweise in besonderen *Simulationssprachen* geschrieben werden. Simulationssprachen sind Programmiersprachen, die problemorientiert sind und ihrer Natur nach besonders zur Lösung von Simulationsmodellen auf elektronischen Datenverarbeitungsgeräten geeignet sind. Bevor jedoch diese Sprachen etwas näher umschrieben werden, soll kurz der Begriff des Simulationsmodells und seine Verwendung zur Simulation erklärt werden, obwohl diese Darstellung eher in die Gebiete der Ökonometrie, Statistik und Unternehmensforschung (operations research) gehört.

Als Simulation soll hier eine Tätigkeit verstanden werden, auf Grund von besonderen Modellen aus der Wirklichkeit das Verhalten dieser Wirklichkeit unter besonderen Bedingungen zu untersuchen. Diese Modelle werden ihrem Zweck entsprechend Simulationsmodelle genannt. Es handelt sich hier um Modelle, die in der Regel in logischer und mathematischer Form dargestellt werden. Da aber diese Simulationsmodelle sehr oft eine komplizierte mathematische Form aufweisen, empfiehlt es sich, sie mit Hilfe elektronischer Datenverarbeitungsgeräte numerisch auszuwerten. Dabei sind grundsätzlich zwei Modellarten zu unterscheiden: das operationelle Spiel-Modell und die Monte-Carlo-Methode. Bei operationellen Spiel-Modellen bestehen sich widerstreitende Interessen in der zu simulierenden Wirklichkeit zwischen zwei oder mehreren Partnern. Die bekanntesten Formen dieser Art von Simulationsmodellen sind das „Business Game" oder das Unternehmungsspiel und militärische Spiel-Modelle. Die

Monte-Carlo-Methode anderseits ist eine Simulationstechnik, die auf einer stochastischen oder wahrscheinlichkeitstheoretischen Grundlage beruht. Sie wird vor allem bei zwei Problemarten angewendet, nämlich bei Situationen, die einen stochastischen Prozeß darstellen, wie beispielsweise allgemeine betriebliche und volkswirtschaftliche Situationen, wo bestimmte Variablen zufallsbedingt oder stochastisch sind, sowie anderseits bei Situationen, die ihrer Natur nach deterministisch (also nicht stochastisch) sind, die aber mathematisch nur schwer zu erfassen sind. Ein Beispiel hiefür ist die Auswertung bestimmter komplizierter Integrale, die analytisch nicht in den Griff genommen werden können. Die Monte-Carlo-Methode verdankt ihre Entstehung solchen Problemen; heutigentags aber wird sie vor allem bei stochastischen Problemen eingesetzt.

Simulationsmodelle dienen vor allem einerseits der Durchleuchtung komplizierter Situationen der Wirklichkeit und anderseits Richtlinien für die zukünftige Entwicklung zu gewinnen. Sie sind also ihrer Natur nach dynamisch. Bei Unternehmungsspielen tritt die Dynamik des Simulationsmodells deutlich zutage, indem hier eine Zeitraffung erzielt wird, d. h. längere Perioden in der Wirklichkeit lassen sich durch kürzere Perioden simulieren. Auch hier steht das Problem der mutmaßlichen Entwicklung im Vordergrund, indem versucht wird, bestimmte Einflüsse und Einwirkungen im Simulationsmodell herauszuschälen und daraus Schlüsse auf die zukünftige Wirklichkeit zu ziehen.

Zur vereinfachten Darstellung der Wirklichkeit in Simulationsmodellen dienen grundsätzlich vier Bestandteile des Modells, nämlich die Komponenten, die Variablen, die Parameter und die funktionalen Beziehungen. Komponenten bezeichnen Teilgebiete des volks-, betriebswirtschaftlichen oder eines anderen Systems, das zu simulieren ist (z. B. die staatswirtschaftliche Sphäre). Die Variablen stellen die Verbindung zwischen den einzelnen Komponenten dar und gliedern sich in endogene und exogene Variablen. Während endogene Variable systemeigene Variable darstellen, gehören die exogenen Variablen dem zu simulierenden System nicht an, sie werden gewissermaßen von außen an das System herangetragen. Von den exogenen Variablen können einige als Parameter betrachtet werden, d. h. als Werte, die durch Umwelteinflüsse oder durch den Ökonometriker gegeben sind. Die funktionalen Beziehungen endlich verbinden die Variablen mit den Komponenten. Sie treten entweder als Identitäten oder als operationelle Beziehungen auf.

Bezüglich der Modelle kann zwischen statischen und dynamischen unterschieden werden. Statische Modelle beschreiben das System in einem bestimmten Zeitpunkt; dynamische Modelle hingegen versuchen die Wirklichkeit mit Hilfe des Modells in ihrer zeitlichen Entwicklung zu erklären. Hier wird, im Gegensatz zu den statischen Modellen, der Faktor Zeit als besonderes Merkmal in das Modell einbezogen. Simulationsmodelle sind dynamische Modelle, da sie das zeitliche Verhalten eines Systems durch ein Modell nachahmen wollen. Die Einführung des Faktors Zeit bei Simulationsmodellen macht es in vielen Fällen notwendig, zur Auswertung dieser Modelle elektronische Rechenautomaten zu verwenden. Es stellt sich deshalb die Frage, wie diese elektronische Verarbeitung von Simulationsmodellen am zweckmäßigsten geschehen kann.

Bei allen Simulationsmodellen treten immer wieder die gleichen Grundelemente hervor, nämlich bekanntlich die Komponenten, die Variablen, die Parameter und die funktionalen Beziehungen. Die einzelnen Simulationsmodelle unterscheiden sich dadurch untereinander, daß diese Grundelemente in bestimmter Weise miteinander verbunden sind. Es ist deshalb naheliegend, besondere Sprachen für die Auswertung solcher Modelle zu konstruieren, die auf diesen Grundelementen aufbauen. Es entstehen dadurch problemorientierte Sprachen, die aber im Unterschied zu den schon erwähnten Sprachen FORTRAN, ALGOL und COBOL eben auf den genannten Grundelementen der Simulationsmodelle aufbauen und die deshalb nicht für allgemeine Probleme, sondern für Simulationsprobleme verwendet werden sollten.

Es sind schon mehrere Simulationssprachen entwickelt worden, von welchen die wichtigsten und bekanntesten nachfolgend aufgeführt sind.

CLP	von der Cornell University entwickelt,
CSL	von IBM und Esso-Petrol Ltd. entwickelt,
DYNAMO	vom Massachusetts Institute of Technology (MIT) entwickelt,
ESP	von der Sprache GSP abgeleitet,
FORSIM	von der Mitre Corporation entwickelt,
GASP	von der Rand Corporation entwickelt,
GPSS	von der IBM entwickelt,
GSP	von der United Steel Corporation Ltd. entwickelt,
MILITRAN	vom System Research Group, Inc. entwickelt,
MONTECODE	von der British Iron and Steel Research Association entwickelt,
SIMON	von der Southampton University entwickelt,
SIMSCRIPT	von der Rand Corporation entwickelt,
SIMPAC	von der System Development Corporation entwickelt,
SIMULA	vom Norwegian Computer Center entwickelt,
SIMULATE	von der University of Wisconsin entwickelt.

Von diesen Simulationssprachen können die einen eher auf diesen Elektronengeräten, die anderen auf jenen eingesetzt werden, je nachdem, ob für diese Geräte Übersetzungsprogramme für diese Simulationssprachen entwickelt worden sind. Die folgende Übersicht zeigt, auf welchen Elektronenanlagen diese Simulationssprachen vor allem angewendet worden sind.

Sprachen	Elektronenanlagen									
	Burroughs 220	CDC 3600/1604	Elliott 503/805	Ferranti Pegasus	Honeywell 200	IBM 1620	IBM 7030	IBM 7040	IBM 7090	UNIVAC 1107
CLP	x	x	—	—	—	—	—	—	—	—
CSL	—	—	—	—	x	x	—	—	x	—
DYNAMO	—	—	—	—	—	—	—	—	x	—
ESP	—	—	x	—	—	x	—	—	—	—
FORSIM	—	—	—	—	—	—	—	—	—	—
GASP	x	x	—	—	—	x	—	—	x	—
GPSS	—	—	—	—	—	—	—	x	x	x
GSP	—	—	x	x	—	—	—	—	—	—
MILITRAN	—	—	—	—	—	—	—	—	x	—
MONTECODE	—	—	—	x	—	—	—	—	—	—
SIMON	—	—	x	—	—	—	—	—	—	—
SIMSCRIPT	—	x	—	—	—	—	—	x	x	—
SIMPAC	—	—	—	—	—	—	—	—	x	—
SIMULA	—	—	—	—	—	—	—	—	—	x
SIMULATE	—	x	—	—	—	—	—	—	—	—

Von diesen Simulationssprachen sollen nachfolgend einige der wichtigsten kurz gekennzeichnet werden, ohne dabei auf Einzelheiten der Sprache selber einzugehen; diese Einzelheiten finden sich in den entsprechenden Handbüchern und Programmieranweisungen.

Die Simulationssprachen können ganz allgemein nach der Sprachverwandtschaft und dem Einsatzgebiet gegliedert werden. So finden sich hier Sprachen, die vollständig auf einer bestimmten problemorientierten Sprache, wie z. B. FORTRAN, beruhen. Weiter eignen sich bestimmte Sprachen vor allem für militärische Simulationen (Spielmodelle), ökonometrische Modelle usw. In der Regel fußen alle Simulationssprachen mehr oder weniger auf problemorientierten Sprachen. Diese Feststellung verleitet dazu, sich zu fragen, ob es überhaupt notwendig war, Simulationssprachen zu entwickeln, ob es also nicht auch möglich wäre, Simulationsprobleme mit Hilfe problemorientierter Sprachen zu lösen.

Diese Frage ist grundsätzlich zu bejahen. So bestehen denn Simulationssprachen, die in einer problemorientierten Sprache geschrieben sind; ein Beispiel dafür ist die Simulationssprache GASP (General Activity Simulation Program), das die problemorientierte Sprache FORTRAN verwendet. Eine der ersten Fassungen von GASP verwendete ALGOL. Daher kann GASP grundsätzlich auf jedem Elektronengerät eingesetzt werden, das über einen FORTRAN-Compiler verfügt. Diese Sprache verwendet also keine eigenen, simulationsbezogenen Sprachsymbole, sondern sie arbeitet mit einem GASP-EXECUTIVE-Programm als Hauptprogramm, mit welchem bestimmte Unterprogramme aufgerufen werden können, die in FORTRAN für bestimmte Simulationsprobleme erstellt worden sind. Dadurch, daß GASP in der Sprache FORTRAN geschrieben ist und für den praktischen Einsatz lediglich einen FORTRAN-Compiler benötigt, kann es — im Gegensatz zu anderen Simulationssprachen — auf jeder, auch kleineren, Rechenanlage eingesetzt werden, die über ein FORTRAN-Übersetzungsprogramm verfügt.

Eine Simulationssprache, die vor allem für ökonometrische Simulationsmodelle geeignet ist, stellt die Sprache DYNAMO dar, ist sie doch besonders zur Auswertung dynamischer Informationssysteme mit Rückkopplung (Feed-back), d. h. bei kybernetischen Modellen, geeignet. Auch DYNAMO besteht aus einer Symbolsprache, die dem FORTRAN sehr ähnlich ist. Eine Verarbeitung in dieser Sprache setzt sich aus den folgenden sechs Teilen zusammen: Einlesen der Karten, die das Modell beschreiben; Übertragung dieser Daten in Befehle für das Rechengerät; rechnerische Verarbeitung der Variablen; Druckausgabe nach den Vorschriften bestimmter PRINT-Karten; Aufzeichnen von Graphiken nach den Vorschriften von PLOT-Karten; Vorbereitung von Iterationen nach Modifikation von Parametern. Von den eigentlichen Simulationssprachen, d. h. Sprachen, die sich schon so weit von problemorientierten Sprachen entfernt haben, daß sie als eigentliche Spezialsprachen bezeichnet werden können, sind vor allem GPSS (General Purpose System Simulator), SIMSCRIPT und SIMULA bekannt.

Allen Simulationssprachen ist gemeinsam, daß sie, in Anlehnung an den Aufbau von mathematischen Modellen, bestimmte Datengruppen bilden. So unterscheidet man bei SIMSCRIPT zwischen Gegebenheiten (entities), die eine Gruppe von Untersuchungsobjekten darstellen, die ihrerseits durch eine Anzahl von Parametern, den Attributen (attributes), gekennzeichnet sind. Gegebenheiten mit gemeinsamen Merkmalen werden zu Gruppen (sets) zusammengefaßt. Der Zustand eines Modells in einem bestimmten Zeitpunkt ist durch Gegebenheiten, Attribute und Gruppen genau umschrieben. Das Modell kann verschiedene Zustände (states) annehmen, indem die das Modell kennzeichnenden Werte (z. B. Attribute) sich in bestimmten Zeitpunkten ändern. Diese Änderungen bezeichnet man als Ereignisse (events). Diese können durch äußere (exogene) Einflüsse verursacht sein oder sie können im Modell selber (endogen) entstehen. Treten in einem Modell lediglich endogene Veränderungen auf, spricht man von einem geschlossenen Simulationsmodell.

Bei den Simulationsmodellen handelt es sich bekanntlich immer um dynamische Modelle, d. h. um Modelle, in welchen der Zeitfaktor wesentlich ist. Die Auswertung eines Simulationsmodells muß deshalb auch diesen Faktor mitberücksichtigten. Erfahrungsgemäß verursacht die Dynamik eines Modells erhebliche Schwierigkeiten, wenn dessen Auswertung mit Hilfe von problemorientierten Sprachen zu geschehen hat. Deshalb war man gezwungen, besondere Simulationssprachen zu entwickeln, obwohl solche Modelle auch mit gewöhnlichen problemorientierten Sprachen verarbeitet werden könnten, aber eben mit erheblichen Schwierigkeiten. Diese besonderen Simulationssprachen ermöglichen es, vor allem die dynamische Komponente eines Simulationsmodells am zweckmäßigsten zu erfassen. Bezüglich dieser Dynamik unterscheidet man grundsätzlich zwei Arten von Simulationssprachen, nämlich solche, die einen konstanten, und solche, die einen variablen Zeitvorschub vorsehen.

Angesichts der wachsenden Bedeutung der Unternehmensforschung (operations research) und damit der Simulation als eines der wichtigsten Untersuchungsverfahren des Operations Research in der kommerziellen Datenverarbeitung dürfte die Bedeutung von Simulationssprachen bei der kommerziellen Datenverarbeitung mehr und mehr zunehmen. Es dürfte sich hier eine ähnliche Entwicklung anbahnen, wie seinerzeit bei der Einführung der problemorientierten Programmiersprachen, die heutigentags kaum von der kommerziellen Datenverarbeitung wegzudenken sind. Auch dürfte sich dadurch das Schwergewicht bei der Einführung der elektronischen Datenverarbeitung immer mehr zur organisatorischen Seite und zur Planung hin verschieben. Die Verkodung, die früher als Kernstück der elektronischen Datenverarbeitung angesehen wurde, dürfte dadurch etwas in den Hintergrund gedrängt werden.

Viertes Kapitel

Die Ein- und Ausgabe

1. Die Eingabe

Dem im praktischen Einsatz stehenden Rechenautomaten müssen selbstverständlich Informationen eingegeben werden, damit daraus die gewünschten Ergebnisse abgeleitet werden können. Hier stellen sich in der Administration wesentliche Schwierigkeiten in den Weg; immer noch werden die auf den meist hand- oder maschinengeschriebenen Urbelegen enthaltenen Informationen manuell auf Informationsträger übertragen, die für das im Einsatz stehende Elektronengerät am zweckmäßigsten sind (z. B. Lochkarten, Lochstreifen, Magnetband), was bei den in der Administration anfallenden Massen von Urbelegen in der Regel ein sehr zeitraubender Arbeitsgang ist. Das erstrebenswerte Idealziel bestände darin, die Urbelege selber als Informationsträger für den Rechenautomaten zu verwenden. Einer solchen Ideallösung stellen sich aber Schwierigkeiten in den Weg, die zu beheben man sich in neuerer Zeit bemüht. Die technische Lösung dieses Problems brächte ein Gerät, das maschinen- oder gar handgeschriebene Zeichen zu lesen vermöchte. Tatsächlich sind auf diesem Gebiete schon verschiedene Versuche im Gange, auf die hier zwar nicht im einzelnen eingegangen werden kann. Nachfolgend sollen nur grundsätzliche Gedanken zu diesem *Problem der Direktlesung* aufgeführt werden.

Bisher wurden zwei grundsätzliche Wege der Lösung dieses Problems eingehender untersucht, nämlich einerseits die magnetische und anderseits die photoelektrische Lösung. Bei der *magnetischen Lösung* werden die zu lesenden Zeichen mit magnetischer Tinte mittels einer Schreibmaschine oder durch Druck auf den Urbeleg aufgezeichnet. Diese können dann durch Spezialgeräte, die ein bestimmtes Feld nach magnetischen Stellen absuchen, gefunden und gelesen werden. Bei der *photoelektrischen Lösung* wird ein bestimmtes Feld nach hellen und dunklen Stellen abgesucht, wobei eine bestimmte Konbination dunkler Stellen einen elektrischen Strom auslöst, der vom Rechenautomaten als das entsprechende Zeichen entziffert wird.

Bei beiden Lösungen ist es maßgeblich, daß bestimmte Stellen innerhalb eines umgrenzten Feldes magnetisiert bzw. geschwärzt sind. Hier stellt sich aber die Frage, ob dieses Kriterium genügt, um die verschiedenen Zeichen (Ziffern, Buchstaben, sonstige Zeichen) eindeutig zu unterscheiden. Teilt man das betrachtete Feld in genügend kleine Quadrate ein (Raster), so ist zu vermuten, daß jedem Zeichen bestimmte charakteristische Quadrate zugeordnet sind, die zusammen dieses Zeichen eindeutig kennzeichnen. Ein Lesegerät müßte also nur die einzelnen Felder nach solchen charakteristischen (magnetisierten bzw. geschwärzten) Stellen untersuchen, um ein bestimmtes geschriebenes Zeichen zu erkennen. Das menschliche Gehirn scheint Ziffern, Buchstaben und sonstige Zeichen auf ähnliche Weise erkennen zu können.

Auf diese und ähnliche Weise sind hinsichtlich des Lesens von Maschinenschrift schon beachtliche Fortschritte erzielt worden. So benützte beispielsweise schon seit längerer Zeit eine Reihe von Benzintankstellen in Kalifornien das photoelektrische Verfahren, und die Bank of America verwendete in ihrem Lesegerät ERMA das magnetische Verfahren. In beiden Fällen wurden diese Verfahren mit Erfolg eingesetzt.

Neben diesem Problem der Direktlesung besteht ein weiteres wichtiges Problem. Um die in der Regel sehr hohe Rechengeschwindigkeit bei Rechenautomaten trotz der wesentlich langsameren Eingabegeschwindigkeit für Informationen (Lesen von Lochkarten, Lochstreifen, Magnetband) weitgehend ausnützen zu können, muß auf irgendeine Weise verhindert werden, daß die Rechengeschwindigkeit durch das Einlesen der Informationen wesentlich verlangsamt wird. Zu diesem Zwecke werden Rechenautomaten oft mit sogenannten *Pufferspeichern* versehen. Diese sind ihrem Wesen nach Zwischenspeicher zwischen der Eingabe und der Verarbeitungseinheit; sie können ihrer Funktion nach mit einem Stausee verglichen werden, dessen Hauptaufgabe es ist, niederschlagsarme Zeitspannen überbrücken zu helfen.

Bei Geräten mit Pufferspeichern — es müssen mindestens zwei solche Speicher mit kurzer Zugriffszeit (Dünnschichtspeicher) vorhanden sein — wird beispielsweise der Inhalt einer Lochkarte oder eine bestimmte Länge des beschrifteten Lochstreifens oder Magnetbandes, d. h. eines Informations-Blockes oder kurz Blockes, auf den einen Pufferspeicher übertragen. Während nun die auf diesem Pufferspeicher befindlichen Informationen im Schnellzugriff in den Hauptspeicher der Verarbeitungseinheit eingelesen werden, setzt gleichzeitig das langsamere Füllen des zweiten Pufferspeichers mit den folgenden Informationen auf dem Informationsträger ein. Sobald der Inhalt des ersten Pufferspeichers eingelesen ist, wird der Inhalt des nunmehr gefüllten zweiten Pufferspeichers in den Hauptspeicher der Verarbeitungseinheit übergeführt. Gleichzeitig wird der erste Pufferspeicher mit neuen Informationen gefüllt, und das wechselweise Einlesen kann so lange fortgesetzt werden, bis sich alle einzulesenden Informationen im Hauptspeicher des Gerätes befinden.

Auf diese Weise kann die gesamte Verarbeitungszeit wesentlich verkürzt werden, was folglich auch eine Senkung der Betriebskosten des Rechenautomaten nach sich zieht. Diese schrittweise Eingabe der Informationen ermöglicht es, die wegen der geforderten kurzen Zugriffszeit als Pufferspeicher verwendeten schnellen Speicher klein zu wählen, wodurch die Vorteile dieser Speicher genutzt werden können, ohne daß dafür ein zu hoher Preis bezahlt werden müßte.

Bei der Eingabe von Informationen ist weiter darauf zu achten, daß diese bezüglich der Verarbeitung in zweckmäßigster Weise auf dem Informationsträger verteilt werden. So sollten jene Informationen, die am häufigsten bedeutsame Zeichen (Ziffern, Buchstaben) enthalten (Name, Lohn usw.), nicht ohne zwingenden Grund durch weniger häufig auftretende Informationen (z. B. Lohnabzüge, die nur in Sonderfällen auftreten) getrennt werden. Dies bedingt aber, daß einigermaßen Klarheit über die statistische Häufigkeit der zu verarbeitenden Informationen herrscht.

Sehr oft werden Informationen von zwei Seiten her einem Rechenautomaten eingegeben (z. B. nachgeführter Kontenstand und Kontenbewegung). In solchen Fällen besteht die Hauptfunktion der Eingabe darin, die Angaben (Kontennummer) auf der einen Eingabeseite mit jenen auf der anderen zu vergleichen und bei Gleichheit die Bewegung des Kontos nachzuführen und bei Ungleichheit den Vergleich weiterzuführen. In solchen Fällen muß auf das richtige wechselseitige Nachziehen der Informationen besonders geachtet werden.

Bei der Eingabe (wie auch bei der Ausgabe) stellt sich ein grundlegendes Problem, das kurz als das Problem der Beziehung zwischen Mensch und Maschine bezeichnet werden kann. Damit dieses Verhältnis der Leistungsfähigkeit und Arbeitsgeschwindigkeit der elektronischen Datenverarbeitungsanlage entspricht, muß es möglich sein, das Rechengerät als Ergänzung menschlicher Fähigkeiten einsetzen zu können sowie schnelle Verbindungsmittel zwischen dem Menschen und dem Gerät zu schaffen. Das erste Erfordernis bedingt, daß das Elektronengerät mit großem Speicher ausgerüstet ist, um dadurch das Gedächtnis des Menschen zu entlasten und für andere, geistige Aufgaben frei zu machen. Es ist deshalb anzunehmen, daß das Speichervolumen bei modernen Geräten an Bedeutung zunehmen wird. Das letztgenannte Erfordernis kann durch die schon erwähnte Direktlesung von Belegen zu erfüllen versucht werden. Eine noch engere Verbindung zwischen Mensch und Maschine ist durch die direkte Stimmeingabe (und -ausgabe) z. T. schon verwirklicht worden.

Angesichts der relativ noch hohen Einheitskosten je verarbeiteter Information[1] muß darauf geachtet werden, daß die zur Verarbeitung eingegebenen Daten ein Höchstmaß an Zuverlässigkeit aufweisen. Der Datenbereitstellung und der Datenaufbereitung ist deshalb besondere Aufmerksamkeit zuzuwenden. Auch stellt sich hier die Frage der zweckmäßigsten Wahl des Datenträgers (Lochkarte, Lochstreifen, Magnetband usw.) sowie in entsprechender Weise auch die Frage des für bestimmte Aufgaben zweckmäßigsten Speichermediums. Bevor die Daten zur Verarbeitung freigegeben werden, sollten sie eingehend auf ihre Genauigkeit und Zuverlässigkeit hin untersucht werden.

2. Die Ausgabe

Bei der Ausgabe der Ergebnisse ist es wichtig, sich über den Zweck dieser Ergebnisse klar zu sein. Sollen diese Ergebnisse in einer Tabelle erscheinen, deren Aufbau schon gegeben ist, so sind die einzelnen Ergebnisse so zu steuern, daß sie in der gewünschten Spalte und auf der gewünschten Zeile erscheinen. Sollen die Ergebnisse gedruckt werden, was bei der administrativen Verwendung eines Rechenautomaten die Regel sein wird, so ist die Druckzeile dem Drucktypenabstand entsprechend in

---

[1] Diese Einheitskosten nehmen erfahrungsgemäß mit größer werdenden Rechenautomaten ab.

Positionen aufzuteilen und jedem Ergebnis die ihm in der Tabelle zufallenden Positionen und Zeilen zuzuteilen.

Ist aber die tabellarische Aufteilung der Ergebnisse nicht gegeben, so ist diese in zweckmäßiger Weise zu wählen. Dabei sollten vor allem absolute und relative Zahlen nicht anordnungsmäßig vermischt werden, Untergruppen sollten auch in der Tabelle als ein Teil der Obergruppe erscheinen, Totale in Zeilenrichtung sollten sich nach Möglichkeit unmittelbar rechts von den zusammengezählten Ergebnissen befinden, und die Summe dieser Totale sollte ganz rechts außen eingetragen werden. Weiter sollte jede Tabelle einen Titel tragen, aus dem eindeutig hervorgeht, was sie enthält. Spaltensummen sollten durch größeren vertikalen Abstand hervorgehoben werden, was durch die Programmierung von Zeilensprüngen zu geschehen hat.

Die Ausgabe der Resultate kann auf Lochkarten, Lochstreifen, Magnetband, in gedruckten Tabellen usw. erfolgen. In besonderen Fällen ist aber eine solche Ausgabe zu zeitraubend, weshalb hier andere Wege beschritten worden sind. So können die Ergebnisse auf einem Bildschirm erscheinen und sofort abgelesen und ausgewertet werden oder sie können durch Ton mitgeteilt werden (gesprochene Ausgabe). Auf diese Weise wird die Beziehung zwischen Mensch und Elektronengerät noch enger gestaltet und die Verarbeitung noch wirksamer sein.

Damit soll der zweite Teil, die Programmierung, abgeschlossen werden. Im nächsten, dritten Teil sollen die Fragen der Problemverarbeitung etwas näher betrachtet werden. Dabei ist es notwendig, zuerst auf den Begriff der Automation und insbesondere der administrativen Automation näher einzugehen.

Dritter Teil

Die Problemverarbeitung

Erstes Kapitel

Der Begriff der Automation

Der Begriff der Automation ist vieldeutig. Sehr oft wird er im Hinblick auf den Produktionssektor der Wirtschaft umschrieben. Doch auch innerhalb dieser Umgrenzung gehen die einzelnen Ansichten mehr oder weniger stark auseinander. Daneben aber ist der Begriff der Automation im Hinblick auf den Administrationssektor von mindestens so großer Bedeutung, was aber sehr oft übersehen wird. Die Frage aufzuwerfen, was unter dem Begriff der Automation zu verstehen sei, ist durchaus nicht überflüssig.

Der offizielle englische Bericht über die Automation[1] führt drei Kennzeichen der Automation auf:

1. die unterbruchslose automatische Produktion oder die Integration, die oft auch als „Detroit Automation" bezeichnet wird,

2. die Anwendung des Prinzips der Rückkopplung (feed-back), das darin besteht, daß Vorkehrungen getroffen sind, das Produktionsergebnis laufend automatisch mit der verlangten Norm zu vergleichen und gegebenenfalls automatisch auf den Produktionsgang korrigierend einzuwirken,

3. der Einsatz von Rechenautomaten.

Die Regierungsstellen der USA schlagen als kurze Umschreibung der Automation „the automatic handling of parts between progressive production processes" vor[2]. Im Bericht des Generaldirektors des Internationalen Arbeitsamtes zur 40. Sitzung (1957) wird festgestellt, daß die neuen Elemente, die zur Automation geführt haben, im folgenden bestehen[3]:

---

[1] Department of Scientific and Industrial Research: Automation (London H. M. S. O. 1956).

[2] United States Congress Joint Committee on the Economic Report on Automation and Technological Change (Washington D. C., Government Printing Office, 1955).

[3] International Labour Office, Fortieth Session, Geneva 1957: Report of the Director-General. Part I: Automation and other Technological Developments. Labour and Social Implications.

10*

1. Der Begriff „Automation" bedingt eine neuartige Denkweise bezüglich der Produktion und deren Produkte. Diese neuartige Denkweise muß die Tatsache eines unterbruchslosen Produktionsflusses, der durch ein elektronisches System gesteuert ist, berücksichtigen.

2. Der Begriff der Automation umschließt die Möglichkeit einer vollautomatischen Fabrik, die durch ein Rechenautomaten-System gesteuert wird.

3. Die Automation bringt eine Beschleunigung des Produktionsprozesses.

4. Dank der Automation ist es möglich, Güter herzustellen, an deren Produktion bisher nicht gedacht werden konnte.

Von all diesen Umschreibungen beziehen sich die englische und die amerikanische hauptsächlich auf die technische Automation, d. h. auf die Automation im Produktionssektor, während die Umschreibung des Internationalen Arbeitsamtes auch die administrative Automation, d. h. die Automation im Administrativsektor, zu umfassen gestattet. Die technische Automation ist grundsätzlich von der administrativen zu unterscheiden, obwohl in beiden Fällen eine Beschleunigung der Operationenfolge, d. h. der Verarbeitung, erstrebt wird.

So soll bei der *technischen Automation* die zur Herstellung eines Produktes notwendige Gesamtzeit verkürzt werden. Dies kann durch Reduktion der Transferzeiten von einer Verarbeitungsoperation zur nächsten und durch Beschleunigung der Verarbeitung geschehen. Die erste Möglichkeit versucht man durch automatische Zuführung der Produkte zu erzielen (Fließbandproduktion), die zweite Möglichkeit durch den Einsatz von automatisch arbeitenden Werkzeugmaschinen. Das rasche Arbeiten dieser Maschinen wird durch automatische Steuerung, d. h. durch die Steuerung der Maschine mittels eines Rechenautomaten oder Programmgebers, zu erreichen versucht.

Bei der *administrativen Automation* soll die zur Verarbeitung eines anfallenden Belegs, der eine bestimmte Anzahl von Angaben in Zahlen- und Buchstabenform enthält, notwendige Zeit nach Möglichkeit verkürzt werden. Dies geschieht dadurch, daß die Übertragung der Belegangaben in eine für die maschinelle Verarbeitung geeignete Form, die maschinelle Verarbeitung selber (Sortieren, Mischen, Auszählen, Rechnen usw.) sowie die Ausgabe der gewünschten Ergebnisse (Schreiben oder Drucken der Resultate) beschleunigt werden. Hier handelt es sich also um die Beschleunigung der Übertragung von Informationen, d. h. des Informationsflusses, wobei als Information jede für die Verarbeitung notwendige Zahlen- und Buchstabenangabe bezeichnet wird.

Bei der technischen wie auch bei der administrativen Automation geht es also darum, einen Verarbeitungsprozeß zu beschleunigen. Während aber bei der technischen Automation das Problem darin besteht, einen Gegenstand oder ein materielles Ding möglichst rasch von einer Verarbeitungsoperation zur nächsten zu bewegen und gleichzeitig auch die Verarbeitungszeiten zu verkürzen, stellt sich bei der administrativen Automation das davon wesentlich verschiedene Problem, eine Information, d. h. also einen immateriellen oder geistigen Wert, möglichst rasch durch die einzelnen Verarbeitungsphasen zu treiben. Dieser Unterschied hat nun für die administrative Automation bestimmte Folgen, die bisher kaum oder überhaupt nicht beachtet wurden.

Eine Information kann innerhalb des Verarbeitungsprozesses einerseits fehlgeleitet und anderseits unrichtig übertragen werden. Solche Fehlleitungen und Übertragungsfehler sind nun beim administrativen Arbeitsablauf weniger augenfällig als beim technischen Produktionsprozeß. Daher sind diese beiden Möglichkeiten bei der administrativen Automation besonders bedeutsam, denn es hat wenig Sinn, den Informationsfluß zu beschleunigen, wenn nicht gleichzeitig Gewähr besteht, daß die Informationen fehlerfrei geleitet sind und übertragen werden. Der Informationsfluß in der Administration ist daher besonders empfindlich gegenüber Fehlleitungen von Informationen und der Übertragung unrichtiger Informationen. Das Problem der richtigen Leitung und Übertragung von Informationen ist bei der administrativen Automation von besonderer Wichtigkeit.

Neben dem Problem der Beschleunigung des Informationsflusses treten bei der administrativen Automation somit gleichzeitig auch die Probleme der Verhinderung von Fehlleitungen von Informationen und der Verhinderung der Übertragung unrichtiger Informationen in den Vordergrund. Die Beschleunigung des Informationsflusses kann durch den Einsatz neuartiger Geräte (z. B. elektronischer Rechenautomaten), aber auch durch eine besonders zweckmäßige Steuerung der Informationen bewirkt werden. Dabei ist zu beachten, daß Informationen zwar richtig geleitet (keine Fehlleitungen), aber trotzdem unzweckmäßig gesteuert sein können.

Die bisherigen Ausführungen werden gezeigt haben, daß sich die administrative Automation nicht unbedingt auf den Sektor der Administration beschränken muß. Sie kann auch beim technischen Produktionsprozeß auftreten; nämlich dann, wenn dort auch immaterielle Informationen zu übertragen sind, wie beispielsweise bei der Steuerung von Werkzeugmaschinen durch Rückkopplung, wobei Maßzahlen (z. B. Durchmesser) jeweils mit einer Vergleichsgröße in Beziehung gebracht werden.

Die administrative Automation setzt — und dies unterscheidet sie im wesentlichen von der technischen Automation — die wissenschaftliche Erforschung des Informationsflusses und dessen Steuerung innerhalb des betreffenden Systems (Unternehmen) voraus. Die hier in Betracht fallenden Wissenschaften sind einerseits die Kybernetik und anderseits die von C. E. Shannon aufgebaute Informationstheorie. Die Kybernetik ist um das Jahr 1943 vom Logiker und Mathematiker Norbert Wiener, vom Physiologen Rosenblueth, vom Psychiater Mac Cullogh und vom Neurologen Lorente de No gemeinsam entwickelt worden. Ihre Bezeichnung leitet sich vom griechischen Wort für Steuermann ab. Sie handelt von der Steuerung von Informationen in beliebigen Systemen (organischen und anorganischen).

Die *Kybernetik* befaßt sich mit komplexen Systemen, wobei die Bezeichnung „System" eine beliebige Gesamtheit von Elementen umschreibt, die als zusammengehörig betrachtet werden können. Die Elemente dieses Systems können in vielfältiger Weise voneinander abhängig sein. Dieses Abhängigkeitsverhältnis zwischen den Elementen kennzeichnet die Struktur des Systems. Ist die Struktur starr, so spricht man von einem *determinierten System;* ist sie aber flexibel, so hat man es mit einem *probabilistischen (wahrscheinlichkeitsmäßigen) System* zu tun. Die Kybernetik befaßt sich nun vorwiegend mit solchen probabilistischen Systemen, d. h. mit Systemen, deren Struktur flexibel ist. Das Abhängigkeitsverhältnis der Elemente in solchen probabilistischen Systemen wird durch Wahrscheinlichkeitsverteilungen umschrieben. Gleich einem lebenden Organismus können sich solche probabilistische Systeme in einem Zustand befinden, der ihr Fortbestehen sichert, oder in einem solchen der Auflösung. Ein solches System kann aber nur fortbestehen, wenn es kontrolliert oder gesteuert ist; ohne Ordnung oder Kontrolle kann ein solches System also nicht bestehen.

Die Steuerung oder Kontrolle ist für das Fortbestehen eines probabilistischen Systems unbedingt notwendig. Die Kybernetik befaßt sich nun mit der Steuerung solcher komplexer Systeme, d. h. also mit Systemen, die nicht eindeutig definiert werden können. In solchen Systemen befinden sich Teile, die in ihrer Wirkungsweise nicht erfaßt werden können; solche Teile werden mit dem Ausdruck „Black Box" (Dunkelkammer, schwarzer Kasten) bezeichnet. Eine solche Black-Box stellt demnach ein Teilsystem dar, das nicht erfaßt werden kann. Ein komplexes System zerfällt folglich in *Teilsysteme,* die erfaßt, und Teilsysteme, die nicht erfaßt werden können.

Wann kann aber ein solches System erfaßt werden? Dies ist möglich, wenn es in geeigneter Weise „angesprochen" wird. Dabei kann grundsätzlich jedes noch so komplizierte durch geeignete Verbindung anderer, einfacherer Systeme umschrieben werden. Der Kybernetiker wird also versuchen, ein komplexes System mit Hilfe anderer, einfacherer Systeme zu beschreiben. Er erstellt mit diesen einfacheren Systemen ein Modell, das dem zu untersuchenden komplexen System analog ist. Nun wird statt des komplexen Systems dieses Modell untersucht. Auch für die Dunkelkammern im System, die nichts anderes als sehr komplexe Teilsysteme darstellen, wird ein Modell gesucht, das in gleicher Weise arbeitet wie die Dunkelkammer. Die im Modell realisierte Wirkungsweise braucht dabei nicht unbedingt die gleiche zu sein wie die der Dunkelkammer, die wir aber nicht kennen.

So könnte beispielsweise der Informationsfluß innerhalb eines Unternehmens als schwarzer Kasten aufgefaßt werden. Das einzig Feststellbare in diesem komplexen System soll die Eingabe von Bestellungen und die Ausgabe von Produktionsaufträgen sein. Der Kybernetiker wird nun hier ein Modell erstellen, das in gleicher Weise arbeitet wie die Black-Box. Zu diesem Zwecke muß er die auf den Bestellungen sich befindenden Informationen in bestimmter Weise verarbeiten, damit schließlich die Produktionsaufträge entstehen. Dieser Informationsfluß braucht sich nicht mit dem tatsächlichen Informationsfluß im Unternehmen, d. h. in der Dunkelkammer, zu decken. Unser Kybernetiker wird nun selbstverständlich den Informationsfluß so planen, daß der gewünschte Erfolg mit dem geringsten Aufwand an Mitteln erreicht wird. Zu diesem Zwecke bedarf er bestimmter Methoden, die unter der Bezeichnung *Unternehmensforschung* oder „*Operations Research*" bekannt sind. Der Kybernetiker wird also mit Hilfe der Methoden der Unternehmensforschung einfache Teilsysteme zu einem Modell verbinden und dieses statt des gegebenen komplexen Systems untersuchen und dieses Modell mit dem gegebenen System vergleichen. Die Kybernetik kann also als die Wissenschaft, die Unternehmensforschung als ihre Methode bezeichnet werden. Dank solcher Untersuchungen ist es möglich, Fehlleitungen im Informationsfluß festzustellen, indem der tatsächliche Informationsfluß im Unternehmen mit dem konstruierten im Modell verglichen wird.

Die Weiterleitung unrichtiger Informationen kann durch die Anwendung der Grundsätze der Informationstheorie verhindert werden. Die Informationstheorie, wie sie 1948 von SHANNON entwickelt worden ist, befaßt sich vor allem mit der Entstehung und Behebung von Störungen bei der Übertragung von Informationen; der Begriff der Störung oder des Geräusches (noise) ist hier von zentraler Bedeutung. SHANNON stellte ein mathematisches Modell der Bildung und Übertragung von Informationen auf. Die Möglichkeit der Übertragung unrichtiger Informationen macht die Informationstheorie zu einer wesentlichen Voraussetzung der administrativen Automation, wie denn die Möglichkeit von Fehlleitungen von Informationen der Kybernetik ruft.

Die *Informationstheorie* stellt einen Ausschnitt aus der allgemeinen statistischen Theorie der Kommunikationen dar, welche die wahrscheinlichkeitstheoretische, d. h. statistische Analyse der Kommunikationsprobleme umfaßt. Ein Kommunikationssystem, wie beispielsweise ein Unternehmen oder ein Rechenautomat, kann durch das folgende Schema in seinen Grundzügen dargestellt werden:

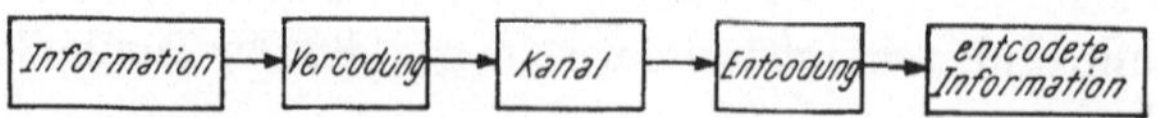

In den Kanal tritt die vercodete Information ein und wird durch den Kanal in vercodeter Form übertragen. Solche Übertragungskanäle weisen nun sehr oft Störungen oder Geräusche auf, die die vercodete Information verzerren. Eine unter Umständen verzerrte Information wird nun der Entcodung zugeführt. Die Entcodung führt dann zur entcodeten Information, die je nachdem richtig oder falsch sein kann. Die Übertragung unrichtiger Informationen kann grundsätzlich verhindert werden, wenn entweder ein störungsfreier Kanal verwendet wird oder wenn die Störung durch bestimmte Vorkehrungen aufgehoben wird. Die Übertragung einer unrichtigen Information stellt einen Verlust an Informationsgehalt dar. Ein Kanal kann also störungsfrei und folglich verlustlos oder aber gestört sein; ein gestörter Kanal kann seinerseits verlustreich oder aber auch verlustlos sein. Es ergibt sich das folgende Schema:

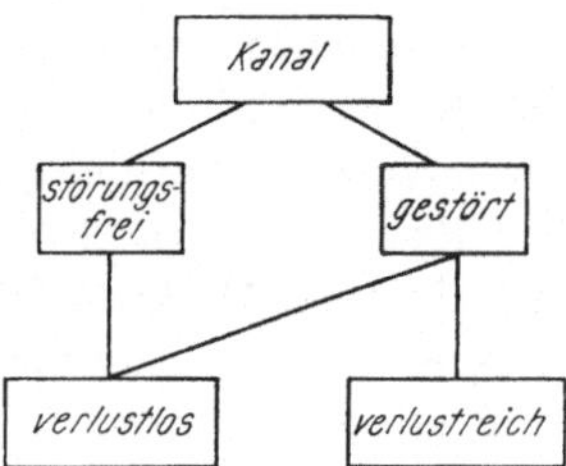

Die in das Kommunikationssystem eingeführte Information braucht nicht unbedingt neu erzeugt worden sein, sie kann auch irgendwie aufgespeichert sein (z. B. auf einem Magnetband). Die Informationseingabe kann kontrolliert oder unkontrolliert sein. Bei einer kontrollierten Informationseingabe werden die Informationen nach einer bestimmten Gesetzmäßigkeit eingegeben. So werden die auf Magnetband geschriebenen Informationen mit einem bestimmten Rhythmus eingegeben. Der innere Speicher kann dabei als Kanal aufgefaßt werden. Durch eine zweckmäßige Vercodung kann erreicht werden, daß ein gestörter Kanal verlustlos wird; so wird beispielsweise durch den „Odd-Even-Check" ein gestörter Kanal praktisch verlustlos gemacht.

Ein störungsfreier (und verlustloser) Kanal kann durch das folgende Schema dargestellt werden:

$$A \longrightarrow a$$
$$B \longrightarrow b$$

Die Information A wird als Information a und die Information B als b empfangen. Ein gestörter Kanal kann folgendermaßen schematisch dargestellt werden:

Im ersten Fall kann die aus dem Kanal austretende Information noch richtig interpretiert werden, indem der Empfänger beim Zeichen c weiß, daß nur die Information B gesendet worden ist, und beim Zeichen b nur die Information A, obwohl für jede gesendete Information zwei Informationsvarianten auftreten. Im zweiten Falle aber ist eine Rekonstruktion der gesendeten Information nicht mehr möglich, weil a sowohl durch A wie auch durch B und b sowohl durch A wie auch durch B entstanden sein kann.

Ein verlustreicher Kanal könnte endlich durch das folgende Schema gekennzeichnet werden:

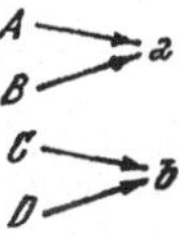

Hier reduzieren sich die Informationen A und B auf a und C und D auf b, d. h. der Informationsgehalt verringert sich durch die Übertragung.

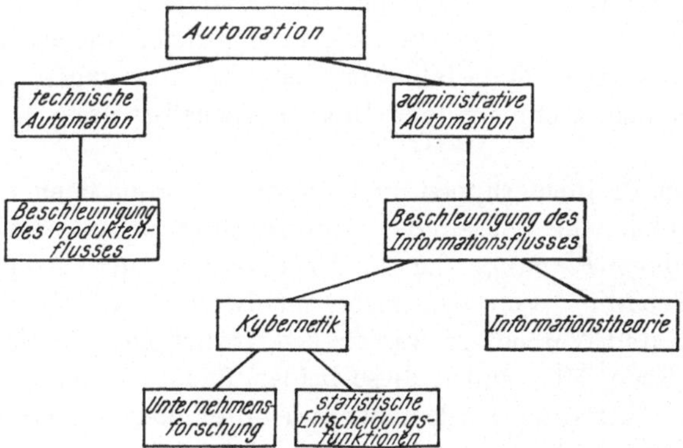

Die aus der Vereinigung von Kybernetik und Informationstheorie, von welchen nur einige Grundbegriffe vermittelt werden konnten, hervorgegangene Automation steht nun nicht nur in enger Beziehung zur Unternehmensforschung, sondern auch zu der von ABRAHAM WALD entwickelten Theorie statistischer Entscheidungen[1]. Die Automation knüpft also an wichtige Zweige der mathematischen Statistik an. Diese Verflechtungen seien durch das Schema auf S. 153 übersichtlich dargestellt.

Zweites Kapitel

Grundsätze für den Einsatz von Rechenautomaten im Unternehmen

Während in der Produktionssphäre der Fluß der Produkte augenfällig und deshalb dem Unternehmer bewußt ist, sind sich viele Unternehmer der Tatsache, daß in der Administrationssphäre ein Fluß von Informationen stattfindet, zuwenig bewußt. Dadurch erklärt es sich, daß der Güterfluß schon ziemlich früh Gegenstand von Planungen war. Die entsprechende Planung in der Administrationssphäre ist erst in neuester Zeit wesentlich gefördert worden. Solche Untersuchungen drängten sich hier deshalb immer mehr auf, weil im Verlaufe der vergangenen zwei Jahrzehnte Rechenautomaten entwickelt worden sind, die sich auch für die Lösung administrativer Probleme eignen.

Der Einsatz solcher Geräte für administrative Zwecke in einem Unternehmen dient der Bewältigung und Lösung bestimmter Probleme. Diese werden durch die administrativen Tätigkeiten innerhalb des Unternehmens aufgeworfen und können grundsätzlich in zwei Gruppen aufgeteilt werden: Einerseits Probleme, die mit den *konventionellen oder üblichen Arbeiten* zusammenhängen, wie das Lohnwesen, das betriebliche Rechnungswesen, die Finanzbuchhaltung usw., und anderseits Probleme, die eine *wirkungsvollere Geschäftsführung* ermöglichen, wie wissenschaftliche Verkaufsvoraussagen, Materialbewirtschaftung, Planungen im allgemeinen, die mit den Methoden der Unternehmensforschung gelöst werden können, usw.

Bei beiden Problemgruppen sind für den zweckmäßigen Einsatz eines Rechenautomaten vier Phasen der Untersuchung zu unterscheiden, nämlich die *Problem-Findung*, die *Problem-Analyse*, die *Programmierung* und die *Vercodung*. Von den mehr handwerklichen Mitteln der Programmierung und Vercodung war in den vorhergehenden Kapiteln ausführlich die Rede. Hier sollen diese beiden Phasen unter einem anderen Gesichtspunkt betrachtet werden, nämlich unter dem Aspekt, wie sie sich dem Unternehmer zeigen.

---

[1] WALD, A.: Statistical Decision Functions. New York: John Wiley & Sons, 1950.

1. Die Problem-Findung

Es hat sich gezeigt, daß eine der größten Schwierigkeiten bei der Einführung der administrativen Automation im *Nichterkennen der Probleme* besteht, die mit den Hilfsmitteln der Automation (u. a. elektronische Rechenautomaten) gelöst werden könnten. Es geht heutigentags nicht mehr darum, die Automation der Geschäftsführung eines Unternehmens nahezubringen, sondern darum, diese Geschäftsführung automationsbewußt zu machen[1].

Auch in Europa stellt sich die gleiche Schwierigkeit. Hier muß den Unternehmern und den Verwaltungen zuerst das Wesen und die Möglichkeiten der Automation auseinandergelegt werden, denn es finden sich immer noch Unternehmer, die eine unklare Vorstellung von der Automation haben. Diesem Zweck, die gleiche Ausgangsgrundlage für eine Diskussion über die Automation im Unternehmen zu schaffen, sollte das vorhergehende Kapitel (dritter Teil, erstes Kapitel: Der Begriff der Automation) dienen. Ist dieses Ziel erreicht, so muß die Geschäftsführung automationsbewußt gemacht werden, d. h. dem Unternehmer sollen dann die Möglichkeiten, aber auch die Grenzen der administrativen Automation zum Bewußtsein gebracht werden. Diesem Zweck dient die Problem-Findung.

Bei den amerikanischen Firmen, die der Verfasser aus eigener Anschauung kennt, ist es zwar nicht der Unternehmer selber, der den Problemen nachspürt, die mit Hilfe eines elektronischen Rechenautomaten innerhalb einer integrierten Datenautomation, d. h. eines auf ein bestimmtes Ziel (z. B. die wirtschaftlichste Unternehmensführung) ausgerichteten Informationsflusses innerhalb des Unternehmens, gelöst werden können, sondern er hat zu diesem Zwecke Studiengruppen innerhalb des Unternehmens, sogenannte *„Electronics Committees"*, gebildet. Diese setzen sich in der Regel aus 15 bis 25 Mitgliedern zusammen, die verschiedensten Sparten angehören, wie beispielsweise Fachleute auf den Gebieten der administrativen Automation, der elektronischen Rechenautomaten, der Kybernetik und Logistik, der Unternehmensforschung sowie Praktikern aus dem Unternehmen[2]. Diese Studiengruppe, die mit den notwendigen Kompetenzen ausgerüstet sein muß, führt zur Hauptsache *drei Tätigkeiten* aus. Sie untersucht die einzelnen Arbeitsabläufe innerhalb des Unternehmens auf ihre Zweckmäßigkeit im Hinblick auf die

---

[1] DIEBOLD, J.: Bringing Management to Electronic Data Processing, in: Ideas for Management, Papers and Case Histories presented at the 11th International Systems Meeting, S. 103—117. Detroit: The Systems and Procedures Association, 1959.

[2] In den einzelnen Firmen in den USA und in England bestehen besondere Abteilungen, die z. B. als „Operations Research and Cybernetics Department" bezeichnet werden.

administrative Automation sowie auf Doppel- und Mehrspurigkeiten der Arbeiten hin. Daneben versucht sie auch Planungsprobleme, wie z. B. wissenschaftliche Verkaufsvorhersagen, die Bestimmung der optimalen Größe und Verteilung der Lager über ein bestimmtes Gebiet, die optimale Produktionsplanung usw., d. h. also Probleme, die mit Hilfe der Unternehmensforschung gelöst werden können, in den integrierten Informationsfluß einzubetten. Endlich sammelt diese Studiengruppe Unterlagen über die technischen Daten und die Einsatzmöglichkeiten elektronischer Rechenautomaten, um gegebenenfalls der Unternehmensleitung bestimmte Vorschläge über geeignet erscheinende Rechenautomaten unterbreiten zu können. Zu diesem Zwecke sammelt sie nicht nur die notwendigen Daten, sondern sie besucht auch andere Firmen, um solche Geräte im praktischen Einsatz studieren zu können. Als Mitglieder solcher „Electronics Committees" können auch firmenfremde Berater zugezogen werden. Kennzeichnend ist, daß hier Theoretiker und Praktiker zusammenarbeiten, die auf wirtschaftlichem Gebiete geschult sind. Die administrative Automation ist nämlich, was leider sehr oft übersehen wird, kein technisches, sondern ein betriebswirtschaftliches Problem.

Die Problem-Findung stellt die wichtigste Phase bei der Einführung der Datenautomation in einem Unternehmen, d. h. also beim Einsatz eines Rechenautomaten, dar. Dieser Tatsache wird sehr oft zuwenig Beachtung geschenkt. Die Folge davon ist, daß ein Unternehmen entweder zuerst einen Rechenautomaten anschafft und sich erst nachträglich die Frage vorlegt, wie dieses Gerät eingesetzt werden kann, oder — wenn es besonders vorsichtig vorzugehen meint — es wählt ein Arbeitsgebiet aus, das ihm besondere Schwierigkeiten bereitet oder das auf den ersten Blick besonders einfach zu sein scheint, und läßt diese Arbeiten durch den Rechenautomaten verrichten. Zu spät erst stellt sich dann manchmal heraus, daß diese vermeintliche administrative Automation wesentlich teurer zu stehen kommt als die frühere nicht-automatisierte Arbeitsweise. Allerdings bedarf die Automation einer gewissen Anlaufzeit, bis sie sich kostensparend auswirkt; diese Anlaufzeit stellt sich nach Erfahrungen in den USA auf durchschnittlich zwei bis vier Jahre.

In Europa und vor allem in der Schweiz wird kaum zu befürchten sein, daß ein Unternehmen einen elektronischen Rechenautomaten anschafft, bevor es sich im klaren darüber ist, welche Arbeiten es ihm zuführen will. Gleichwohl wird hier in sehr vielen Fällen unzweckmäßig vorgegangen, indem einzelne Arbeitsgebiete dem Rechenautomaten zugewiesen werden, ohne daß der Phase der Problem-Findung Beachtung geschenkt worden ist. Dabei werden diese oft dem konventionellen Arbeitsablauf entnommen, und es wird nicht untersucht, ob gleichzeitig auch Planungsprobleme gelöst werden könnten. Die Resultate der konventionellen Datenverarbeitung können nämlich in den meisten Fällen direkt als

Unterlagen für die Planungsprobleme übernommen werden. Wird diese Möglichkeit nicht schon bei der Problem-Findung berücksichtigt, so bewirkt dies, daß die entsprechenden Programme für das Elektronengerät neu erstellt werden müssen, wenn auf eine zweckmäßige Eingliederung der Planungsprobleme in den Informationsfluß Wert gelegt wird. Erst wenn der gesamte Informationsfluß innerhalb eines Unternehmens im Hinblick auf den Einsatz eines Rechenautomaten neu durchdacht ist, stellt sich die Frage, bei welchen Arbeitsgebieten die Datenautomation verwirklicht werden soll. Erst dann kann entschieden werden, ob diese Verwirklichung beim einen Arbeitsgebiet einfacher und lohnender ist als bei einem anderen.

Zu bemerken ist noch, daß üblicherweise Firmen, die Rechenautomaten herstellen, mit der Planung des Einsatzes solcher Geräte beauftragt werden. Dabei ergeben sich nicht selten Vorschläge, die hinsichtlich des vorgeschlagenen und als zweckmäßig angepriesenen Informationsflusses und hinsichtlich der vorgeschlagenen Geräte wesentlich voneinander abweichen können. Der Unternehmer hat dann die schwierige Aufgabe, sich trotzdem noch ein objektives Urteil zu bilden und den zweckentsprechendsten Vorschlag zu berücksichtigen. Dies ist ihm aber oft nicht möglich, weil er über die dazu notwendigen Fachkenntnisse nicht verfügt und nicht verfügen kann. Es besteht dann die Gefahr, daß er zu einer bestimmten Wahl überredet wird, ohne daß er durch sachliche Argumente überzeugt worden ist. Dieser Gefahr wird durch die Bildung der „Electronics Committees" zu begegnen versucht.

Nachdem die Phase der Problem-Findung abgeschlossen ist, d. h. also nachdem abgeklärt worden ist, ob im Unternehmen Probleme vorhanden sind, die den Einsatz eines Rechenautomaten rechtfertigen, und nachdem auch die in Betracht fallende Rechenautomatenklasse (Kleingerät oder Großgerät, Lochkarten-, Lochstreifen- oder Magnetbandgerät, großes oder kleines inneres Speichervolumen usw.) grundsätzlich festgelegt worden ist, kann mit der zweiten Phase, der Problem-Analyse, begonnen werden.

2. Die Problem-Analyse

Das Wesen der Problem-Analyse besteht darin, den im Unternehmen tatsächlich realisierten Informationsfluß, d. h. also den gegebenen Ist-Zustand, in einen realisierbaren Soll-Zustand zu transformieren. Dieser Soll-Zustand soll die Lösung der Probleme ermöglichen, die während der Phase der Problem-Findung aufgedeckt und formuliert worden sind. Erst in dieser Phase kann die Frage beantwortet werden, welche Arbeiten als erste elektronisch durchgeführt werden sollen.

Bei der Transformation des Ist-Zustandes in den realisierbaren Soll-Zustand können grundsätzlich zwei Wege beschritten werden. Es wird entweder auf Grund des im Unternehmen tatsächlich realisierten Informationsflusses unabhängig von den betrieblichen Eigenheiten des Unternehmens ein idealer Soll-Zustand konstruiert, der allerdings wegen der Abstraktion von den wirklichen Möglichkeiten innerhalb des Unternehmens in der Regel nicht direkt verwirklicht werden kann. Um praktisch verwertbar zu sein, muß dieser ideale Soll-Zustand noch an die Wirklichkeit angepaßt werden, indem die noch nicht berücksichtigten betrieblichen Eigenheiten in den Soll-Zustand einbezogen werden. Anderseits können die betrieblichen Begrenzungen innerhalb des Unternehmens als primär maßgebliche Faktoren betrachtet und die an das Unternehmen herangetragenen wie auch die das Unternehmen verlassenden Informationen statistisch untersucht werden; hierauf kann ein diesen Begrenzungen und statistischen Ergebnissen angepaßter realisierbarer Soll-Zustand abgeleitet werden. Im ersteren Falle wird der Informationsfluß, im letzteren Falle aber die betrieblichen Gegebenheiten im Unternehmen als primär maßgeblich betrachtet.

In diesem Zusammenhange ist zwischen Informationen zu unterscheiden, die die Auslösung bestimmter Aktionen innerhalb des Unternehmens veranlassen und die deshalb als *Initial-Informationen* bezeichnet werden könnten, und anderen Informationen, die durch solche Initial-Informationen ausgelöst werden und die auch *induzierte Informationen* genannt werden könnten. Unter diesem Gesichtspunkt betrachtet wäre eine Warenbestellung, die einem Unternehmen zugeleitet wird, für dieses Unternehmen (und nur für dieses) eine solche Initial-Information, während die Informationen, die durch diese Initial-Information innerhalb des Unternehmens ausgelöst werden, wie z. B. das Nachführen des Lagerbestandes, die dadurch ausgelösten Produktionsaufträge, die Rechnungstellung für diese Warenbestellung, induzierte Informationen darstellen würden. Je nachdem, ob die induzierte Information weitere Informationen innerhalb des Unternehmens auslöst oder zu keinen weiteren Informationen führt, kann sie als *induzierte Intermediär-* bzw. *induzierte Final-Information* bezeichnet werden. Wird beispielsweise der Geschäftsleitung ein bestimmter Lagerbestand gemeldet, so hat man es hier mit einer Intermediär- oder mit einer Final-Information zu tun, je nachdem, ob diese Meldung (Information) eine weitere auslöst (z. B. einen Produktionsauftrag) oder als solche lediglich zur Kenntnis genommen wird.

Bei der Problem-Analyse ist also einerseits auf einen möglichst zweckmäßigen Informationsfluß zu achten, anderseits ist aber auch den betrieblichen Gegebenheiten im Unternehmen Rechnung zu tragen. Um diese Aufgabe lösen zu können, muß genau abgeklärt werden, welche Informationen als Initial-, welche als Intermediär-, welche als Final- und welche als induzierte Informationen zu betrachten sind. Je nach den betrieblichen Gegebenheiten kann ein und dieselbe Information verschieden gewertet werden. Die dann vorgenommene Wertung wirkt sich dann auf die Beschaffung des Informationsflusses aus.

Die Problem-Analyse führt schließlich zu einem Informationsfluß, der den gegebenen Umständen und den erstrebten Zwecken am besten entspricht. Dieses Ergebnis wird am zweckmäßigsten graphisch in der Form eines *Blockdiagramms* festgehalten. Dieses ist das Abbild des realisierbaren Soll-Zustandes; es stellt die *sachlogische* Aufeinanderfolge der Operationen und Operationengruppen dar. Das Blockdiagramm, das den Informationsfluß eindeutig festlegt, dient als Grundlage für die Ausfertigung des Ablaufdiagramms der Programmierung.

3. Die Programmierung

Die Programmierung bezweckt, das Problem, das während der Phase der Problem-Analyse bezüglich der Verarbeitung durch einen Rechenautomaten gelöst worden ist, der praktischen Auswertung durch den Rechenautomaten zugänglich zu machen. Zu diesem Zwecke muß das Blockdiagramm der Problem-Analyse weiter ausgeschafft werden, indem die lückenlose Aufeinanderfolge der Operationen, die für die Problemlösung notwendig sind, graphisch dargestellt wird. Die Reihenfolge der Operationen muß derart sein, daß sie in einem Rechenautomaten verwirklicht werden kann. Beruht das *Blockdiagramm* auf der *Sachlogik,* so ist für das *Ablaufdiagramm* die *Verarbeitungslogik* maßgeblich. Beispiele solcher Ablaufdiagramme wurden im zweiten Teil angeführt.

Der Programmierer hat überdies Rechenformeln so umzugestalten, daß sie durch den Rechenautomaten am zweckmäßigsten gelöst werden können. So wird es sich oft empfehlen, Operationen mit Wurzelziehungen (Quadratwurzel, kubische Wurzel usw.), mit Logarithmierung, mit Exponentialfunktionen, mit trigonometrischen Funktionen usw. durch Näherungsformeln zu ersetzen[1]. Oft ist es zweckmäßiger, bestimmte Funktionen durch Folgen von Multiplikationen zu ersetzen.

Auf Grund des Ablaufdiagramms sollte die Übersetzung der Operationenfolge in die Symbolsprache des Rechenautomaten, d. h. also die Vercodung, durchgeführt werden können.

4. Die Vercodung

Bei der Vercodung wird auf die im Ablaufdiagramm gekennzeichnete Lösung abgestellt. Die Aufgabe der Vercodung ist darin zu erblicken, daß eine für den gegebenen Rechenautomaten möglichst günstige Befehls-

---

[1] Diesbezügliche Hinweise sind zu finden in: HASTINGS, C. jr.: Approximations for Digital Computers. Princeton: University Press, 1955.

folge zu erstellen ist. Dabei ist es oft möglich, eine gegebene Operation durch verschiedene Befehlsfolgen darzustellen, wie beispielsweise beim Stellen variabler Konnektoren. In solchen Fällen ist jene Befehlsfolge vorzuziehen, die nach bestimmten Gesichtspunkten (z. B. Zeitaufwand der Verarbeitung, Speicherbelegung) für das gegebene Gerät am günstigsten ist. Wird das Programm bei Sprung-Geräten auf einer Magnettrommel gespeichert, ist zudem noch auf eine möglichst günstige Verteilung der Befehle auf dem Trommelumfang zu achten (Programmierung auf minimale Wartezeit).

Das Erfordernis, daß das Ablaufdiagramm direkt in die Befehlsfolge übertragen werden kann, setzt voraus, daß entweder die Programmierung und die Vercodung durch die gleiche Person ausgeführt werden oder daß im Ablaufdiagramm eine einheitliche und allgemeingültige Symbolik verwendet wird, die jedem Vercoder geläufig ist. Diese Feststellung führt zur allgemeinen Frage, ob die einzelnen Phasen (Problem-Findung, Problem-Analyse, Programmierung, Vercodung) durch eine einzige Person oder jede Phase durch eine andere Person durchgeführt werden sollten.

5. Einzel- oder Gemeinschaftsarbeit

Dieses Problem mündet in die Fragestellung: Einzelarbeit oder Gemeinschaftsarbeit. Hier ist festzustellen, daß sich in der Praxis eine Spezialisierung hinsichtlich der Programmierung und der Vercodung durchgesetzt hat. Dabei wird der Programmierer höher eingeschätzt als der Vercoder. Dieser qualitative Unterschied wird verständlich, wenn man bedenkt, daß die Vercodung eine Routinearbeit ist, deren Wesenszüge in wenigen Tagen erlernt werden können. Die eigentliche Programmierung aber setzt einerseits Verständnis für die Problem-Analyse und anderseits Kenntnisse der Programmierungstechnik sowie Geschick bei der Umformung von Formeln voraus. Aus diesem Grunde erhebt sich die Frage, ob es zweckmäßig ist, die Problem-Analyse und die Programmierung durch eine Person ausführen zu lassen. Ist der Programmierer und der Analytiker ein und dieselbe Person, so hat dies zwar den Vorteil, daß schon bei der Problem-Analyse die Erfordernisse der Programmierung berücksichtigt werden können, was zu einer rationelleren Arbeitsweise führt. Da bei der Programmierung die Analyse und umgekehrt bei der Analyse die Programmierung zu berücksichtigen ist, dürfte sich die Personalunion zwischen Analytiker und Programmierer als vorteilhaft erweisen. Was die Problem-Findung betrifft, so ist diese von der Problem-Analyse weitgehend unabhängig, wie denn auch die Problem-Findung auf die Problem-Analyse ohne Einfluß ist. Hingegen können Richtlinien, die für die Programmierung gelten, die Problem-Findung beeinflussen, indem sie es ermöglichen, zu entscheiden, ob ein Problem für die Lösung durch einen Rechenautomaten geeignet ist und daher in den integrierten Informationsfluß einbezogen werden kann. Aus diesem Grunde ist es empfehlenswert, daß dem „Electronic Committee" auch Programmierer angehören. Diese Zusammenhänge können vereinfacht graphisch folgendermaßen dargestellt werden, wobei die Pfeilrichtung auf die abhängige Funktion hinweist und der Ursprung des Pfeiles die Funktion kennzeichnet, von der diese Abhängigkeit ausgeht.

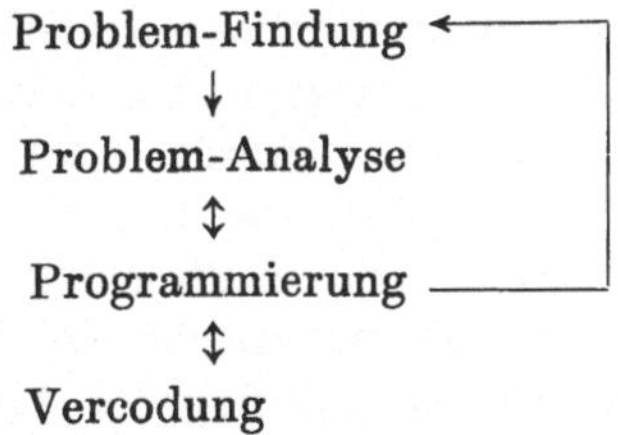

Die zweckmäßigste Arbeitsaufteilung scheint also jene zu sein, bei welcher eine Studiengruppe für die Problem-Findung eingesetzt wird, der u. a. auch Programmierer angehören, und bei welcher die Problem-Analyse und die Programmierung einerseits und die Vercodung anderseits je von einer Person ausgeführt werden.

6. Integration

Eine gut durchgeführte Problem-Findung und Problem-Analyse mit anschließender wohldurchdachter Programmierung und Vercodung garantiert aber noch nicht für einen dauerhaften Erfolg der Automation. Als sehr wichtige Grundlage ist noch auf die Einrichtung einer weitgehenden *Integration* zu achten. Elektronische Datenverarbeitungsgeräte können nur dann im administrativen Sektor einer Unternehmung zweckmäßig und ihren Leistungen entsprechend eingesetzt werden, wenn sie in einem integrierten System arbeiten können.

Unter der Bezeichnung Integration versteht man den Einbezug aller Arbeitsgebiete einer Unternehmung in die automatische (elektronische) Datenverarbeitung. In der Praxis wird sich aber sehr oft dieses Ziel einer Voll-Integration kaum erreichen lassen, da auch noch auf bestimmte Gegebenheiten und Eigentümlichkeiten der Firma Rücksicht genommen werden muß, die sehr oft einer solchen Vereinheitlichung der Verarbeitung entgegenwirken. Je mehr aber die Firmenleitung einer solchen Vereinheitlichung des Informationsflusses zustimmen will und kann, desto größere Möglichkeiten ergeben sich, einen möglichst hohen Wirkungsgrad aus dem elektronischen Datenverarbeitungsgerät herausarbeiten zu können.

Die Integration, handle es sich um eine Voll- oder um eine Teil-Integration, ist also nicht durch besondere technische Mittel, wie beispielsweise durch eine besonders gute und zweckmäßige Programmierung und Vercodung, durch leistungsstarke elektronische Datenverarbeitungsgeräte usw. zu erreichen. Sie stellt vor allem ein Organisationsproblem dar, das schon auf der Stufe der Problem-Analyse berücksichtigt werden muß. Bei der Analyse eines Informationsflusses muß jede Arbeit wie die Strahlen des Lichtes, die durch ein Brennglas geleitet werden, auf ein Ziel hin, den Brennpunkt, ausgerichtet werden, nämlich auf die Integration. Es ist dabei nebensächlich, ob dann die gerichteten und gezielten Arbeiten gleichzeitig auf das Elektronengerät übergeführt werden oder in zeitlichen Abständen eine nach der anderen. Wichtig und entscheidend ist es, daß dieses Ziel der Integration schon zu Beginn der Einführungsuntersuchungen für die Automation gebührend berücksichtigt worden ist. In der Praxis wird sich in der Regel die schrittweise Überführung der Arbeiten auf die Elektronenanlage am zweckmäßigsten erweisen.

Das schwierigste Problem bei der Umstellung auf die Automation ist in dieser Integration zu suchen. Sie erfordert eine genaue Durchleuchtung der einzelnen Arbeiten und Arbeitsgruppen in einer Unternehmung und ihrer Informationsflüsse. Sehr oft deckt diese Durchleuchtung erstaunlich viele Doppel- und Mehrspurigkeiten auf, die dann unbedingt beseitigt werden müssen, sofern sie nicht objektiv gerechtfertigt sind. Sehr oft kann schon eine solche tiefgreifende Untersuchung auch ohne den Einsatz von elektronischen Datenverarbeitungsgeräten zu einer wesentlichen Verbesserung der Betriebsorganisation und folglich nicht unbeträchtlichen Einsparungen führen.

Es muß hier allerdings hervorgehoben werden, daß eine solche Analyse im Hinblick auf eine Integration hin nur von Fachleuten ausgeführt werden kann, die eine besondere Ausbildung erfahren haben, die auch auf die Praxis ausgerichtet worden ist. Diese müssen nämlich darin geschult worden sein, Gesamtzusammenhänge zu sehen und zu erfassen, ohne dabei die Einzelheiten zu übersehen. Auch müssen sie mit den Grundregeln der Informationstheorie vertraut sein und von Fall zu Fall den informationstheoretisch besten Informationsfluß planen können.

Dies legt es nahe, grundsätzlich zwischen zwei geistigen Ebenen der Automationsfachleute zu unterscheiden. Auf der geistig anspruchsvolleren Ebene finden wir die Problem-Analytiker, auf der geistig weniger anspruchsvollen Ebene die Vercoder. Das Bindeglied zwischen diesen beiden Ebenen bilden die Programmierer (wie sie in diesem Buche definiert worden sind). Da die Eigenschaften, die der Analytiker bei der Einführung einer integrierten Datenverarbeitung aufzeigen sollte, vor allem durch ein Universitäts- oder Hochschulstudium ganz allgemein gefördert werden (Denken in großen Zusammenhängen, Übersicht über eine gegebene Lage, kritischer Sinn, analytisches Denken), dürften sich ganz allgemein Personen, die ein Universitätsstudium absolviert haben, eher für diese Arbeiten auf der oberen Ebene eignen. Allerdings gibt es auch unter den Akademikern Personen, die sich diese Eigenschaften während ihrer Universitätsausbildung nie angeeignet haben. Anderseits finden sich Personen, die nie an einer Universität studiert haben, die aber gleichwohl über die vorher aufgezählten Eigenschaften intuitiv verfügen.

Eine auf die Spitze getriebene Integration müßte eigentlich eine Verarbeitung anstreben, bei welcher alle Arbeiten durch geschickte Verkettung der Programme ohne Eingriffe des Menschen durchgeführt werden könnten. Tatsächlich ist aber dieses Ziel unerreichbar, weil es zu viele andere Probleme aufwerfen würde. So würde eine solche Integration heikle Probleme schon bei der Erstellung und Prüfung der Programme aufwerfen; auch würde eine solche Integration ein Gerät mit sehr großem Speicher voraussetzen; auch wäre es praktisch ausgeschlossen, nachträglich auch nur kleine Änderungen im Programm durchführen zu können, ohne dabei Auswirkungen auf das ganze Programm befürchten zu müssen. Der Problem-Analytiker muß hier also einen für die Firma zweckmäßigen Kompromiß zwischen den Anforderungen der Integration und den Gegebenheiten in der Firma eingehen. Oberstes Gebot ist hier, daß das integrierte System auch lebensfähig ist und bleibt.

Bis jetzt stand nur eine Art der Integration zur Diskussion, nämlich die Vereinheitlichung der Informationsabläufe innerhalb einer Unternehmung. Diese Art der Integration kann als *interne Integration* bezeichnet werden. Demgegenüber steht die *externe Integration*. Hier wird eine Vereinheitlichung der Informationsflüsse zwischen den einzelnen Firmen verstanden. So ist es, unter diesem Gesichtswinkel betrachtet, wenig zweckmäßig, wenn die eine Firma von Lochkarten, Magnetbändern usw. Belege ausdrucken läßt, diese einer anderen Firma zuschickt, die ihrerseits die Informationen auf diesen Belegen zur internen Weiterverarbeitung wieder auf Lochkarten, Magnetbänder usw. überträgt. Hier wäre es zweckmäßiger, die externe Integration einzuführen und die Informationsträger direkt auszutauschen. Diese Art der Integration setzt allerdings eine gewisse Vereinheitlichung der Programmiersprachen (was schon weitgehend erreicht ist), der Informationsträger und ihrer Verschlüsselung der Informationen, die Kompatibilität oder Verträglichkeit verschiedener Gerätesysteme usw. voraus. Erst auf dieser Stufe der Integration wird sich der Einsatz von elektronischen Datenverarbeitungsanlagen wirklich lohnend gestalten. Bevor aber diese Stufe der Integration erreicht worden ist, kann die Rentabilität der Datenverarbeitungsanlagen schon durch vermehrte Einbeziehung von Planungsproblemen (Operations-Research-Probleme) in die Informationsverarbeitung erhöht werden.

Die mutmaßliche Entwicklung bezüglich des Baues und des Einsatzes elektronischer Rechenautomaten

Auf dem Gebiete der Automation ist eine Voraussage über die zukünftige Entwicklung schwierig. In den vergangenen Jahren war ein stürmischer Aufschwung zu verzeichnen. Es ist allerdings auch zu bedenken, daß wir heute erst auf der Schwelle eines neuen Zeitalters stehen, das oft auch durch die Bezeichnung „zweite industrielle Revolution" bezeichnet wird. Dieser Ausdruck ist insofern nicht ganz zutreffend, als es sich nicht um eine Revolution handelt, durch welche Altes gestürzt und durch Neues ersetzt wird, sondern eher um eine Evolution, d. h. um eine Entwicklung, die auf Bestehendes aufbaut, ohne dieses zu zerstören. Dies schließt nicht aus, daß neuartige Geräte und Arbeitsmethoden eingesetzt werden, die sich wesentlich von den herkömmlichen Geräten und Arbeitsmethoden unterscheiden. Neuartige Geräte bedingen nämlich auch neuartige Arbeitsmethoden, d. h. diese Geräte sollten ihren Möglichkeiten entsprechend eingesetzt werden. Trotz der Ungewißheit, die sich hier notgedrungen einstellt, soll versucht werden, hinsichtlich der administrativen Automation einen kurzen Blick in die Zukunft zu werfen. Dabei soll zuerst die mutmaßliche zukünftige Entwicklung bezüglich des Baues elektronischer Rechenautomaten und dann die mutmaßliche zukünftige Entwicklung bezüglich des Einsatzes solcher und anderer Geräte auf Grund neuester Meldungen und Erfahrungen kurz dargelegt werden.

Bevor auf die Frage der mutmaßlichen Entwicklung beim Bau elektronischer Rechenautomaten eingegangen werden kann, muß die Vorfrage beantwortet werden, durch was ein solches Gerät eigentlich gekennzeichnet ist.

Eine wesentliche Eigenschaft solcher Geräte besteht darin, daß sie überaus rasch arbeiten. Die hohe Rechengeschwindigkeit sowie die hohen Ein- und Ausgabeleistungen sind die augenfälligsten Merkmale solcher Geräte. Werden diese hohen Leistungen in Zukunft noch überboten werden? Man wird wohl kaum fehlgehen, wenn man diese Frage bejaht; Geschwindigkeiten, die bis jetzt in Tausendstelsekunden oder Millisekunden gemessen worden sind, werden nun in Millionstelsekunden oder Mikrosekunden, Nano- und Picosekunden angegeben.

Im gleichen Schritte werden auch die Verarbeitungszeiten zusammenschrumpfen. Wie ist dies aber möglich? Die neueste Entwicklung weist hier in eine neue Richtung. Es ist anzunehmen, daß in Zukunft Probleme, die besonders kompliziert und zeitraubend sind, durch mehrere Rechenautomaten gelöst werden, wobei diese Geräte miteinander gekoppelt sind, so daß Teilprobleme solcher komplizierter Probleme automatisch den einzelnen Geräten zugewiesen werden. Versuche dieser Art sind schon mit Erfolg durchgeführt worden.

Eine weitere Eigenschaft elektronischer Rechenautomaten ist in der Möglichkeit zu erblicken, Informationen intern zu speichern. Die heutigentags üblichen internen Speicher können in die Gruppen der Magnettrommel-, Magnetkern-, Dünnschicht- und Magnetdrahtspeicher aufgeteilt werden[1]. Diese Speicherarten können nur eine beschränkte Anzahl Informationen beherbergen. Der Trommelspeicher hat in der Regel eine längere Zugriffszeit, die zudem noch von der Lage der Information auf dem Trommelumfang abhängig ist, während sich die anderen Speicher durch eine praktisch nicht ins Gewicht fallende Zugriffszeit kennzeichnen. Während nun der Trommelspeicher verhältnismäßig billig ist, sind die Preise für Kernspeicher wesentlich höher. Diese Tatsachen haben zur Folge, daß die Verkürzung der Zugriffszeit mit erheblichen Mehrkosten erkauft werden muß. Hier sind nun Bestrebungen im Gange (so unter anderem im Harvard Computation Laboratory der Harvard-Universität in Boston), um Speicher zu entwickeln, die billig sind und gleichwohl eine kurze Zugriffszeit aufweisen. In diesem Zusammenhange ist die Entwicklung der sogenannten „Twisters" zu nennen. Wertvoll wäre es, wenn es gelänge, einen internen Speicher zu konstruieren, der praktisch unbeschränkt viele Informationen aufnehmen könnte. Auch hier werden seit einiger Zeit Versuche angestellt.

Die hohen Rechengeschwindigkeiten der Rechenautomaten sind vor allem durch die Entwicklung von integrierten Schaltkreisen möglich geworden. Diese Geschwindigkeiten sind so hoch, daß sich sogar die Länge der Verbindungskabel geschwindigkeitsreduzierend auswirken. Deshalb ist man bestrebt, durch diese sehr kleinen Schaltelemente das Gerät kompakter zu gestalten. Die hohe Rechengeschwindigkeit moderner elektronischer Rechenautomaten erfordert, vor allem im Hinblick auf die administrative Automation, daß sie durch entsprechende Eingabe- und Ausgabeleistungen voll ausgenützt wird. Hier ist vor allem die Eingabe, die dieser Entwicklung angepaßt werden muß. Im Idealfall sollten die Informationen schon im Augenblick ihres Entstehens derart beschaffen sein, daß sie durch den elektronischen Rechenautomaten verarbeitet, d. h. daß maschi-

---

[1] Die Scheibenspeicher sollen hier zu den Trommelspeichern gezählt werden.

nen- oder handgeschriebene Belege durch das Gerät direkt gelesen werden könnten.

Auf diesem Gebiete sind schon bedeutsame Fortschritte erzielt worden. Es sind nämlich Sondergeräte vorhanden, die mit erstaunlicher Genauigkeit Maschinenschrift auf Lochkarten übertragen können. Die optische Lesung beruht auf der Aufnahmefähigkeit von Unterschieden in der Farbtönung, die sich an bestimmten Stellen einer gegebenen Fläche befindet; die elektromagnetische Lesung nimmt Schriftzüge auf, die mit magnetisierter Tinte oder Farbe geschrieben worden sind. Es scheint nun, daß sich in Zukunft die optische Lesung durchsetzen wird. Doch auch hier stehen wir erst am Anfang der Entwicklung.

Auch beim Einsatz elektronischer Rechenautomaten sind umwälzende Neuerungen zu erwarten. Diese beziehen sich vor allem auf eine zuverlässige Arbeitsweise des Rechenautomaten, eine weitere wesentliche Eigenschaft solcher Geräte. Hier bemüht man sich, die ohnehin schon hohe Zuverlässigkeit noch weiter zu erhöhen, sei es durch neuartige bauliche Elemente oder durch optimalen Einsatz im Unternehmen.

Eine weitere interessante Entwicklung ist auf dem Gebiete der automatischen Programmierung zu erwarten. Während die automatische Programmierung üblicherweise für die Erleichterung der Programmierung bestimmter Probleme eingesetzt wird (kaufmännische, technische Pobleme usw.), gehen die jüngsten Bestrebungen dahin, ein automatisches Programm zu erstellen, das für die Lösung schlechthin aller Probleme eingesetzt werden könnte. Das allgemeine Ablaufdiagramm eines solchen Programms könnte wie auf S. 167 aussehen.

Diese Bestrebungen gehen davon aus, daß jedes Problem, das durch einen Rechenautomaten zu lösen ist, die gleiche Struktur aufweist. Diese besteht darin, daß die Belegung des inneren Speicherraumes mit bestimmten Informationen gegeben ist, und daß diese Informationen in andere transformiert werden müssen, die einen bestimmten Lösungszweck erreichen sollen. Diese Transformation geschieht mit Hilfe einer endlichen Anzahl von Befehlen. Durch geeignete Kombination dieser Befehle kann jede mögliche Lösung erzielt werden, die sich aus den gegebenen Informationen ableiten läßt, sofern natürlich eine Lösung überhaupt möglich ist.

Diese Struktur beruht offensichtlich auf der kybernetischen Darstellung der Verarbeitung von Informationen durch einen Rechenautomaten. Das Wesen eines solchen allgemeinen automatischen Programms besteht darin, eine bestimmte Befehlskombination zu erstellen, wenn die Ausgangsinformationen gegeben sind und ein bestimmter, vorgegebener Lösungszweck erreicht werden soll. Hier tritt die Bedeutung der Kybernetik in der Programmierungslehre besonders deutlich hervor. Bis jetzt ist allerdings diesem Aspekt der Programmierung nur wenig Beachtung geschenkt worden.

Die Leichtigkeit, mit der heute dank der problemorientierten Sprachen Programme geschrieben werden können, lassen vermuten, daß in Zukunft die Bedeutung des Vercoders sich verringern wird. Für komplizierte Probleme, die besonderes Fachwissen verlangen und in die sich der Vercoder nicht vertiefen kann, dürfte es zweckmäßiger sein, daß der Sachbearbeiter

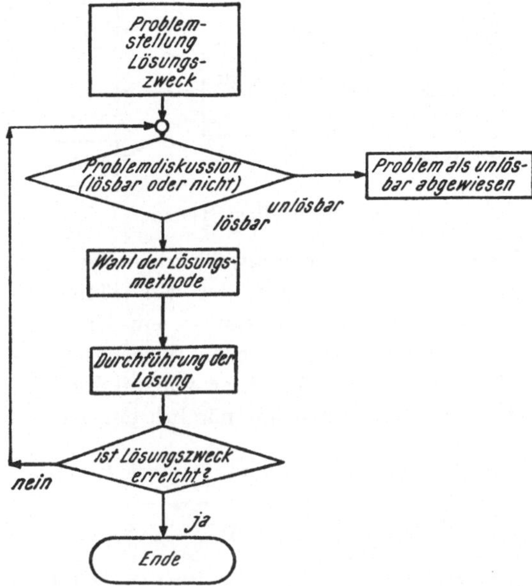

sich eine problemorientierte Sprache aneignet und sein Problem selber vercodet. Der Schwerpunkt, der anfangs beim Gerät lag und sich dann zum Programmierer und Vercoder hin verschoben hatte, dürfte sich nunmehr zum Gebraucher hin bewegen, indem dieser für den Einsatz solcher Geräte mehr und mehr bestimmend wird.

Die bisherigen Ausführungen dürften gezeigt haben, daß bei den heutigentags üblichen Datenautomations-Systemen die Verarbeitungseinheit den Mittelpunkt des Systems bildet, der auf der einen Seite die Eingabegeräte und auf der anderen Seite die Ausgabegeräte zugeordnet sind. Dies bedingt, daß die Verarbeitungseinheit, welche bekanntlich die eigentliche Verarbeitung durchzuführen hat, hinsichtlich eines bestimmten Einsatzes leistungsfähiger sein sollte, als es eigentlich notwendig wäre. Durch diese leistungsmäßige Überdimensionierung versucht man sich dagegen zu schützen, daß das eingesetzte System zu rasch seine Leistungsfähigkeitsgrenze für den geplanten Einsatz erreicht. Überdies werden sich sehr oft neue Probleme stellen, an die bei der Planung des Geräteeinsatzes gar nicht gedacht worden ist und die dem Gerätesystem überbunden werden sollten. Diese zwangsläufige Überdimensionierung muß aber mit

Mehrkosten erkauft werden, denn ein leistungsfähigeres Gerätesystem wird in der Regel teurer sein als ein leistungsmäßig schwächeres System.

Überdies wird durch ein technisches Versagen der Verarbeitungseinheit das ganze System lahmgelegt. Dies ist besonders bei administrativen Arbeiten mit teuren Verzugszeiten (Arbeitsrückständen) verbunden.

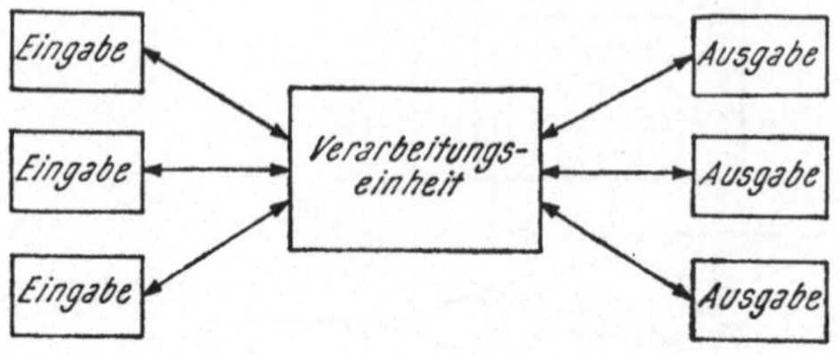

Konventionelles System

Um diese Nachteile der heutigentags üblichen Systeme, d. h. der konventionellen Systeme, zu vermeiden, ist vor längerer Zeit bei der *Thompson Ramo-Wooldridge Corporation* — ein Unternehmen, das sich mit Grundlagenforschung auf verschiedenen Wissensgebieten befaßt — ein System entwickelt worden, das auf einer vollständig neuen Konzeption aufgebaut ist. Dieses Unternehmen hat nämlich ein elektronisches Daten

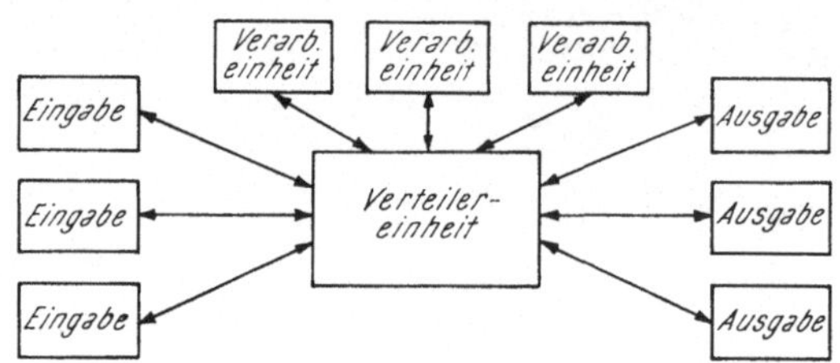

Polymorphes System

automations-System entwickelt, das als *polymorphes System* bezeichnet wird, bei welchem nicht mehr die Verarbeitungseinheit, sondern eine besondere *Verteilereinheit* (switching center) das zentrale Gerät ist. Diesem sind einzelne kleine Verarbeitungseinheiten einerseits und Ein- und Ausgabegeräte anderseits derart angeschlossen, daß jedes Eingabegerät grundsätzlich mit jeder Verarbeitungseinheit und diese ihrerseits mit jedem Ausgabegerät verbunden sind. Das folgende Schema zeigt den grundsätzlichen Aufbau eines solchen polymorphen Systems. Daneben findet sich vergleichsweise auch der grundsätzliche Aufbau eines konventionellen Systems.

Dieses polymorphe System hat verschiedene Vorteile. So ist es möglich, verschiedene Probleme gleichzeitig zu verarbeiten, indem jede Verarbeitungseinheit in zweckmäßiger Weise mit bestimmten Ein- und Ausgabeeinheiten verbunden wird. Weiter kann bei Ausfall einer Verarbei tungseinheit das dadurch betroffene Problem auf eine andere, frei verfügbare Verarbeitungseinheit umgeleitet werden, indem lediglich in der zentralen Verteilereinheit die Verbindungen mit den Ein- und Ausgabegeräten zweckmäßig umgestellt werden. Ferner ist es möglich, das ganze System weitestgehend den Erfordernissen des Unternehmens anzupassen, indem vorerst die durch das zentrale Verteilergerät gegebenen Verbindungsmöglichkeiten nicht voll ausgenützt werden, d. h. indem diesem Zentralgerät nur wenige Eingabe-, Verarbeitungs- und Ausgabegeräte angeschlossen werden. Bei gesteigerten Anforderungen an das Datenautomations-System als Folge der Geschäftsentwicklung können ohne weiteres weitere Eingabe-, Verarbeitungs- und Ausgabegeräte hinzugefügt werden. Dadurch wird — im Gegensatz zum konventionellen System — eine sehr weitgehende Flexibilität des ganzen Systems erreicht. Diesem polymorphen System werden sich voraussichtlich in Zukunft große Möglichkeiten eröffnen.

Die Entwicklung auf dem Gebiete der Konstruktion von Datenautomations-Systemen wies bisher die Tendenz auf, innerhalb einer gegebenen Systemkonzeption einzelne technische Neuerungen (Transistoren, Ferractoren, integrierte Schaltweise usw.) einzuführen. Diese Richtung scheint nunmehr nicht mehr die vorherrschende zu sein, indem die Fortschritte im Bau von Datenautomations-Systemen weniger bei der Entwicklung neuer Elemente, sondern bei der Einführung neuer Konzeptionen gesucht werden müssen, wie beispielsweise der Übergang vom konventionellen System mit der Verarbeitungseinheit als Zentraleinheit zum polymorphen System mit einer besonderen Verteilereinheit als Zentralgerät.

Sehr oft ist es notwendig, Daten, die in analoger Form gegeben sind, digital zu verarbeiten, und umgekehrt Resultate, die durch ein Digitalgerät ausgegeben werden, in eine analoge Form umzuwandeln. Solche Probleme erfordern, daß die Verarbeitung gleichzeitig digital und analog erfolgt. Zu diesem Zwecke muß ein Digital- mit einem Analog-Gerät verbunden werden. Solche Anlagen werden *Hybrid-Anlagen* genannt. Sie stellen ein wichtiges Hilfsmittel zur Lösung bestimmter Probleme dar, wie z. B. Meßresultate, die digital zu verarbeiten sind, ohne daß eine Übertragung durch den Menschen geschieht.

Die Thompson Ramo-Wooldridge Corporation hat sich aber nicht damit begnügt, eine neue Konzeption der Datenverarbeitung zu entwickeln. Sie hat auch ein Gerät erfunden, das diesem polymorphen System angeschlossen ist und das es gestattet, lediglich durch Tastendruck zu bewirken, daß auf besonderen Bildschirmen graphische Darstellungen beispielsweise von Verkaufsentwicklungen erscheinen. Will man hier auch die allgemeine Bewegungstendenz dieser Verkäufe kennen, so genügt ein weiterer Tastendruck, daß im Gerät augenblicklich die Trendberechnung ausgeführt und auf dem Bildschirm die Trendkurve graphisch aufgetragen wird. Soll weiterhin ein bestimmter Punkt der Graphik näher untersucht werden, so genügt das Berühren dieses Punktes auf dem Bildschirm mit einem speziellen, mit dem Gerät verbundenen Stift und hierauf wiederum ein Tastendruck, damit auf einem gesonderten Bildschirm die entsprechenden zahlenmäßigen Unterlagen aufleuchten.

Diese neuartigen Konzeptionen haben zum neuen Begriff „Intellectronics" oder übersetzt „Intellektronik" geführt, der jenem der Automation zur Seite gestellt werden kann. Was ist nun unter diesem Begriff, der ebenfalls von der Thompson Ramo-Wooldridge Corporation geprägt worden ist, zu verstehen?

Das Wort Intellectronics setzt sich aus den beiden Wörtern „intellect" und „electronics" zusammen. Es stellt einen Ausdruck zur Kennzeichnung der Erweiterung und Verschärfung der Möglichkeiten des menschlichen Geistes durch die Elektronentechnik (z. B. elektronische Rechenautomaten) dar. Während also durch die administrative Automation im wesentlichen die Ein- und Auswirkungen des Einsatzes moderner elektronischer Hilfsmittel im Unternehmen erfaßt werden, bezieht sich die Intellektronik auf das Verhältnis zwischen solchen elektronischen Hilfsmitteln und dem Menschen. Die Grundeinheit in einem intellektronischen System wird also die Verbindung zwischen Mensch und elektronischem Rechenautomat sein.

Dieser neue Begriff wirkt sich auch auf die Programmierung aus. Werden nämlich beim Einsatz eines elektronischen Rechenautomaten in einem automationsmäßig konzipierten System ganze Arbeitsvorgänge in einzelnen Befehlsfolgen (Programmen) genauestens festgelegt, so wird bei einem intellektronischen System die Zusammensetzung von Programmen zum vornherein festgelegt, so daß es möglich ist, lediglich durch Tastendruck ganze Programme ablaufen zu lassen (z. B. Trendberechnungen), wie dies bei dem Gerät möglich ist, das dem kurz beschriebenen polymorphen System angeschlossen ist.

Kaum ist man in die neue Epoche der Automation eingegangen, so treten — wie diese stichwortartigen Hinweise deutlich gezeigt haben werden — schon die Umrisse einer neuen, ergänzenden Epoche auf, die wohl treffend als die Epoche der Intellektronik bezeichnet werden kann.

Diese wenigen Hinweise auf die zukünftige Entwicklung auf dem Gebiete der Automation sind in keiner Weise vollständig. Sie wollen lediglich dazu dienen, einige Hauptrichtungen aufzuzeigen, von welchen hier neben der Intellektronik vor allem auch die Zusammenstellung von elektronischen Rechenautomaten zu Gerätesystemen, die Erhöhung der Eingabeleistung durch direktes Lesen von Belegen sowie die kybernetische Betrachtung der automatischen Programmierung besonders hervorgehoben werden sollen. Wenn nicht alles trügt, dürften in naher Zukunft vor allem auf diesen Gebieten wesentliche Neuerungen zu erwarten sein.

Anhang 1

Symbole für elektronische Datenverarbeitung

		Symbole	Bedeutung
1. Allgemeines	11	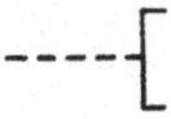	Bemerkung
	12		Ablauflinie
	13		Zusammenführung
	14		Transport der Datenträger
	15		Datenübertragung
	16		Parallel-Verarbeitung
	17	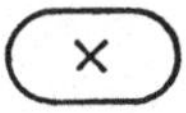	Grenzstelle, Unterbrechung (X = Beginn, Ende, Zwischenhalt)
2. Informationsträger	21		Lochkarte
	22	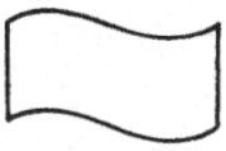	Lochstreifen
	23		Magnetband

	Symbole	Bedeutung
24		Schriftstück
25		Datenträger nicht getrennt vom Leitwerk der EDV-Anlage
26		Datenträger getrennt vom Leitwerk der EDV-Anlage

3. Informationsspeicher

	Symbole	Bedeutung
31		Trommelspeicher
32		Plattenspeicher, Scheibenspeicher
33		Matrixspeicher (Kernspeicher)
34		Lochkarten-Kartei, allgemein
35		Kartei zusammengehöriger Lochkarten

4. Vorbereitende Arbeiten

	Symbole	Bedeutung
41		Ausführen von Hilfsfunktionen unter Verwendung maschineller Hilfsmittel, die nicht vom Leitwerk gesteuert werden
42		Eingreifen von Hand ohne Verwendung maschineller Hilfsmittel

		Symbole	Bedeutung
	43	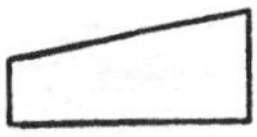	Eingeben von Hand in die EDV-Anlage
	44		Mischen
	45		Trennen
5. Datenverarbeitung	51		Bearbeiten, Operation ganz allgemein
	52		Ein- bzw. Ausgabe von Informationen
	53	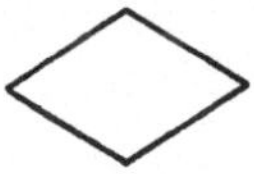	Verzweigung, programmierter Schalter
	54		Unterprogramm (mit einem oder mehreren Ausgängen)
	55		Programm-Modifikation (Stellen variabler Konnektoren)
	56		Übergangsstelle, Konnektor
	57	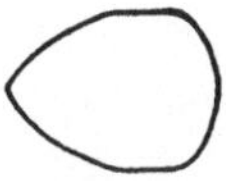	Anzeige (optisch oder akustisch)

Anhang 2

Befehlsliste

Operation	1-Adressen	1+1-Adressen	3-Adressen	4-Adressen
$(x) \to R_1$	31 x	11 xy	} 61 x-z	81 x-zw
$(R_1) \to x$ bzw. z	41 x	21 xy		
$(x) \to R_2$	32 x	12 xy	} 62 x-z	82 x-zw
$(R_2) \to x$ bzw. z	42 x	22 xy		
$(x) \to R_3$	33 x	13 xy	} 63 x-z	83 x-zw
$(R_3) \to x$ bzw. z	43 x	23 xy		
$(R_1) : (R_2)$	30 x[1]	10 xy[2]	.	.
$(x) : (y)$	.	.	65 xyz[3]	85 xyzw[3]
$(x) + (R_3) \to R_3$	35 x	15 xy	.	.
$(x) + (y) \to z$	.	.	60 xyz	80 xyzw
Unbedingter Sprung nach x	50 x	.	70 x-	.

[1] Wenn $(R_1) \leq (R_2)$, Sprung nach x
    wenn $(R_1) > (R_2)$, Sprung zum nächsten Befehl

[2] Wenn $(R_1) > (R_2)$, Sprung nach x
    wenn $(R_1) \leq (R_2)$, Sprung nach y

[3] Wenn $(x) \leq (y)$, Sprung nach x
    wenn $(x) > (y)$, Sprung zum nächsten Befehl

Mit R werden allgemein besondere Speicher oder *Register* bezeichnet.

Literaturverzeichnis

Literatur zum 1. Teil:

Apter, Michael J.: Cybernetics and Development (London 1966).

Bazilevskii, Yu. Ya.: The Theory of Mathematical Machines (New York 1963).

Brillouin, Leon: Science and Information Theory (New York 1956).

Feinstein, Amiel: Information Theory (New York 1958).

Flechtner, H.-J.: Grundbegriffe der Kybernetik (Stuttgart 1966).

Futh, Horst: Elektronische Datenverarbeitungsanlagen — Bd. 1: Einführung in Aufbau und Arbeitsweise; Bd. 2: Organisation der Datenverarbeitung (München 1964 und 1965).

Gluskow, Viktor M.: Introduction to Cybernetics (New York 1966).

Gschwind, Hans W.: Design of Digital Computers (Wien—New York 1967).

Ledley, Robert Steven: Digital Computer and Control Engineering (New York 1960).

Ljapunow, A. A.: Problems in Cybernetics (Washington, D. C., 1966).

Lo, Arthur W.: Introduction to Digital Electronics (Reading, Mass. 1967).

Nashelsky, Lovis: Digital Computer Theory (New York 1966).

Phister, Montgomery: Logical Design of Digital Computers (New York 1958).

Steinbuch, Karl: Automat und Mensch, 3. Auflage (Berlin 1965).

Unk, J. M.: ISAR Base. A Man-Machine System. Man-Machine Dialogue (Informatie Systemen, N. V., Den Haag 1965).

Unk, J. M.: Universal Applicability of the Man-Machine Dialogue (Informatie Systemen, N. V., Den Haag 1965).

Unk, J. M.: Locational Requirements of Automated (Information) Industry (Informatie Systemen, N. V., Den Haag 1965).

Wiener, Norbert: Cybernetics or Control and Communication in the Animal and the Machine (New York 1948).

Advances in Computers. Herausgegeben von Franz L. Alt und A. D. Booth — R. E. Meagher. Bde. 1—7 (New York 1960—1966).

Annual Review of Information Science and Technology. Herausgegeben von Carlos A. Cuadra. Bd. 1 (New York 1966).

Computer and Information Science. Herausgegeben von Julius T. Tou und Richard H. Wilcox (Washington, D. C., 1964).

Computers and Thought. Herausgegeben von Edward A. Feigenbaum und Julian Feldman (New York 1963).

Le Concept de l'Information dans la Science Contemporaine. Cahiers de Royaumont (Paris 1965).

Probleme der Kybernetik. Herausgegeben von A. A. Ljapunow. Bde. 1—8 (Berlin 1962—1966).

Literatur zum 2. Teil:

ABRAMSON, NORMAN: Information Theory and Coding (New York 1963).

ARMERDING: FORTAB — A Decision Table Language for Scientific Computing Application (RM-3306-PR, Rand Corporation, Santa Monica 1962).

DAHL, OLE-JOHAN, and KRISTEN NYGAARD: Basic concepts of SIMULA, an ALGOL based Simulation Language (Norwegian Computing Center, Oslo).

DESMONDE, WILLIAM H.: Real-Time Data Processing Systems. Introductory Concepts (Englewood Cliffs, N. J., 1964).

GATTO: Autosate. An Automated Data System Analysis Technique (RM-3118-PR, Rand Corporation, Santa Monica 1962).

GEISLER, M. A., and HARRY M. MARKOWITZ: A Brief Review of SIMSCRIPT as a Simulating Technique. 2nd printing (RM-3778-PR, Rand Corporation, Santa Monica 1963).

GINSBERG, ALLEN S.: Simulation Programming and Analysis of Results (P-3141, Rand Corporation, Santa Monica 1965).

GINSBERG, ALLEN S., HARRY M. MARKOWITZ and PAULA M. OLDFATHER: Programming by Questionnaires (RM-4460-PR, Rand Corporation, Santa Monica 1965).

GINSBURG, SEYMOUR: The Mathematical Theory of Context-free Languages (New York 1966).

HAUSNER, BERNARD, and HARRY M. MARKOWITZ: Technical Appendix on the SIMSCRIPT Simulation Programming Language (RM-3813-PR, Rand Corporation, Santa Monica 1963).

KIVIAT, PHILIP J., and ALAN COLKER: GASP — A General Activity Simulation Program (P-2864, Rand Corporation, Santa Monica 1964).

KREIS, PETER: COBOL. Lehrbuch zum Selbstunterricht (München 1964).

MARKOWITZ, HARRY M., BERNARD HAUSNER and W. HERBERT KARR: SIMSCRIPT. A Simulation Programming Language (Englewood Cliffs, N. J., 1963).

MARTIN, JAMES: Programming Real-Time Computer Systems (Englewood Cliffs, N. J., 1965).

McCRACKEN, D. D., HAROLD LEE WEISS und TSAI-HWA: Programming Business Computers (New York 1959).

NAYLOR, THOMAS H., JOSEPH L. BALINTFY, DONALD S. BURDICK and KONG CHU: Computer Simulation Techniques (New York 1966).

NELSON, EDWARD A.: A Charting Technique for the Analysis of Business Systems (P-3109, Rand Corporation, Santa Monica 1965).

NEWELL, ALLEN: A Guide to the General Problem-Solver Program GPS-2-2 (RM-3337-PR, Rand Corporation, Santa Monica 1963).

NICKEL, KARL: ALGOL. Praktikum. Eine Einführung in das Programmieren (Karlsruhe 1964).

ORGANICK, ELLIOTT J.: A FORTRAN Primer (Reading, Mass., 1963).

OWSOWITZ, SIDNEY, and ANDERS SWEETLAND: Factors affecting Coding Errors (RM-4346-PR, Rand Corporation, Santa Monica 1965).

POLLACK, SOLOMON L.: DETAB-X: An improved Business-oriented Computer Language (RM-3273-PR, Rand Corporation, Santa Monica 1962).

POLLACK, SOLOMON L.: DETAB-X and the World of Banking (P-2697, Rand Corporation, Santa Monica 1963).

POLLACK, SOLOMON L.: How to build and analyze Decision Tables (P-2829, Rand Corporation, Santa Monica 1963).

POLLACK, SOLOMON L.: Analysis of the Decision Rules in Decision Tables (RM-3669-PR, Rand Corporation, Santa Monica 1963).

POLLACK, SOLOMON L.: Conversion of limited-entry Decision Tables to Computer Programs (RM-4020-PR, Rand Corporation, Santa Monica 1964).

THÜRING, BRUNO: Einführung in die Methoden der Programmierung kaufmännischer und wirtschaftlicher Probleme für elektronische Rechenanlagen. Teil 1—4 (Baden-Baden 1957—1966).

WEINBERG, GERALD M.: PL-1 Programming Primer (New York 1966).

Computer Programming and Formal Systems. Herausgegeben von P. BRAFFORT und D. HIRSCHBERG (Amsterdam 1963).

Digital Simulation in Operational Research. A Conference under the aegis of the Scientific Affairs Decision of NATO, Hamburg 6—10th September 1965 (London 1967).

Literatur zum 3. Teil:

ARNOLD, ROBERT R., C. HAROLD HILL and AYLMER V. NICHOLS: Introduction to Data Processing (New York 1966).

BEER, STAFFORD: Decision and Control. The meaning of Operational Research and Management Cybernetics (New York 1966).

BRANDON, DICK H.: Management Standards for Data Processing (New York 1963).

DIEBOLD, JOHN: Beyond Automation. Managerial Problems of an Exploding Technology (New York 1964).

FORRESTER, JAY W.: Industrial Dynamics (New York 1961).

GERTEIS, MARTEL: Automation. Chancen und Folgen für Mensch, Wirtschaft und Politik (Zürich 1964).

GROCHLA, ERWIN: Automation und Organisation. Die technische Entwicklung und ihre betriebswirtschaftlich-organisatorischen Konsequenzen (Wiesbaden 1966).

JOHNSON, RICHARD A., FREMOND E. KAST and JAMES E. ROSENZWEIG: The Theory and Management of Systems (New York 1963).

MCCARTHY, E. JEROME, and J. A. MCCARTHY: Integrated Data Processing Systems (New York 1966).

SOLOMON, IRVING I., and LAURENCE O. WEINGART: Management Uses of the Computer (New York 1966).

STACHOWIAK, H.: Denken und Erkennen im kybernetischen Modell (Wien 1965).

WALD, ABRAHAM: Statistical Decision Functions (New York 1950).

WILSON, IRA G., and MARTHANN E. WILSON: Information, Computers and System Design (New York 1965).

Automation. Risiko und Chance. Herausgegeben von GÜNTER FRIEDRICHS. Bde. 1 und 2 (Frankfurt am Main 1965).

Datenfernübertragung. Herausgegeben vom Institut für Datenverarbeitung (Dresden 1965).

Handbuch der maschinellen Datenverarbeitung (Stuttgart 1965 ff.).

Strukturwandel der Wirtschaft im Gefolge der Computer. Frankfurter Gespräche der List-Gesellschaft (Basel—Tübingen 1966).

Aus den folgenden *Zeitschriften* wurden Artikel verwertet:

Automatik. Zentralorgan für die gesamte Automatisierung

Automatisme

Bürotechnik + Automation

The Computer Journal
Computing
Datamation
Data Processing
Data Processing Magazine
Data Processing for Management
EDP-Analyzer
Elektronische Datenverarbeitung
Elektronische Rechenanlagen
Industrielle Organisation
Information Processing in Japan
International Computation Center-Bulletin
Kybernetik

Sachverzeichnis